関沢まゆみ著

盆行事と葬墓習俗の伝承と変遷

――民俗学の視点と方法――

吉川弘文館

はしがき

日本の民俗学は、柳田國男（一八七五—一九六二）と折口信夫（一八八七—一九五三）によってその基礎がつくられた。柳田は最初、フランス語の Les Traditions Populaires の訳語である「民間伝承の学」とよび、折口は「民間伝承学」とよんでいたが、昭和二四年（一九四九）四月、学術研究の世界で歴史学、地理学、人類学などとの関係のうえで民俗学を名乗ることにしたという経緯がある（『民間伝承』一三—三　一九四九、鎌田　二〇〇二ほか）。民俗学の基本を確認しておくためにも、柳田だけでなく、同時代をともに生きた折口にも学ぶことが重要だと考えている。

民俗学は、民俗伝承の分析によって人びとの生活の歴史を研究してきた学問である。その民俗学の研究の視点と方法については、いまも折口の言葉に学ぶ点が多い。折口は「生活の古典としての民俗」（折口　一九三四）で次のように述べている。「とにかく、我々の生活には、過去において意義のあったものと、将来に向かって意義のあるものとの二通りがあるので、前者の固定したものが民俗として残ってゐるのであるが、其中に全然力を失うたものと、まだ幾らか力を持ってゐるものと、いろいろな段階がある訣《わけ》だ」といい、民俗の伝承の上ではその変遷にも段階差があるという重要な点を述べている。また、「民俗学入門」（折口　一九三七）では、民俗学の研究方法について、「研究はどうしてするかというと、材料を多く集めて、その間の関係をきわめて、正当な順序に置くことである」「材料を収集し分類していると、その間に比較研究の欲望が起こってき、こうして、健全な民俗学の研究の形ができてくるというが、ただそれだけでは物足らぬ。学問である以上は、ある種の理論が必要となる」「神に関するもの、おばけに関するものなどしてみても、分類だけでは学問にならない。それは引出しに入れておくのと同じで、入れただけのことである。比較できねばだめである」と述べ、材料を多く集める、分類するだけでは学問にならない、比較研究が重要であることを強調している。それは民俗学の研究の上で非常に重要な指摘であった。

この折口のいう民俗学の研究方法というのは、柳田の比較研究法、重出立証法と共通するものであり、それは民俗学が隣接する歴史学や社会学や文化人類学とは異なる独自の学問であったことを説明できる研究視点の提示であった。しかし、戦後の一九七〇年代後半以降の民俗学においては柳田の比較研究法が一方的に否定されていき、その有効性の検証はあまりなされてこなかった。そうしたなかで、一九九〇年代以降、民俗学の研究動向としても、民俗伝承の変遷と伝承への視点が見直されるようになってきた（岩本　二〇〇六、新谷　二〇〇五、二〇一一、二〇一八、関沢　二〇一三、赤嶺　二〇二四など）。

歴史の中の変化を文献史料をもとに精密に史実を追跡する文献史学と異なり、民俗学は歴史の中の伝承と変遷の動態を民俗資料をもとに追跡し、変化だけでなくその中の変わりにくいもの、伝承を支える中核になるような部分にも注目する。これからも民俗学の方法論を磨き、独自性を磨くためには研究の基礎となる民俗伝承の事例情報を幅広く集めて、そこから民俗の変遷と伝承について分析していくことが肝要であると考えている。そのため、本書においては、これまで蓄積されてきた調査情報をもとに、民俗学の比較研究の有効性を示す研究実践例を示しつつ検討を加えていきたい。

本書の構成　本書は、「第一部　盆行事の伝承と変遷」「第二部　埋葬墓地の民俗と歴史」「第三部　高度経済成長と葬送墓制の変化」の三部からなる。そして、それぞれの各章で、民俗の伝承と変遷に注目し、各地の盆行事の地域差とその意味、埋葬墓地の立地とその特徴、一九六〇年代以降の葬儀の変化および土葬から火葬へという変化について、地域差に注目しながら、それぞれの題目について論じる。また、これまで盆行事は年中行事のなかで、葬送儀礼は人の一生または家や家族との関係のなかで研究がなされてきており、それらが別々にとらえられてきた傾向があった。しかし本書では、人の死と葬儀と墓の変遷と、霊魂祭りとしての盆行事とそれに付随する邪霊祓えの民俗について、それらを一連のものとしてとらえ分析を試みることとする。

各章の主な内容は以下の通りである。

序「民俗の伝承と変遷をめぐって—比較研究法の有効性：時差のある変化、その研究実践例から—」 民俗の分布から、その傾向を読み取ることを考え、民俗地図では表せない民俗の変遷とその歴史的背景を分析した研究として、宮田登、新谷尚紀、赤嶺政信などの比較研究法を用いた研究の実践例を紹介する（宮田 一九七四、新谷 二〇〇五、二〇一一、二〇一八など、赤嶺 二〇一八、二〇二四）。そのなかで、近年発表された津金澪乃、岸澤美希の若手研究者の論文にも注目し、民俗伝承の変遷の段階差を読み解くときに、構成枠組みという基本と構成要素の変換という分析視点が有効であることについて述べる（岸澤 二〇一八、津金 二〇二三）。

第一部「盆行事の伝承と変遷」 早くは柳田國男『先祖の話』において盆行事の伝承と変遷について論じられており、折口信夫「盆踊りの話」（一九二七）、「たなばたと盆祭りと」（一九二九）、「たなばた供養」（一九三五）などで、七夕の祭りと盆の祭りとは区別がない一緒の祭りで、七夕は禊ぎ祓えの意味があることが論じられてきたことに注目する。それらを参考に、あらためて東北地方から九州地方までの範囲で、盆棚の設営と墓参習俗の地域差、そして七月の行事の伝承状況から、事例差と分布の意味、その歴史的背景について比較研究法の活用を試みた。

具体的には、第一章「戦後民俗学の認識論批判と比較研究法の有効性—盆行事の地域差とその意味の解読へ—」では、日本各地の盆行事の伝承の多様性について、とくに盆棚設営と墓参習俗の地域差から、三類型を設定し、霊魂観念、遺骸重視か霊魂重視かというそれぞれの特徴について、その地域差と歴史的背景についての解明を試み、地域差とその意味の読み解きの上で柳田國男が提唱した比較研究法が有効であることを示す。

第二章「盆行事の構造―七月は盆の月―」では、七夕とお盆という精霊や霊物に関係する七月の行事について、柳田と折口がかつて論じていた一年両分性と朔望上弦下弦のリズムという視点、また年中行事の根本に「繰り返し」の論理をみるという視点について、具体的な事例をもとに検証し確認して、盆行事の全体的な枠組みでの把握と整理を試みる。そして、いまでも広く七夕着物の伝承が確認されるが、それには神を待つ棚機津女の意味、七夕人形や七夕馬の伝承には、お盆の雑霊祓えと精霊迎えを前にした「吉事祓え」としての禊ぎ祓えの意味があり、この二つの意味をもちながら七夕の行事は構成され伝承されているということを論じる。

第二部「埋葬墓地の民俗と歴史」　日本の歴史の中に古くから伝えられていた土葬の墓について、その立地と形状にも大きな地域差があったこと、そしてその歴史的で民俗的な意味について追跡する。

第一章「埋葬墓地とその立地」では、これまでは両墓制の観点から報告されてきた埋葬墓地の研究が多かったが、その視点を相対化して、つまり、埋葬墓地には石塔墓地とは別の歴史があるという視点からあらためて屋敷地や畑地に立地する墓地の特徴についての追跡と整理の作業例を示す。そして、屋敷地や畑地の埋葬墓地は遺体の眠る場所を大切に保存しようとする力が働いている墓地であることを指摘する。それに対して、次の第二章「河川と災害と民俗」でみる、岸辺や中洲に設営される埋葬墓地の場合、それらはむしろ洪水のたびに流してきれいにしてしまおうという力が働いている墓地であるということを指摘する。つまり「保存と記憶」と「放棄と忘却」という対比的な墓地のあり方がそこにあることを論じている。

第二章「河川と災害と墓地―逆利用の論理―」では、河川の岸辺や中洲に設けられ、大水のたびに流される埋葬墓地の存在、賀茂川上流の汚穢を避けて設けられている墓地の立地の事例などを紹介し、歴史学の大山喬平、網野善彦らの河原の葬送地の歴史追跡の論考とあわせて検討し、さらに民俗伝承の分析の視点から、流されてもまた元のところに戻る人びとの行為について考察している。

第三部「高度経済成長と葬送墓制の変化」 これまで葬送儀礼の研究関心は、社会の動向を背景に、

Ⅰ一九八〇年代頃までの、葬送儀礼における個々の儀礼の意味と霊魂への対応とそれらの歴史への関心の段階

Ⅱ一九八〇年代、九〇年代以降の、葬祭業者委託の割合の増加と葬儀の変化の動向、それに伴う遺体処理の変化への関心という段階

Ⅲ二〇〇〇年以降の葬儀の簡略化に伴うさらなる変化の中にある現在

と変化してきていることを整理して、本書では、ⅡからⅢへの変化について、地域ごとの差に注目する論考を提示している。

第一章「葬送儀礼の変容―一九六〇年代と一九九〇年代、そして二〇〇〇年代へ―」では、戦後の高度経済成長期（一九五五―七三）を経てきてからもつづく大きな社会変化の中で、一九六〇年代と、一九九〇年代、そして二〇〇〇年以降の葬儀の変化について、葬儀社の関与の増大、そして葬儀の場所が自宅から葬祭場へ、ホール葬へと変わったことによって、伝統的であった野辺送りとそれに伴う霊魂送りの習俗が消滅していったこと、その変化のなかで現在、農村部の初盆や都市部のお別れ会などが霊魂送りの機会として代替の機能を果たしていること、などを論じている。そして、そこから伝統的に葬送とは、カラ（遺骸）送りとタマ（霊魂）送りというその両方からなる遺体と霊魂をめぐる観念に支えられていたものであったこと、それが現在大きく変容、変質していることを論じている。

第二章「火葬化とその意味―「遺骸葬」と「遺骨葬」：納骨施設の必須化―」では、一九六〇、七〇年代に急速に拡大

していった公営火葬場の利用によって、葬儀の前に火葬骨にする事例が東北地方や九州、沖縄、東海地方などにみられることについて検討して、火葬骨での葬儀でも野辺送りが維持されていること、その一方、中国地方の安芸門徒の火葬事例のようにもともと村落での火葬のノヤキが伝統的に行なわれてきたところでは、葬儀は遺骸のままで行なうのが当然であり、先に火葬を行なうということなど考えられないとされてきているという点に注目して論じている。そして、第一に、一九九〇年代から二〇〇〇年代の遅くまで土葬が残っていた地域でも公営火葬場の利用が進み、自宅葬で火葬場利用となった場合、どのようにして火葬を葬儀のなかに取り入れているか、変動の中にある各地の伝承動態についての事例追跡の結果を報告する。第二に、火葬によって、それまで土葬では遺骸を埋葬すればそれで一応終わりであったのが、あらためて焼骨の処理とそのための納骨施設が必要となったことによる、その対応のしかたの地域差について、熊本県の大型納骨堂建設や、近畿地方のサンマイ利用の変化と石塔墓地の建設について紹介している。そして、民俗学が長く研究対象としてきた両墓制が終焉していった事情、そしてそれがどのようにその後に展開しているのかについて追跡している。

以上のような高度経済成長期以降の葬儀の変化の中では、死者の遺骸送りが中心となり、霊魂送りが希薄になってきていること、それに加えて先祖や親族の霊魂につきまとってきてしまう周辺的な雑多な邪霊や悪霊、魑魅魍魎たちを攘却していたようなかつての儀礼も消滅してきていることを指摘している。そして、家の継承と葬送・墓制の変化との関係については、今後、注意深く観察していく必要があること、その際、民俗学では現在だけをみるのではなく、これまでその地域ではどうだったかという伝承の動態を分析していくことが重要であること、そして、生活文化の変化は画一的ではなく、地域の歴史を反映して、地域差があるという民俗学の視点が重要であることを指摘している。

参考文献

赤嶺政信　二〇一八『キジムナー考─木の精が家の神になる─』榕樹書林
赤嶺政信　二〇二四『柳田國男の民俗学と沖縄』榕樹書林
岩本通弥　二〇〇六「戦後民俗学の認識論的変質と基層文化論─柳田葬制論の解釈を事例として─」(『国立歴史民俗博物館研究報告』一三二)
折口信夫　一九六七(一九三〇─一九三二)「年中行事─民間行事伝承の研究─」(『折口信夫全集』一五　中央公論社)
折口信夫　一九六七(一九三四)「生活の古典としての民俗」(『折口信夫全集』一六　中央公論社)
折口信夫　一九六七(一九三五)「地方に居て試みた民俗研究の方法」(『折口信夫全集』一五　中央公論社
折口信夫　一九六五(一九二七)「盆踊りの話」(『折口信夫全集』二　中央公論社)
折口信夫　一九六六(一九二九)「たなばたと盆祭りと」(『折口信夫全集』三　中央公論社)
折口信夫　一九六七(一九三五)「たなばた供養」(『折口信夫全集』一五　中央公論社)
鎌田久子　二〇〇二「日本民俗学会発会のころ」(『日本民俗学』二二九)
岸澤美希　二〇一八「関東地方の屋敷神─ウジガミとイナリ─」(『民俗伝承学の視点と方法─新しい歴史学への招待─』吉川弘文館)
新谷尚紀　二〇〇五『柳田民俗学の継承と発展』吉川弘文館
新谷尚紀　二〇一一『民俗学とは何か─柳田・折口・渋沢に学び直す─』吉川弘文館
新谷尚紀編　二〇一八『民俗伝承学の視点と方法─新しい歴史学への招待─』吉川弘文館
関沢まゆみ　二〇一三「「戦後民俗学の認識論批判」と比較研究法の可能性─盆行事の地域差とその意味の解読への試み─」(『国立歴史民俗博物館研究報告』一三四)
津金澪乃　二〇二三「昔話「三枚のお札」と謡曲「黒塚」「山姥」─山と里の対比から─」(『国立歴史民俗博物館研究報告』二四〇)
宮田登　一九七四「若狭のはやり神─「伝承性」検討のための作業例─」(和歌森太郎編『若狭の民俗』吉川弘文館)
柳田國男　一九九〇(一九四六)『先祖の話』(『柳田國男全集』一三　ちくま文庫)

目次

はしがき

序　民俗の伝承と変遷をめぐって……一
——比較研究法の有効性：時差のある変化、その研究実践例から——

第一節　民俗の伝承と変遷……一
第二節　文化変遷の遅速差と段階差……九
第三節　葬送の習俗と儀礼の事例差から……一八
第四節　南西諸島にみる事例差と地域差から……二二
第五節　事例差から変遷を読み解く比較研究法……二四

第一部　盆行事の伝承と変遷

第一章　戦後民俗学の認識論批判と比較研究法の有効性……三〇
——盆行事の地域差とその意味の解読へ——

第一節　戦後民俗学の認識論批判……三〇

第二節　両墓制の分布とその意味……三三
第三節　比較研究法批判の中の誤解……三六
第四節　盆に迎えまつられる霊魂をめぐる研究史……三九
第五節　盆棚設営と墓参習俗と霊魂感覚をめぐる地域差……四六
第六節　盆棚の地域差とその意味……七五
おわりに……八八
第二章　盆行事の構造……九七
——七月は盆の月——
第一節　一年両分性と朔望上弦下弦のリズム……九七
第二節　七月七日の民俗伝承……一〇〇
第三節　七月の行事の特徴：「繰り返し」……一一三
第四節　構成枠組と構成要素への視点……一一五
第二部　埋葬墓地の民俗と歴史
第一章　埋葬墓地とその立地……一三〇
第一節　「葬制の沿革について」……一三〇
第二節　屋敷地や畑地の埋葬墓地……一三三

第三節　郷　墓　……　一四〇

第二章　河川と災害と墓地
——逆利用の論理——　……　一五一

第一節　近畿地方の両墓制と埋葬墓地　……　一五一
第二節　河川流域の埋葬墓地　……　一五三
第三節　平安京の河原　……　一六三
第四節　汚穢忌避と賀茂川　……　一七四
第五節　流されてもまた元のところに戻る　……　一八一
第六節　保存と記憶・放棄と忘却　……　一八六

第三部　高度経済成長と葬送墓制の変化

第一章　葬送儀礼の変容
——一九六〇年代と一九九〇年代、そして二〇〇〇年代へ——　……　一九六

第一節　葬儀の変化への注目　……　一九六
第二節　一九六〇年代と一九九〇年代の葬儀の変化
——『死・葬送・墓制資料集成』より——　……　一九八
第三節　家での葬儀から葬祭場の利用へ
——二〇〇〇年以降の農村部での変化とその注目点——　……　二〇七

第四節　葬送儀礼の変化と霊魂観の変化……二三〇
第二章　火葬の普及とその展開——「遺骸葬」と「遺骨葬」——……二三七
第一節　土葬から火葬へ——「遺骨葬」と「遺骸葬」——……二三七
第二節　火葬への対応の地域差と時期差……二三一
第三節　火葬の普及と両墓制の終焉……二八〇
あとがき……三二一
索　引

序　民俗の伝承と変遷をめぐって
――比較研究法の有効性：時差のある変化、その研究実践例から――

第一節　民俗の伝承と変遷

宮田登の注目した民俗の伝承力　柳田國男と直接の面識のない世代として一九六〇、七〇年代以降の民俗学の世代をリードした研究者の一人が宮田登（一九三六―二〇〇一）であった。

宮田は『ミロク信仰の研究』（宮田　一九七〇）で知られるが、早い時期の論文に注目してみると、たとえば「若狭のはやり神―「伝承性」検討のための作業例―」（和歌森太郎編『若狭の民俗』吉川弘文館　一九七四）がある。そこで宮田は、伝承とは「引き渡す」の意味であるとし、「次の時代へ引き渡すということはそこに一種のエネルギーが働くことを意味する。それを伝承力という語で表現する。これはすなわち伝承的世界の自律的変化の起動力である。伝承力の検討こそ肝要である。換言すれば、「何故このように伝承し得たのか」という点を分析することであり、従前日本民俗学が等閑視していた視点でもある」と述べている。そして、伝承の変遷について、若狭地方の疱瘡神、虫神、愛宕神のはやり神現象をとらえて、近世から近代そして現在へのその伝承の変化をとらえている。たとえば、近世において疱瘡の流行が繰り返しみられ、その恐ろしい疫病の記憶は種痘が行なわれるようになった大正半ばまで、種痘の後に疱瘡送りがなされていたほどであったというが、ここでは疱瘡神に対して、家々では供物で饗応して、家の神化する傾向があったという。カサ神（疱瘡神）がのちにエビス神と呼ばれて屋敷神になった事例などがあることを指摘して、「民衆の創意により転生し得る」という伝承の動態を指摘している。それを宮田は「禍を転じ福にする考え方」とし、「これが端的には伝承力の要因であろう」としている。まだ検討課題はあると言いながらも、民俗の伝承性に着目し、民俗伝承の動態的変化を追跡しようとしていたことは注目される。

また、宮田は「暮らしのリズムと信仰」（宮田　一九七六）という論考で、年中行事の構造について柳田や折口が示した一年両分の見解（柳田國男「民間暦小考」〈柳田　一九三一〉、折口信夫「年中行事」〈折口　一九五五〉）に関連して、六月一日の氷の朔日と一二月一日の川浸り朔日とに注目し、『日本民俗地図』（文化庁　一九六九）に収集された各地の民俗情報の名称と行事内容についての整理を行なっている。まず六月一日の名称の分布について、氷の朔日系（京都、大阪を中心とした畿内地方〈ただし奈良を除く〉に濃厚）と、歯固め系（青森、秋田、岩手の東北三県に集中し、遠隔地にある奈良と一致している）の二つがあるとしており、またもう一つには、衣脱ぎの朔日・剝けの朔日など脱皮を意味する名称（山形、宮城、福島の南東北と新潟、北関東に集中している）があり、それぞれ地域的傾向があると述べている。そして、行事の内容からは、氷の朔日系と歯固め系との間には類似性があるといい、もう一つの衣脱ぎの朔日や剝けの朔日は、雪や火による浄化、再生が意識されているとして、六月一日の行事には二つの系統があることを指摘している。そして、分布の上からみてもこの二つを東日本地方と西日本地方とに単純に分けることはできないといい、その理由として、「民俗事象が、現実には複雑な歴史的条件を背景に変化しつつ伝承されているからである」と重要な見解を述べている。

一方、一二月一日の川浸り朔日については、その名称は、川浸り・川ッパイイリ系（関東地方一帯から福島、九州地方）、乙子の朔日・膝ぬり系（近畿地方から中国地方）に大別できるとしており、一二月はすぐあとに正月を控えているだけに明確な年の改まりとはいいがたいが、川辺で厄除けをして身体を清め、神祭りを行なったという点は共通していると指摘している。このように宮田登は、柳田や折口が提示した年中行事の一年両分性の見解について、その呼称と行事内容に着目して『日本民俗地図』の情報から、民俗の分布傾向と同時に歴史的な伝承と変遷という動向についての視点に立っていたのであった。これまで研究史のなかであまり注目されていなかったが宮田の初期の論考は、柳田國男が提唱した民俗伝承情報に対する比較研究という基本的な視点と方法についての理解の上での作業であったことがわかる。

柳田の比較研究法に対する民俗学の三つの流れ　そこで、戦後日本の民俗学の動向を整理してみると、柳田の民俗伝承情報に対する比較研究という基本的な視点と方法について、その継承か否定かという点で、三つの流れがあったことが指摘できる。(1)理解不足、(2)完全否定、(3)継承発展、という三つの流れである。まず一九五〇、六〇年代はまだ、(1)理解不足の段階であったが、その後の一九七〇、八〇年代は、(2)完全否定であったことが注目される。それは福田アジオ「民俗学における比較の役割」(福田　一九七四a)をはじめとする一連の論文(福田　一九七四b、一九七四c、一九七六)による柳田の方法論の完全否定であった。比較研究法を否定した福田は「民俗をそれが伝承されている地域において調査分析し、民俗の存在する意味とその歴史的性格を、伝承母体および伝承地域において明らかにすることを民俗学の目的とすべきである」「このやり方を重出立証法に対して個別分析法と呼んでおきたい」と述べて、その主張をそのまま方法論として提示した(福田　一九七四a)。それに対して、先に「地域民俗学」を提唱していた宮田登は、それは「民俗を歴史的に認識する態度であって、かならずしも技術的な方法論といったものではない」と述べていた(宮田　一九七七)。つまり、福田の「主張」は民俗に対する認識の主張であって「方法論」とはいえないと否定された状況であったにもかかわらず、その福田の「主張」がそのまま影響を与えていってしまい、柳田國男がせっかく新しい学問としての民俗学が活用すべき独自の方法の一つとして提案していた比較研究法について、それをよく理解することもないままに否定されていったというのは、学史的にみて残念なことであった。

その福田による柳田否定の論調の影響は大きく、それによって一九八〇年代以降の民俗学で主流とみなされてきたのは、いわゆる福田の主張した地域研究法であった。そして、その柳田否定の時代が長く続いてきたのであった。

しかし、そのような地域研究法が主流となっていった一九八〇年代以降の民俗学の流れの中でもそれとは別に、柳田の比較研究法の継承を実践した流れもあった。たとえば新谷尚紀『両墓制と他界観』（新谷　一九九一）などであった。日本の墓制について、両墓制と単墓制と無石塔墓制に三分類して旧来の埋葬墓地と新たな石塔という要素の付加のあり方のちがいをみるという比較論的なアプローチは、柳田國男の比較研究法の視点とその活用がなくては得られないものであった。その両墓制研究では、個別事例の調査研究も重要として一定の地域社会の葬送墓制の習俗の組み立てについての分析と、同時にその墓地の石塔調査を徹底して石造墓塔の普及の歴史について具体的に追跡されていた。個別事例の調査と同時に全体的な分布傾向へも目配りするのが民俗学の基本であるという方法を実践していた新谷は、福田が提唱した比較研究法を否定する民俗学は柳田が創生した民俗学とはまったく異なる「もう一つの別の新しい民俗学」の提唱であったと位置づけている（新谷　二〇一一）。

そのような流れの中で、柳田の提唱した比較研究法の可能性についてあらためて学史的に追跡し確認することによりその活用を試みたのが、筆者の「「戦後民俗学の認識論批判」と比較研究法の可能性―盆行事の地域差とその意味の解読への試み―」（関沢　二〇一三、本書所収）であり、近年ではそれに続く、新たな論考が発表されてきているというのが現状である。

構成枠組と構成要素　民俗の変遷のなかの新しいものと旧いものとを観察すると、早くには柳田の『蝸牛考』、また最近では赤嶺政信『キジムナー考—木の精が家の神になる—』や岸澤美希「関東地方の屋敷神—ウジガミとイナリ—」、また比嘉政夫『沖縄民俗学の方法—民間の祭りと村落構造—』や平敷令治『沖縄の祖先祭祀』などによる沖縄の清明祭《シーミー》と十六日祭《ジュールクニチ》の伝承のように中央部から新しい伝承がおこり地方へと徐々に波及していくという変遷の動態が注目されており（柳田　一九二七、赤嶺　二〇一八、岸澤　二〇一八、比嘉　一九八二、平敷　一九九五ほか）、その一方、基本的な構成枠組は変わらないが、それを構成している要素の変換が起こっている例があることも注目される。

　昔話についても、柳田は固定化したものではなく変化してきているもので、地域ごとの違いは変遷の段階差ととらえることができると考えていたことが、「わが邦は地勢のしからしむるところ、地方の経験が平地と山間と、海と高原とによって、それぞれの差等がある。それをある時点の現状において比べて見たならば、同じ一つの成長する文芸などは、あるいはその展開の各段階が、個々の環境によって順序立てられるかも知れぬと思ったからである」と述べていることからわかる（柳田　一九九〇〈一九三二〉）。それに対して、最近の津金澪乃「昔話「三枚のお札」と謡曲「黒塚」「山姥」—山と里の対比から—」は、柳田國男の「成長する文芸」という視点を参考にして、国内の昔話の伝承と変遷に着目したものであった（津金　二〇二三）。それはアールネ・トンプソンのタイプ・インデックス（類型目録）による話型についてではなく、日本で語られてきている昔話の構成とその要素に注目して「三枚のお札」の類話を整理して検証したものである。「三枚のお札」は、登場する鬼婆と山姥の混在、場としての山と里の対比などを特徴とみて、その構成と要素の分析および室町期の謡曲「黒塚」と謡曲「山姥」のテキストの比較を行なっている。そして『日本昔話通観』（稲田ほか　一九七七—九八）に掲載されている類話の整理をし、山姥には柳田の注目した山人のイメージが含まれていることを指摘している。そして、さらに柳田の『遠野物語』一一六、「ヤマハハの話」では娘が一人留守番をしているところにヤマハハが「飯をたきて食わせよ」といい、飯を食べている間に娘は逃走し、柴の中、萱の中、そして笹小屋に隠れるなど三度の危機を脱していくが、そこには三枚のお札という要素がないことに着目した。そしてこれは、逃走の手段がお札を投げるという方法に画一化される以前のかたちを伝えている可能性が高いと考え、「寺」「便所」「お札」の要素が加わってからのちの、A鬼婆タイプやB山姥タイプのような「三枚のお札」の昔話に定型化されていく以前のかたちとして、Cヤマハハのタイプの存在を想定している。分類は次の三つになる。

A鬼婆タイプ［寺―小僧―山―花採り（盆・彼岸）―鬼婆―便所―逃走（お札）］

B山姥タイプ［寺―小僧―山―栗拾い―山姥―便所―逃走（お札）］

Cヤマハハタイプ［□―娘―山―□―ヤマハハ―□―逃走］

A鬼婆タイプとB山姥タイプの構成枠組とその構成要素を比較してみると、Aの「鬼婆」とBの「山姥」という要素、Aの「花採り」とBの「栗拾い」という要素が入れ替わっていることがわかる。しかし、Aの（盆・彼岸）という要素はBにはない。さらに、A鬼婆タイプ、B山姥タイプ、Cヤマハハタイプの三つの構成と要素とを比較してみると、Aの「鬼婆」、Bの「山姥」、Cの「ヤマハハ」という要素が入れ替わっている。そしてCには前述のように「寺」「便所」「お札」の要素がない。このことから、もっとも要素が少なく単純なかたちがCヤマハハのタイプであり、寺や便所やお札の要素が加わったB山姥タイプが新しいかたち、そしてさらに山姥にかわって鬼婆が登場するA鬼婆タイプがさらに新しいかたちであると位置づけられると推論した。この古いB山姥タイプに対して、新しいA鬼婆タイプが生まれてきているという変化については、昔話の組み立ての上での山姥から鬼婆へ、山の領域主張から鬼婆の子取りへという要素変換が起こってきたものと考えている。そして、Cタイプのヤマハハと Bタイプの山姥のイメージの背景には、柳田の「山人考」などが指摘していたような里人にとっての山の異文化と山人に対する恐怖感が想定されるという。(1) そこで、山の異文化世界と山人に関する記憶が薄れていくなかで、むしろ里人の生活の中での子のない老婆への差別視とその裏返しとしての恐怖感が増幅して、A鬼婆タイプのような変化形が語られるようになってきているのではないかという一つの仮説を提示しながら、「このA、B、Cという三つのタイプの併存の背景には、昔話「三枚のお札」の伝承の過程で生じた展開の上での段階差が示されている」と論じている。また、歴史的背景についても考察し、昔話「三枚のお札」とよく似た構成を持つ物語が室町期の謡曲の中にもあるとして、「黒塚」と「山姥」という演目に注目し、昔話「三枚のお札」の鬼婆と山姥と、謡曲「黒塚」の鬼女と謡曲「山姥」の山姥との間の対応関係を指摘している。そのなかで室町期の謡曲「山姥」では山廻り（山の領域主張）をする山姥が描かれているのが特徴で、この頃、平地民とは別の山の世界が認識されていた可能性があったと指摘している。この論文の新しさは、「三枚のお札」の構成枠組と構成要素という視点から、構成枠組は変わらないが、伝承の過程で「要素変換」がおこっている、それが歴史の中での段階差を示しているという新しい視点を提示したところにあった。

今後とも、柳田が指摘していたような「ある一定の時代の、全国にわたっての横断面を見る」方法として、伝承の構成枠組とその構成要素の変換という視点で、さらに具体的な事例分析を通して検討していくことが課題であろう。

屋敷神のウジガミとイナリ　このほか、近年の民俗伝承の比較研究による新しい研究成果には、たとえば、岸澤美希「関東地方の屋敷神―ウジガミとイナリ―」（岸澤　二〇一八）もある。そこでは、関東地方の農村の屋敷神の伝承についての従来の調査研究の成果を参照しながら、大きくウジガミ系統とイナリ系統の二つがあるということにまず着目している。そして、一定地域の家と屋敷神についての悉皆調査の対象として選定した四つの地域の屋敷神について、その呼称と祭神がウジガミの事例（栃木県真岡市中間木堀）、イナリという事例（東京都久留米市小山、埼玉県和光市上ノ郷）、呼称も祭神も集落内でウジガミとイナリが混在している中間的な事例（埼玉県東松山市）とに分類している。事例ごとの屋敷神を祀る位置、祭日、供物についてみることによって、①ウジガミ系統は、屋敷の後方西北隅、九月、赤飯にけんちん汁、イナリ系統は、後方東北隅、二月初午、赤飯に油揚げ、という構成を主としている、②西北隅は柳田國男「風位考」で指摘した古くからの忌むべき方角であり、イナリの東北隅は新しい陰陽五行思想における艮の鬼門の方角である、③祭日も収穫祭としての九月と、二月初午とがある、ということを見出している。

そして、近世の『武江年表』の記事には一八世紀から一九世紀にかけて稲荷明神開帳や稲荷祭の記事が多くみられ、その対象地域の広がりがみられることから、屋敷神としての稲荷の信仰が江戸の町方から近郊農村へ流布していった可能性を指摘している。そのニューウェーブであったイナリが、旧来のウジガミにとって替わっていった、いわば上書き保存されていった理由として、ウジガミ：氏神の「家の守り神」「農耕神」というもとからの性格が、イナリ：稲荷の「商売繁盛、福の神、転じて家内安全的性格」と「農耕神」という二つをあわせた性格と共通していることにあったと指摘している。つまり、関東農村に伝えられている屋敷神の信仰が、民俗の構成要素に注目してみることによって、旧来のウジガミ：氏神に対して、新来のイナリ：稲荷へと神格が入れ替わっていったという民俗伝承の中の変遷の動態を具体的な事例をもって指摘した論文である。これは、前述の宮田による若狭の屋敷神であるカサ神からエビス神への置き換えという動向にもみられるように、屋敷神の信仰が変遷してきているということを具体的に明らかにしたものといえる。

すでに、柳田が述べていたように民俗の伝承と変遷の過程では、「斜線を描くように」、分布傾向の上では中央から地方へと時間をかけて徐々に変わっていくものもあれば（柳田　一九七九〈一九五四〉）、内容の構成の上では、基本的な枠組は変わらず、その構成要素が置換、変換するという事例もあることがわかる。このように民俗伝承の比較によって、伝承の段階差を分析していくというのが民俗学の独自の方法であり、民俗学にとっては民俗の伝承と変遷の動態を追跡していくことが基本であることをよく示している作業例であった。

第二節　文化変遷の遅速差と段階差

ではここで、民俗学創生の基本である柳田國男が民俗伝承の変化について論じている文章を再確認してみることにしよう。

幸いにして都鄙遠近のこまごまとした差等が、各地の生活相の新旧を段階づけている。その多くの事実の観測と比較とによって、もし伝わってさえいてくれるならば、大体に変化の道程を跡付け得られるものである（柳田　一九四六）。

文化変遷の遅速：いわゆる計画記録の最も豊かであった中央の文化がかえって最も多く変遷していたこと、それから距離の遠くなるに比例して、少しずつ古い姿の消えて行き方が遅くなっていること（柳田　一九三五）。

「風俗の変遷はいつも斜線をえがいてかわっていく（中略）。ただ大きな都会の世相だけを見ていてはわからないのである（柳田　一九七九〈一九五四〉）。

つまり、柳田は、文化の発信地としての中央（都市）と、それに対する地方（農村）という関係をもって、歴史的な変化の段階差に注目することを提唱しているのである。たとえば、女性の化粧の変化について、「紅・白粉で顔を装うことは、本来は神事・結婚などのハレの日に限られていたが、日常化して女性の容色を整えるための手段となった。しかし、その変化の実態は町方では早くから化粧の本来の意義が喪失したが、古風な土地には、まだ化粧はハレの日に限るという風がみられた」という例をあげている（柳田　一九七九〈一九五四〉）。このような、斜線を描く風俗の変化をとらえる視点から、柳田は「実は自分は現代生活の横断面、すなわち毎日我々の眼前に出ては消える事実のみに拠って、立派に歴史は書けるものだと思っているのである」と宣言しているのである。自然史の方面では立証されていることであるが、「もし採集と整理と分類と比較との方法さえ正しければ、彼に可能であったことがこちらに不可能なはずはないと考えたのである」（柳田　一九三一）と述べている。

1　眉剃りと鉄漿の終焉

次に、民俗の伝承の中で、中央の都市部で早く変化したことが地方の農村部においてはどのくらい後に変化が確認されるのか、という時間差と段階差を考えさせられる事例とその資料をみてみよう。

明治政府の近代化政策のなかで、鉄漿《おはぐろ》も眉剃りも「旧来の弊習」として廃止の措置がとられ、明治六年（一八七三）三月三日に昭憲皇太后が鉄漿を剝ぎ、黛を落とした。それ以後、東京では次第に鉄漿つけの風習が廃れたとされるが、東京から離れた農村などではいつごろまで継承されていたのであろうか。明治の終わりから大正のはじめ頃の奈良県内の村々の様子を記した「奈良県風俗志」資料（奈良県立図書情報館蔵）の、「顔面其他身体装飾」という項目をみてみる。

眉剃りと歯染については、「眉剃スルハ三十歳以上ノ婦人、歯染スルハ五十歳以上ノ婦人ニ多ク」（添上郡五ケ谷村）、「眉剃リ三十四、五才ノ婦人ハ皆剃ル習慣あり。歯染五十才以上ノ老婆ノミ染歯スルノ習慣アリ。昔時ハ染歯ニヨリテ既婚者ノ標トセシモノニテ、女子ノ結婚ノ同時ニ染歯セント聞ケド今ハカヽル事ナク老婆ノ間ニ形見テ残セルモノアルノミ」（添上郡田原村）、「眉剃ハ従来行ハレ来リシモ、今来ハ少ク、村内ノ約一割位ナリ。然レ共中年以上ノ婦人ニ多ク行ハル。歯染モ古来ヨリノ風習ニシテ結婚式ノ翌日ハ必ズ染歯スルヲ例トセシガ、今年ハ漸ク廃レテ四十才前後ノ婦人ニシテ歯染ヲナセルモノ十中ノ一二位ナレ共四十才以上ノ婦人ハ今モ歯染ヲナセリ」（山辺郡豊原村）とある。

つまり、明治末から大正初年の頃に、すでに若い人たちの間では眉剃りも鉄漿付けも行なわれなくなってきていたが、それでも眉剃りは三〇歳代以上の女性たちに、歯染めは五〇歳代以上の女性たちの間では、まだ旧来の習慣として行なわれていたことがわかる。

奈良県の山間地方の村落の事例では、昭憲皇太后が眉剃りも鉄漿もやめてから、約二〇年以上も遅れて明治三〇年代以降、次第に、若い世代から廃れていったことがわかる。

このほか、大正の頃、白粉が普及していったが、「奈良県風俗志」資料には白粉について、次のような記述がある。「女子ハ年齢十五六才以上、三十才位迄ハ白粉ヲ使用ス。其ノ使用ノ状況ハ祝日、祭日、農家ノ休日並ニ他人家ニ行ク時、多数人ノ集合ノ際、結婚、葬式等ノ時ナリ。白粉ハ処女時代ハ通ジテ用ヒラレ、婦人トナリテ他出ナドニハ用ヒラルレドモ、日常之ヲ用ルモノ少シ」(吉野郡国樔村)、「十五六才頃ヨリ四十才前後マデ用フ、但平常ハアマリ用ヒヅ」(吉野郡小川村)などと、当時は、白粉は一五、六歳から四〇歳前後までの女性がつけるもので、日常的に用いるものではなく、外出や冠婚葬祭のときなど特別な場合に用いられていたことがわかる。

ここで、柳田が『明治大正史世相篇』で指摘している「現代生活の横断面」という視点で、「奈良県風俗志」資料にある女性たちの顔面の様子についてみると、同じ時代の同じ村の中に、A：白粉をつけず、歯は黒くし、眉を剃った顔の四〇歳から五〇歳以上の年配の女性たちと、C：白粉をつけて白い歯、眉も剃らない三〇歳代位までの女性たちと、その間に、B：白い歯であるが眉を剃った顔の女性たちという三者が混在していた様子がわかる。この横断面には、A：地肌・黒歯・眉剃りから、C：白粉・白歯・自毛眉へと変化する様子と、その中間形B：白歯・眉剃りとがあり、それらは新旧の段階差として解釈できるというわけである。

黒い歯と眉剃りに一人前の女性として誇りをもっていた時代の女性の聞き取り資料が残されている。瀬川清子『若者と娘をめぐる民俗』(瀬川　一九七二)に収める資料である。そこには、千葉県富津市の松崎せんさん(八六歳)という嘉永年間(一八四八—五三)生まれの女性が、「私は聟を貰いに行く時、カネをつけて行った。眉毛をおとさずに黒い歯だとかわいらしいものだ。それを半元服という。一九の春の風《かぜ》にあわせないで眉毛をとったものだ。二〇歳になっても眉毛があれば風《ふう》が悪い。いつまで白歯でいるんだ、鬼みたい、といわれるので、嫁に貰い手がなくても、一九の坂をこえればオハグロをつけた。そうすれば、おまえ元服したんか、といって髪につけるものを祝ってやった。歯が白くては鬼婆みたいできみが悪かったが、この頃はみなれた。昔は白歯を亭主にみせるものではなかった」と語ったという記述がある。このせんさんは、眉剃りと鉄漿が一人前の女の表象であった時代に生まれ、眉剃りも鉄漿もすっかりなくなった時代まで見てきたのであった。「歯が白くては鬼婆みたいで気味が悪かった」という美的感覚には現代人は驚かされるが、昭和のはじめにはすでに既婚者のそのような古風な身体装飾はなくなり、白い歯が定着してきていたことがわかる。若い世代と年配者世代との間に、新しい変化への対応差があったのは、時代と社会の変化の中で、「年齢相応の装い」という基準は維持されながら、その美意識の感覚の差が時代の変遷の中で常に生じていることを示している。

歴史の中の変化を追跡する文献史学と異なり、民俗学は変化だけでなく変化のなかでも変わりにくいもの、伝承の中核になる部分にも注目するのがその特徴である。眉剃りや鉄漿の変化では、若い世代が先にそれを行なわなくなったものの、鉄漿は五〇歳代以上、眉剃りは三〇歳代以上にはまだ継続されていたことが注目される。もともと、眉剃りも鉄漿も結婚と同時に行なうものであったが、それは女性既婚者の身体表象とみなされていたものであった。その規範にしたがうことが当時の五〇歳以上の「老婆」たちには自身の存在証明でもあった。化粧のあり方は時代とともに変化していくが、社会規範としての身体表象という意味、自身の存在証明という意味には変わりないのである。

2　お宮参りとお食い初め

現在の民俗伝承においても、子供が生まれると、およそ三〇日目頃を目安にお宮参りが行なわれている。このお宮参りについて、ずっと古い室町時代の記録であるが、たとえば、蜷川親俊『親俊日記』天文七年（一五三八）二月四日条に「里御料人明日為百一日之間、イロナオシノ小袖為代二十疋・鯛二・海老廿」とある。また『山科家礼記』には、大沢久守の孫竹寿丸（大沢重敏）の色直も、誕生日である文明一二年（一四八〇）五月二一日の百一日目にあたる九月四日に行なわれており（菅原　二〇〇三）、いずれも現在の生後三〇日前後よりも遅く、生まれてから百一日目に行なわれていたことがわかる。

「色直し」は、「ご料人（山科定言）御まいりそめ（参初）、御いろなおし（色直）三（王）御社参候也」（『山科家礼記』文明九年〈一四七七〉三月五日条）と、日吉山王社にお宮参りをした記事にも、「お宮参り」の意味で使用されている。江戸時代中期の有職故実書『貞丈雑記』には「百日の内は白小袖、百一日め、色直しとて、産婦児並仕女《つかいめ》も、色小袖を著す、色直しの祝あるべし、色直し有て、三七日の後、吉日次第、宮参あるべし」とあり、産の忌が明けるまでは白い小袖を着用しており、明けるとその翌日、これが百一日目になるが、色モノを着せてお宮参りに行く習俗があったことがわかる。また、公家や武家だけでなく、一七世紀末頃の京都の町の習俗を記録した『日次記事』（黒川道祐、延宝・元禄〈一六七三―一七〇三〉）には、「良賤産婦幷小児血忌明日、宮参、或寺参」とあるように、京都の人びとの間でお宮参りが行なわれていたことがわかる。

これらの室町時代から江戸の中期の記事をみると、現在よりもお宮参りの日が遅かったことがわかる。資料の制約はあるが、江戸時代後期、庶民の間でお宮参りがいつ行なわれていたのか、文化年間の『諸国風俗問状答』をみてみると、大きく二つの傾向性がみられる。

一つは、室町から江戸中期の記録と同様で、初宮参りを百日目とか百十日に行なうというものである。そのような事例では、宮参りと同じ日に喰い初めもセットで行なわれているのが注目される。

百十日始て産神へ詣、喰初、かながしらを焼物に用ふ。又石を皿に入れ膳の向に附て、箸にてはさむ真似して喰はしむる也。（『伊勢国白子領風俗問状答』）

男子は廿一日、女子は廿二日めを忌明と申。内にて祝ひ事、餅抔搗、神に備へ、婦の里親又隣家へ送り、取上婆へ礼を勤候事御座候。宮参り、此日はいたさず、百日にいたし候。生れて百十日目を百日《ももか》と申、喰初とて親をとり、招て祝ひ事仕候も御座候。宮参り此日いたし候。（『備後国品治郡風俗問状答』）

男子十八日目、女子二十一日目に忌明内祝等仕候。男子百日目、女子百十日目に百々日《ももか》と申て、氏神へ参詣いたし申候。（『備後国沼隈郡浦崎村風俗問状答』）

それに対して、もう一つは、現在と同様で、三〇日前後に宮参りを行なうというものである。そのような事例では、喰い初めは百日とか百十日に行なわれており、宮参りと喰い初めとが別の日に行なわれるものとなっている。

在方にては、誕生より男子は三十一日目、女子は三十二日目に宮参りと申、産神へ参詣仕、又喰初と申、男子は百二十日目、女子は百十日目に相祝申候。（『丹後国峯山領風俗問状答』）

男子なれば三十一日、女子は三十三日目、忌明にて、氏神へつれて参詣いたし申候。百日目は、喰初とて、赤小豆飯にて祝ひ、飯粒を給初させ申候。（『阿波国風俗問状答』）

そしてさらに、この二つの中間のような初宮参りの方式も報告されている。これは忌明けの二一日前後とか三三日目に氏神の神社の石壇や鳥居など入口までは参るものの、中には入らないで、あらためて百日目とか百十日目に宮参りをするという事例である。

男子は廿一日、女子は廿二日を忌明けと申、餅つき、神にもそなへ候て、氏神の石壇迄小児を抱き参候。百十日をもゝかと申、宮参仕り、神酒そなへ、小児に膳をすへ初め候。(『備後国福山領風俗問状答』)

三十三日目に、母にても乳母にても抱きて生土神へ参るなり。後ロ参といふ。神殿拝殿など迄は参らず、鳥居の外にて拝をして帰るのみなり。此神詣を児の外へ出る初とするなり。是より以前は聊にても外へは出ず、故に下賤のものなどは婦の親里などへも行難ければ、甚不自由なるによりて此参詣はするなるべし。児の初めて出る事にまづ神社へ参るなるべし。百十日目に箸揃へとて、初て物を食ひ初めさする也。例の親類など請じてさて児の膳を居へて産婆、児に箸を取ていさゝさかくゝめて食はするなり。饗膳の料理等は定りなし。さて後は(或いは前にても)生土神へ参詣して守りをもらひ来るなり。此守生涯身に附くる守にて、是より此神をウブ神とも氏神とも云ふなり。(『三河国吉田領風俗問状答』)

これらの記録資料情報により、江戸時代後期には、初宮参りの日取りは、百日とか百十日に行なわれるところと、忌明けが早くなって二十一日から三十日前後に行なわれるところとがあったことがわかる。つまり、産の忌みの弛緩をめぐる歴史的な変化の段階差が地域差の中に現れていたのである。民俗学が追跡する生活文化の変遷というのは、全国一斉にすべてが一気に変わるのではなく、常に地域差や段階差の中に変化の過渡期を含みながら変わっていくのであり、民俗学が注目するのがその地域差や事例差なのである。現在も伝承されている百日目の食い初めというのも、そのような歴史的変化の中の一断面として伝えられているものと位置づけられるのである。

3　冬至の食物――小豆粥から南瓜へ――

もう一つ、「現代生活の横断面」という視点から、冬至の食物についてみてみよう。現在でも、冬至には南瓜を食べると風邪をひかないと言い伝えられており、「冬至南瓜」は根付いているといえる。しかし、南瓜はポルトガル人によって天文年間（一五三二―一五五五）に豊後の大友宗麟に献上されたのが最初とされているが、日本各地で栽培されるようになるのはずっと後の江戸時代末である。『東都歳事記』には冬至の柚子湯の記事はあるが、江戸時代の歳時記類には南瓜の記事はない。南瓜が冬至の食物として受容されていったのは明治以降と考えられるのだが、その理由について、冬至を境に復活していく太陽と黄色（南瓜、柚子）への類似連想があったのではないかと考えられている(2)。ここでは、再び「奈良県風俗志」資料から、明治の終わりから大正のはじめにかけてこの地方の村々の冬至に食するものについてみてみよう。

冬至の食べ物について六六事例の報告がある。そのなかには、とくになし、平素と変わらずというものも一二事例あるが、冬至には小豆粥や南瓜を食する事例が多い。小豆粥が一八事例、ほか小豆飯、赤飯、小豆など小豆を食する例もみられる。一方、南瓜と明記しているのが四〇事例、その内、南瓜のみが二三事例で、あとの一七事例は小豆粥や小豆と両方食するという。

冬至に南瓜を食べれば中風症にかからない、中風が起こらないように「一片たりとも食するものとす」、そのため、当年の夏に作った南瓜を冬至に用いるために貯えておく、「俗説ニ冬至ノ日、南瓜ヲ食セバ中風症ヲ免ルトテ之ヲ用フルモノ多シ」（吉野郡大淀村）、「迷信として此日は貯へ置きたる南瓜を煮て食ふ。中風疾を予防するの効ありと云ふ」（宇陀郡三本松村）、「南瓜ヲ食ヘハ中風病ヲ発セズトテ食フモノアリ」（吉野郡四郷村）など、南瓜の効用が中風との関連で説明されている。

一方、小豆粥については、「冬至ニハ昔ヨリノ仕来リニテ豆粥ヲ食シ、又南瓜ヲ煮テ食フコトアリ、豆粥ニハ多クハ小豆ヲ用フ」（吉野郡川上村）、「あづき（小豆）の粥を食するの外何等なす事なし」（吉野郡賀名生村）、など、特別な効用にはふれられていない。

「粥ヲ煮、神仏ニモ供ヘ油揚ヲ食ヒ又南瓜ヲ食スル家モ稀ニアリ」（宇智郡）も、粥が基本で、稀に南瓜の家もあるという書きぶりである。

これらの記述から、この明治の終わりから大正のはじめの頃、小豆粥だけの家、小豆粥と南瓜の家、南瓜だけの家という大きく三つがあったが、その背景には、もともと小豆粥が食べられていたところに、新しく南瓜が入ってきたこと、その南瓜だけを食する家もあるが、小豆粥から南瓜への中間形として両方を食する家もあったということ、がわかる。

こうして冬至の食物についてみると、もとは小豆粥であったのが、明治以降、新しく南瓜の例もみられるようになってきたのであるが、長い歴史をもつ小豆粥にはとくに食する理由が語られていないのに対し、新しい南瓜については、中風にならないなどの効用が語られているのが特徴的である。新奇なものには説明がつくという現象である。現在では、「冬至南瓜」は広く定着しているが、年中行事の食習全体としてみると、冬至の小豆粥はまだ地域によって残ってはいるが、小豆粥といえば小正月の行事である。冬至や正月など冬季の行事では太陽への一陽来復の信仰と小豆の赤色への類感的感覚、また、産育や長寿祝いの習俗では血液と生命力への類感的感覚、それらが総合されて民俗信仰の場では赤色の厄災除け、魔除けの力への信仰が伝えられている。冬至の食物も小豆から南瓜に変わっても旧来の小豆も残っており、新旧の要素はいずれも強い伝承力を保ちながら併存している。そして、変わりにくい部分として底流しているのは、冬至という極陰の行事の中に根強く伝えられている太陽の回復へという一陽来復の願いである。

以上、柳田が注意を喚起した「現代生活の横断面」という視点の有効性について、身近な例をあげて簡単に説明してみた。そして、江戸後期の『諸国風俗問状答』や、明治・大正期の「奈良県風俗志」資料を参考にして、それが一定の程度有効であるということを紹介した。眼前の民俗伝承の多様性への注目とその比較研究という方法は、生活変化の遅速差という歴史情報を読み取る有効な一つの方法なのである。

第三節　葬送の習俗と儀礼の事例差から

このような比較研究法の視点を活用しての分析が有効であることを示している他の研究例も参考になるであろう。たとえば新谷尚紀「葬儀と墓の民俗と歴史」（新谷　二〇一七）や、武井基晃「南西諸島における葬送・洗骨・墓参の変化」（武井　二〇一七）である。

ヤシキトリとソーレンシンルイ　葬送の習俗と儀礼の伝承における事例差と地域差に注目したのが、新谷の論考であった。民俗学では長く葬儀は村落内の組とか講などと呼ばれる近隣組織が中心となって行なわれるものと説明されてきた（竹内　一九九一〈一九四二〉ほか）。それは実際に多くの事例で、喪家の家族や親族は、葬送の準備、賄い、そして穴掘り、埋葬にいたるすべてを葬式組の人にお願いして、口出ししないものとされてきたからである。しかし、たとえば岩手県上閉伊郡安家村の報告で、「墓は、喪主が葬礼の前に必ず現場に行き、墓所に白紙をおき、五竜の位置をきめ、二鍬ばかり掘る。これをヤシキトリといっている」（鈴木　一九三九）とあるように、血縁関係者の喪主が墓穴を最初に二鍬掘るという事例が存在していた。それに対して、新谷はそれらの伝承事例について例外として看過せずに、日本各地の葬送の調査事例の中から、地縁中心に徹底している事例群と、血縁中心に徹底している事例群と、その中間的な事例群とをあらためて整理している。すると、各地の事例によってさまざまであり、「棺担ぎや火葬は血のつながる身内が当たるべきだ」「他人にはお願いできない」などという血縁中心の考え方と、その一方では「血縁以外の人に依頼すべきだという新しい考え方」とがあることが分かったのであった。そして、その中間的な事例群の中に、滋賀県内で多く聞かれるかたちであるが、葬式には身内として手伝いをするソーレンシンルイとかソウシキシンルイという家同士の組み合わせを作っている村（滋賀県蒲生郡竜王町綾戸の事例ほか）がある。[3]またその一方で、福井県の事例であるが、近世以来一五戸以内という集落構成の戸数制限をきびしく行なってきた敦賀市白木という村の事例のように、世代をさかのぼればみな互いに親戚関係か姻戚関係になってしまうような村があり、そこでは、葬儀のためにわざわざ「タニンになる」という関係を作っているというような事例があることが注目された。つまり、前者のような「シンルイを作る村」（関沢　一九九六）、では、地縁が「みなし血縁」になり、後者のような「タニンを作る村」では、血縁が「みなし地縁」になっているのである。このような「ねじれ」の伝承の中に、葬儀をめぐる役割分担の変遷という歴史的な過程の一部が現れていると新谷は注目したのであった。そして、これまで報告されてきた多くの葬送の事例においても、火葬の場合の点火は必ず喪主がするとか、土葬の場合も埋葬は組の人にすべて一任しながらも、最初の土をかけるのは喪主であるとか、またいったん帰宅後、墓直しとか塚マルメなどといって、喪主をはじめ身内の者がもう一度墓に行って、鍬で塚を丸く築く真似をするなどの習俗が見られた。そのことから、やはりもともと血縁関係者が行なっていた火葬や埋葬を、社会的な安定が得られた近世社会で相互扶助のシステムが作られていき地縁関係者にお願いするようになった、その名残りが各地の事例差の中に見出される、という解釈が有効であることがわかってきたのである。

野棄てもあり　また、古代中世の一般庶民の葬送に関する記録は少ないが、往生伝や説話類から、当時の社会のあり方をうかがうならば、「宅無資材、又無親族、死後屍骸、誰人収斂乎」、「遺留妾児旁有労」（『拾遺往生伝』〈一〇九九―一一一一年頃成立〉巻中第二六話）、「汝是寡婦、争斂死骸、為省其煩」（『拾遺往生伝』巻上第一九話）とあり、資材や親族がいない場合には誰も死骸を収斂してくれないとある。『今昔物語集』（一一二〇年代成立）巻二四第二〇話には、「其女父母モ無ク親シキ者モ無カリケレバ、死タリケルヲ取リ隠シ棄ツル事モ無クテ、屋の内ニ有リケルガ、髪モ不落シテ本ノ如ク付タリケリ」とあり、やはり親族、親しい者がなければ死骸は放置されている。『八幡愚童訓』乙（一二九九―一三〇二年頃成立）下巻第四話では、備後国住人覚円という僧が亡くなったときも「無縁の者なりければ実しき葬送なんどに及ばずして、さかが辻と云所に野すてにしてけり」とあり、「野棄て」もあったことがわかる。これらからは、「平安時代から鎌倉時代の社会では、死と葬送は家族や親族の負担で処理されるのが当然であり、それがなければ資材をもって他人に依頼することもできた。しかし、そのいずれもない場合には「野棄て」にされてしまうと考えられていた」ことがうかがえる。

「血縁」から「地縁」へ　そして、古代から現代に至るまで、葬儀の主たる担い手については、「血縁」から「地縁」へという変化が地域差と事例差をみせながら展開していたこと、それが高度経済成長期を経る中で葬祭業者からのサービス購入へという、貨幣が介在してすべての縁を無化する関係という意味での「無縁」へと展開しているということ、そして同時に、通史的にみれば葬送の担い手の基本はいずれの時代も、生の密着関係が死の密着関係へと作用して、「血縁」であることに変わりはないということが指摘されたのである。日本各地の葬送習俗の中に見出される地域差と事例差を、その長い伝承の過程において起こった変遷の跡を示す歴史情報ととらえること、そして、そのような比較研究の視点に立つことによって、地域差や階層差を含めた立体的な歴史変遷が描けることを具体的に示した作業例である。

第四節　南西諸島にみる事例差と地域差から

　このような民俗学の比較研究法の視点から、沖縄における墓参りの日の事例差と地域差について注目し、その伝承の変化の様相を分析した研究例として注目されるのが、比嘉政夫『沖縄民俗学の方法―民間の祭りと村落構造―』（比嘉　一九八二）、小川徹『近世沖縄の民俗史』（小川　一九八七）、平敷令治『沖縄の祖先祭祀』（平敷　一九九五）である。そして、それらを参考に、一九六八年に琉球政府文化財保護委員会が行なった調査（琉球政府文化財保護委員会　一九七〇）をもとに、沖縄本島北部、沖縄本島中南部、離島との三つの地域に分けて、その分布状況の確認を行なった武井基晃「南西諸島における葬送・洗骨・墓参の変化」（武井　二〇一七）などである。

十六日祭と清明祭　沖縄の墓参や祖先祭祀の伝承としては、旧暦一月一六日に行なわれる十六日祭《ジュールクニチ》、春の彼岸、新暦四月五日頃の清明祭《シーミー》、旧暦二、五、六月一五日のウマチー（御祭）、旧暦七月の七夕から旧盆まで、秋の彼岸などがあり、沖縄本島の中南部でとくにさかんに行なわれているのは、一家一族総出で墓参する清明祭、宗家の仏壇（位牌・香炉）の祭りであるウマチー、そして旧盆である。その本島中南部で今もさかんな清明祭は、もともと中国の習俗が一八世紀に首里・那覇の王府や上層士族の社会で受容されて広まっていったものであることは、小川と平敷の研究から明らかにされており（小川　一九八七、平敷　一九九五）、記録の上でも一七二八年に清明祭を創始した蔡氏一族の『蔡家家憲』（一七三六）や、那覇の町方の記録である「年中諸礼式之事」などの存在が知られている。そうして琉球王府や士族が始めていった清明祭が、はじめは首里・那覇を中心として定着しそれが徐々に地方へと普及していったのに対して、沖縄の旧来の習俗であった十六日祭はその周辺地域に残存する形でその分布が確認されるのである。平敷は「正月十六日に祖霊を祀る習俗は沖縄諸島から八重山諸島に至る全域に分布している」と指摘しており、比嘉（比嘉　一九八二）も十六日祭の「行事は祖先を供養するものとしてはほぼ琉球列島全域に分布しているようである。清明祭などが沖縄本島において主として行なわれ、宮古、八重山に稀薄であるのを考えると、清明祭より基層的、オリジナルな祖先祭祀とみることができよう」と述べている。琉球政府文化財保護委員会『沖縄の民俗資料一』（一九七〇年）から復帰前の沖縄における墓参の実態を整理した武井も「沖縄県域各地で十六日祭がまず伝承されていたところに、後世になって首里・那覇から清明祭の受容が始まって周辺に波及していったことが、この記述の差（筆者：『沖縄の民俗資料一』の報告内容）にも現れているのであろう。そうだとすると、主たる墓参の日が清明に移行した本島の中南部においてもなお、ミーサ（新仏）に対する旧暦一月一六日の墓参が残存したことの意味もまた重要となってくる。新しい民俗の導入という変化のなかで、これだけは変えられずに残された可能性が高いからである」と述べている（武井　二〇一七）。

柳田國男の沖縄認識　なお、沖縄の民俗伝承の考察において、ここで再確認しておく必要があるのは、柳田國男の沖縄認識をめぐる誤解と理解についてである。それは、赤嶺政信「柳田国男の民俗学と沖縄」（赤嶺　二〇〇八、二〇二四）が詳しく、柳田の沖縄理解の初期には「日本のもっとも古い姿」「『本土』の古い姿」という言い方が強調され続けたが、その柳田の見解にも変化が見られたこと、それにもかかわらず、誤読されたままであったという問題点が指摘されている。柳田は、一九五二（昭和二七）年の民俗学研究所による南島総合調査の指針として、「南の島だけで一旦の仮定を立てること」など、沖縄の独自の変化に着目していたことを明らかにしている。そこでは、これまで看過されてきた点だとして、柳田の沖縄研究の初期には沖縄の民俗に日本の民俗の古形を見る柳田の視点が認められるものの、その後、沖縄独自の変化に着目するように、柳田自身が変化したことに注目する必要がある、と研究史をていねいにたどりながら指摘している。この点は、沖縄と民俗学の関係を論じていく上で、今後とも誤解のないようによく留意しておく必要があるであろう。

キジムナーとユイピトゥガナシ　また、赤嶺政信は沖縄本島で樹木を住処とする不思議なキジムナーと呼ばれる精霊の伝承について、八重山を含む沖縄全域の伝承情報や記録情報を広く収集して比較する研究を実践している。そして、沖縄本島のキジムナーと八重山のユイピトゥガナシとは、ともにその実体は樹木の精霊と考えられるといい、八重山を含む沖縄全域において古くから家屋の建築資材として貴重であった木や茅の精霊に対する対処の仕方について整理してみると、大別して精霊を家屋に留め置くのと家屋から退去させるのと、その二つの類型に分けることができるという。キジムナーは、人間に富をもたらす存在であると同時に残忍な仕返しをする両義的な性格をもつが、それは樹木の精霊に対して人間が抱く観念がそこに反映されているのだろうという。八重山諸島における家屋の建築儀礼で、ユイピトゥガナシと呼ばれる山から木を運ぶなど家造りを手伝う存在についても注目している。そのユイピトゥガナシの儀礼というのは、家屋の落成式の時に行なわれるもので、日の出前に採る東向きになった福木の枝二本と茅三つかみを束にしたものである。落成式の前に申の方角の柱に縛り付けておいてその家の幸福や健康などを祈る。そのキジムナーやユイピトゥガナシという樹木霊のもっている両義的な性格についての観念は、沖縄本島地域にも八重山地域にも共通してみられるものであるが、自然の木や茅の精霊を「馴化」して家の神に「転化」するという儀礼は、八重山地域にのみ見られるものであり、それに対して樹木霊を家屋から「退去」させる儀礼は、沖縄本島地域に卓越しており、その分布は対比的である。樹木霊を威嚇して退去させる「鯨・鰐・鮫」の文言をともなう粥の儀礼は沖縄本島地域にはみられるが、宮古と八重山にみられない。つまり、樹木霊の力に対する「馴化」と「転化」を伝えている八重山の諸事例の方が古態を伝えているものであり、沖縄本島地域の樹木霊の「退去」をうながす諸事例は新しいものであるという。そして、八重山地方の家屋の床の間で祀られる家の神の変遷について、その神の正体は、建築材料となった樹木の精霊がその両義的な性格を馴化されたものであり、その家の神は古くは中柱に宿るものであったが、床の間が設置されるようになるとその床の間の香炉を通して拝まれるようになったのだという。こうして、民俗伝承の構成内容とその分布のあり方に対して、比較研究という方法論の視点から、より古い内容の伝承とその新しい展開へ、という比較の視点で、民俗伝承の動態を読み取っており、柳田國男の提唱した比較研究法の有効性が示されている論文といってよい（赤嶺 二〇一八、二〇二四）。

第五節　事例差から変遷を読み解く比較研究法

柳田國男が提唱したのが、民俗の比較研究という方法であるが、比較研究ということについては、ここで少し説明しておく必要があるであろう。比較研究というのには、二つの意味があるということである。

比較研究　その一つは、柳田國男が提唱した方言周圏論や重出立証法のような一定の文化圏内での事例差や地域差の比較であり、そこから見えてくるのは生活文化の変遷の過程とその段階差である。もう一つは、比較文化論のそれである。本土と沖縄の文化比較、東アジア圏の相互の文化比較、日英文化比較、日仏文化比較などなどである。比較文学論や比較演劇論などという言い方もあるので、ふつうには比較研究というと後者の意味にとられがちである。しかし、民俗伝承を研究する民俗学、民俗伝承学が提唱する比較研究法とは前者の意味である。誤解を避けるために、後者の一般的な比較研究を「Aタイプの比較研究」と呼び、前者の民俗学の比較研究を「Bタイプの比較研究」と呼んで、両者を明確に区別しておくことをここでは提案しておく。

本土の東西南北各地の事例差や地域差に注目した本書第一章で述べる筆者の盆行事の研究例と前述の比嘉、小川、平敷、武井の沖縄の清明祭と十六日祭の研究例、赤嶺の樹木霊の研究例はいずれも「B比較研究」の視点と方法を実践したものである。それは、柳田國男の古典的な『蝸牛考』（柳田　一九二七）の論文と同じく、中央から地方へ周辺へという文化伝播の動態が、「遠方の一致」をみせながら、民俗伝承の地域差として追跡確認される事例についての比較研究である。一方、新谷の葬儀の担い手が血縁から地縁へという変遷を追跡した研究例は、柳田国男の『聟入考』（柳田　一九二九）と同じく、地理的分布ではなく、まだらな分布状態でありながら個々の事例差の中に新しい要素を含みながらも古い要素を残している事例が残っていることが追跡確認される事例についての比較研究である。

民俗学の比較研究法は、民俗伝承の古態を見出すことが目的では決してない。比較研究法の活用においては、古代、中世、近世そして近代、現代へと一定の歴史時間を共有してきた日本列島各地で、人びとの間に伝えられてきている民俗伝承の多様性の中から、どのような生活文化の変遷過程が追跡できるのか、各地の民俗伝承を歴史情報として読み解き、それぞれの事例が発信している伝承過程の段階差について注目することが大事なのである。それによって、地域差と時間差を含めた立体的な生活文化の歴史的変遷の動態世界を描くことができるのである。

注

（1）山と里との関係で、折口も山姥について「「山うば」は、里との交渉が尠《すくな》かったので、次第々々に神秘化して、恐しい者に思はれて来ましたが、大体、山は我々に幾多の疑問を集中される処でありまして、土ぐも其他の恐しい異人が住んで居ると考へられて居た事から、山姥も恐しいものに聯想《れんそう》されて来た」と述べている（折口　一九三〇）。

（2） 冬至と太陽と黄色の果物や野菜との類似連想については、黒田迪子「ふいご祭りの伝承とその重層性について―祭日・祭神・供物を中心に―」（黒田　二〇一五）がみかんの伝承事例を整理しながら論じている。

（3） その後、二〇一六年から二〇一七年にかけて、葬祭業者の関与と行政指導による公営火葬場と葬祭ホールの利用が竜王町でいっせいに進められた結果、綾戸ではソーレンシンルイが必要なくなっていき、地区の話し合いでソーレンシンルイを解消することとなった（関沢　二〇二二）。

参考文献

赤嶺政信　二〇〇八「柳田国男の民俗学と沖縄」（『沖縄民俗研究』二六）

赤嶺政信　二〇一八『キジムナー考―木の精が家の神になる―』榕樹書林

赤嶺政信　二〇二四『柳田國男の民俗学と沖縄』榕樹書林

小川徹　一九八七『近世沖縄の民俗史』弘文堂

折口信夫　一九六七（一九三〇―一九三二）「年中行事―民間行事伝承の研究―」（『折口信夫全集』一五　中央公論社）

折口信夫　一九六七（一九三五）「地方に居て試みた民俗研究の方法」（『折口信夫全集』一五　中央公論社）

折口信夫　一九六七（一九三〇）「七夕祭りの話」（『折口信夫全集』一五　中央公論社）

岸澤美希　二〇一八「関東地方の屋敷神―ウジガミとイナリ―」（新谷尚紀編『民俗伝承学の視点と方法―新しい歴史学への招待―』吉川弘文館）

倉石忠彦　二〇一五『民俗地図方法論』岩田書院

黒田迪子　二〇一五「ふいご祭りの伝承とその重層性について：祭日・祭神・供物を中心に」（『國學院雑誌』一一六―八、のちに「鍛冶の神々とふいご祭りの民俗伝承」新谷尚紀編『民俗伝承学の視点と方法』吉川弘文館　二〇一八所収）

新谷尚紀　一九九一『両墓制と他界観』吉川弘文館

新谷尚紀　二〇〇五『柳田民俗学の継承と発展』吉川弘文館

新谷尚紀　二〇一一『民俗学とは何か―柳田・折口・渋沢に学び直す―』吉川弘文館

新谷尚紀　二〇一三「ケガレの構造」（『岩波講座　日本の思想第六巻　秩序と規範』岩波書店）

新谷尚紀　二〇一七「葬儀と墓の民俗と歴史」（関沢まゆみ編『民俗学が読み解く葬儀と墓の変化』朝倉書店）
菅原正子　二〇〇三「男子の成長と儀礼—日記からのアプローチ—」（服部早苗・小嶋菜温子編『生育儀礼の歴史と文化』森話社）
鈴木棠三　一九三九「陸中安家村聞書」（『ひだびと』七—九・一〇）
瀬川清子　一九七二『若者と娘をめぐる民俗』未来社
瀬川清子　一九八〇『女の民俗誌—そのけがれと神秘—』東京書籍
関沢まゆみ　二〇〇〇（一九九六）「タニンをつくる村」（『宮座と老人の民俗』吉川弘文館）
関沢まゆみ　二〇一三「「戦後民俗学の認識論批判」と比較研究法の可能性—盆行事の地域差とその意味の解読への試み—」（『国立歴史民俗博物館研究報告』一七八、本書第一部第一章所収）
関沢まゆみ　二〇二二「葬儀の変化に対する地域ごとの対応の差」（『国立歴史民俗博物館研究報告』二三四）
武井基晃　二〇一七「南西諸島における葬送・洗骨・墓参の変化」（関沢まゆみ編『民俗学が読み解く葬儀と墓の変化』朝倉書店）
竹内利美　一九九一（一九四二）「村落社会における葬儀の合力組織」（『ムラと年齢集団』名著出版）
津金澪乃　二〇二三「昔話「三枚のお札」と謡曲「黒塚」「山姥」—山と里の対比から—」（『国立歴史民俗博物館研究報告』二四〇）
日本民俗学会　二〇一六『日本民俗学』二八八（小特集「民俗分布と民俗地図」）
比嘉政夫　一九八二『沖縄民俗学の方法：民間の祭りと村落構造』新泉社
平敷令治　一九九五『沖縄の祖先祭祀』第一書房
福田アジオ　一九七四ａ「民俗学における比較の役割」（『日本民俗学』九一）
福田アジオ　一九七四ｂ「柳田国男の方法と地方史研究」（『地方史研究』二四—一）
福田アジオ　一九七四ｃ「民俗学にとって何が明晰か」（『柳田国男研究』五）
福田アジオ　一九七六「村落生活の伝統」（『日本民俗学講座』二　朝倉書店）
文化庁　一九六九『日本民俗地図Ⅰ（年中行事）』

宮田登　一九七〇『ミロク信仰の研究』未来社
宮田登　一九七二『近世の流行神』評論社
宮田登　一九七四「若狭のはやり神―「伝承性」検討のための作業例―」（和歌森太郎編『若狭の民俗』吉川弘文館）
宮田登　一九七六「暮らしのリズムと信仰」（桜井徳太郎編『日本民俗学講座』三　朝倉書店）
安室知　二〇一六「小特集「民俗分布と民俗地図」の趣意」（『日本民俗学』二八八）
柳田國男　一九九〇（一九二七）『蝸牛考』（『柳田國男全集』一九　ちくま文庫）
柳田國男　一九九〇（一九二九）『智入考』（『柳田國男全集』一二　ちくま文庫）
柳田國男　一九九一（一九三二）「民間暦小考」（『柳田國男全集』一六　ちくま文庫）
柳田國男　一九九〇（一九三一）『明治大正史世相篇』（『柳田國男全集』二六　ちくま文庫）
柳田國男　一九九〇（一九三五）『郷土生活の研究法』（『柳田國男全集』二八　ちくま文庫）
柳田國男　一九九〇（一九四六）『先祖の話』（『柳田國男全集』一三　ちくま文庫）
柳田國男編　一九七九年（一九五四）『明治文化史一三　風俗』原書房
琉球政府文化財保護委員会　一九七〇『沖縄の民俗資料』一

第一部　盆行事の伝承と変遷

第一章　戦後民俗学の認識論批判と比較研究法の有効性

——盆行事の地域差とその意味の解読へ——

第一節　戦後民俗学の認識論批判

一九九〇年代以降、戦後日本の民俗学においてその主流と見なされてきたいわゆる地域研究法という方法論に対して、根本的な疑問が提出されてきている。岩本通弥は「地域性論としての文化の受容構造論—『民俗の地域差と地域性』に関する方法論的考察—」において、すでに疑問を呈していたが、同「戦後民俗学の認識論的変質と基層文化論—柳田葬制論の解釈を事例にして—」において明確に、戦後民俗学は民俗の変遷論を無視した点で、柳田の構想した民俗学とはまったく別の、いわば硬直化したものとなったとその問題点を指摘した（岩本　一九九三、二〇〇六）。一方、新谷尚紀も『柳田民俗学の継承と発展』や『民俗学とは何か』において、戦後とくに一九八〇年代以降に主流となった日本の民俗学は柳田が構想した民俗学とは大きく異なる伝承と変遷を見ようとしないものであったと断じている（新谷二〇〇五、二〇一一）。

岩本、新谷ともに、東京教育大学の和歌森太郎門下の福田アジオが提唱した民俗学の方法論に対する批判と検証の必要性を指摘しているのであるが、その福田の提唱した民俗学とは何か。それは民俗の伝承母体たる地域社会に注目する地域研究法の主張であり、一定の村落社会の精密な民俗調査によってこそ、その村落社会の民俗的な歴史世界が再構成できる、という視点に立つものであった。[1] しかし、その福田のような村落社会を類型化し固定化してとらえる視点や論理は、柳田の最も否定した「劃地主義」に他ならないとの批判が柳田のテクストに沿ってあらためてなされたのであった。[2] 戦後の民俗学をアカデミズム世界でリードしてきた東京教育大学系の民俗学、その象徴的存在の一人であった福田アジオに対するとくに岩本の指摘は、民俗学の現在と未来に向けて大きな意味をもち、いま民俗学を学ぶ者一人ひとりにとって克服すべき大きな問題を投げかけているといってよい。そこでまず、岩本の主張を整理しておくことにする。幅広い主張の中から主要な論点を絞り込んでみると以下のとおりである。

（1）柳田の議論の基本は、変化こそ「文化」の常態、とみる認識であった。

（2）しかし、戦後民俗学では、民俗を変化しにくい存在、ととらえる認識が優勢となった。

（3）その認識の変換の背景として考えられるのは、民俗を変化しにくい地域的伝統とみなす、根底的文化論が混入したことであり、その主な原因は、和歌森太郎による基層文化論の誤謬的受容にあった。それが東京教育大学を中心とする戦後アカデミズム民俗学の内部に浸透し定着化したからであった。[3]

（4）そこで、基層文化／表層文化、と関連づけて、村落の民俗／都市の風俗・流行、という対比的な二分法的な分類が行なわれて、村落の民俗＝基層文化、という位置づけとなっていった。

（5）和歌森から福田への過程で、「型」の設定＝民俗は不変、という考え方が前提となっていった。形（観察できる現象としての形、要素）を、型（要素の組合せ）と混同して、民俗資料の類型化論となっていった。形の変化を見ようとした柳田の視点が学ばれることなく、不変の型を抽出する視点が優先された。変化と変遷の中にある民俗を、時間的あるいは空間的に固定化させて捉えることとなった。[4]

以上が岩本による戦後民俗学批判の要約であるが、このうち、和歌森がH・ナウマンの基層文化論を誤解して受容したかどうかについては、これを翻訳、紹介した務台理作の解釈に揺れがあったこと、また東京教育大学での和歌森との接点についても推測の域を出ていないことから、さらなる検証が必要と思われる。ただそれはともかく、柳田の議論は変化こそ「文化」の常態、とみる認識であったのが、戦後民俗学では、民俗を変化しにくい存在、ととらえる認識が優勢となり、結果として類型化論になっていった、という岩本の指摘は重要である。それは民俗学の方法論とも密接に関係する重要な問題でもあるからである。しかし、実際の戦後民俗学の世界では、柳田の変遷論の視点の継承や比較研究法の活用の可能性を検証することは重視されず、むしろそれを否定し放棄して、個別村落の歴史世界の再構成を目的とした地域研究法、個別分析法の活用の主張が主流となっていった。その福田の代表的な著作が『番と衆―日本社会の東と西―』（一九九七）であった。先の岩本論文はその問題点を鋭く突いたものであり、その克服のための具体的な研究作業例として、民俗の変遷について論じる岩本の論考には学ぶべきものがある（岩本　二〇〇八など）。ただしその一方、柳田がその学問提唱の根幹としていた比較研究法とその活用による民俗の変遷論へ、というその実践例は必ずしも示されてはいない。岩本や新谷から発せられている戦後民俗学に対する批判を正面から受け止めるためには、民俗の変遷論に再注目するとともに、柳田が力説していた比較研究法の有効性を、具体的な実践例によって検証することがいまこそ求められているといってよい。なぜなら、柳田の提唱した民俗の変遷論というのは、その独自の比較研究法の提唱と密接不可分の関係にあるものであったからである。

第二節　両墓制の分布とその意味

岩本の前掲論文が書かれた背景には、すでによく知られているように両墓制の分布についての福田の解釈に対する

根本的な批判があった。時系列で整理すると、以下のとおりである。まず、

（1）福田アジオは『柳田国男の民俗学』において、「周圏論との矛盾」の見出しで、柳田は、両墓制を霊肉分離の観念を示す古い時代の習俗と考えていたのに、その分布は近畿地方を中心としているため周圏論とは逆であり矛盾している、しかし柳田はそのことに触れないまま、両墓制を重要な根拠として日本人の霊魂観を説いている、と柳田を批判した（福田　一九九二）。それに対して、

（2）岩本通弥は「「節用禍」としての民俗学」において、柳田は、両墓制を古いものとは考えていなかった。それを周圏論と矛盾しているというのは誤読である、その点について「「柳田國男の思い込み」であったと断ずる重鎮さえいる」と、福田の名前は伏せて批判を行なった（岩本　一九九九）。その後、

（3）日本民俗学会第五三回年会（奈良市　二〇〇一年一〇月）の公開講演「「家」族の過去・現在・未来」で岩本は、福田の両墓制に関する柳田批判が誤読であると、そこではあえて福田の名前をあげて批判した。その講演内容は改稿されて、岩本通弥「「家」族の過去・現在・未来」として学会誌に掲載された（岩本　二〇〇二）。そこで、

（4）日本民俗学談話会「『先祖の話』をどう読むか」（二〇〇三年一月）が開催されて、岩本と福田の間での直接の討論が行なわれた。しかし、両者の議論は必ずしもかみ合わず、その後、

（5）福田は「誤読しているのはだれか」において、岩本の方が誤読していると批判した（福田　二〇〇三）。その後、

（6）岩本「戦後民俗学の認識論的変質と基層文化論—柳田葬制論の解釈を事例にして—」が発表され、福田への反批判が幅広く展開されるとともに、論点は両墓制や周圏論の問題をこえて、戦後民俗学の認識論の誤謬という問題へと展開した（岩本　二〇〇六）。

大略以上であるが、肝心の両墓制が近畿地方に分布することの意味については、二人ともその問題に立ち入ること

なく、柳田の理解に対する解釈論が交わされただけで、それぞれの立場からの両墓制に対する実証的な研究見解は示されないままであった。しかし、その一大論点であった両墓制の分布の問題は、民俗学自身の問題としても放置しておくわけにはいかない。そこでまず、その両墓制をめぐる問題について、学史的な整理を行なっておくことにする。

両墓制はなぜ近畿地方に濃密な分布を見せるのか。その点に関しては早くに原田敏明「両墓制の問題」でも指摘されてきたことであるが、その理由については明らかでなかった（原田　一九五九）。そこで、筆者は、宮座祭祀と長老衆の研究を進めていく中で、当屋の順送りによる宮座祭祀の事例を調査しながら、同じ近畿地方に濃密な分布をみせるその宮座祭祀と両墓制との関係に注目して両者の間に深い関係性があることを指摘した。当屋の交代による宮座祭祀は、特別な神聖性と清浄性を求められる氏神祭祀である。当屋は神役を担っているその一年間は葬儀や墓地などの死穢に触れることを極端に忌避する。その宮座と両墓制とが特別な死穢忌避観念を共有する相互連関性をもつ民俗であることは、方法論的には地域研究法とともに比較研究法を合わせ活用することによって民俗相互の関連に注目した結果、明らかになってきたことであり、具体的には奈良市大柳生という一つの村落の宮座と両墓制の事例研究を核にしながら、周辺地域の事例を幅広く合わせてみていく作業のなかで明らかになったことであった（関沢　二〇〇五、二〇〇七）。そして、そのような宮座祭祀の濃密に分布する近畿地方の村落における死穢忌避の観念は、関東地方や東北地方、また中国・四国地方や九州地方など日本各地の一般的な死穢忌避観念とは異なるものであることが注目された。近畿地方のそれは古代の平安京を中心とする摂関貴族以来の触穢思想の影響と神社祭祀の清浄性の強調という歴史民俗的な背景をもつものではないかとの推論が導き出されてきたのである。

そこで浮かび上がってきたのが、両墓制の独特な分布の意味であった。従来の民俗学では柳田の方言周圏論と両墓制の分布の上での矛盾、つまり、方言周圏論では東西の辺境である東北地方や九州地方などにこそ古い方言や習俗が残り、近畿地方など中央部には新しい方言や習俗が発生していると考えるのに対して、古い習俗であるはずの両墓制がなぜ近畿地方を中心に濃密な分布を見せるのか、という大きな疑問が残されていた。これは先の岩本と福田との論争においても一つの焦点となっていたものであったが、古くから民俗学がなかなか解決できない問題であった（竹田一九七一、福田　一九九二）。しかし、柳田國男の通史的な視点と全国規模の民俗の比較研究という視点に立ち返ってみれば、それは解読可能な問題であった。つまり、両墓制が新しい習俗だからこそ近畿地方に分布しているのだということである。周圏論的な民俗の解釈と両墓制の分布とはまったく矛盾しないのである。両墓制が新しいというのは次の二つの点から指摘できる。第一は、一六世紀末から一七世紀以降に普及する石塔を指標としている習俗だからである。第二は、一〇世紀から一一世紀にかけて形成された平安貴族の独特の触穢思想の影響による極端な死穢忌避観念を継承している習俗だからである。奈良時代から平安時代前半期にかけては、近畿地方でも死者があるたびに遺体は家のそばに埋葬していたという記事が『日本後紀』の延暦一六年（七九七）一月二五日条にはみられる。それが、平安遷都に先立ってその地に神聖なる宮都を造営するというので、そのような習俗は次第に禁止されていき、平安京には墓地は設営してはならないということになっていったのである。しかし、『六国史』には八世紀から九世紀にかけて氏々祖墓を守り、墓側結廬という記事が数多くみられることがすでに指摘されており（新谷　一九八六）。その八世紀から九世紀頃にはまだ貴族たちの肉食も禁忌とはされてはいなかったことも指摘されている（平林　二〇〇七）。それが、神社の神域を穢すということで狩猟による獣血や獣肉が禁忌の対象となっていくのは、摂関政治が成立してくる九世紀後半から一〇世紀にかけてのことであり、その九世紀後半から一〇世紀にかけての時期こそ、摂関貴族の触穢思想、神社祭祀の清浄性の強調、肉食禁忌などが波状的に現象化、顕在化してくる時期だったと考えられるのである（新谷　二〇〇九、二〇一三）。

東西南北に長い日本列島各地の墓地と墓参をめぐる習俗について観察する視点に立つならば、近畿地方の墓地というのはそのような平安貴族の極端な触穢思想の影響を受けてきた歴史的に新しい特別な死穢忌避観念を表している墓地なのである（新谷　二〇〇五）。もちろん、新しいといっても近世や近代ではなく古代の平安時代中期以降の摂関貴族が作った文化を背景としているという意味である。

こうして皮肉なことに、高度経済成長期以降、全国各地で急速に進んだ火葬化によって土葬習俗を基盤とする両墓制そのものが景観上消滅していく時期に当たって、あらためてその意味するところが明らかになってきたのであった。それによって柳田の周圏論の考え方は両墓制の分布とまったく矛盾せずむしろ合致していることがわかってきたのである。そして、その際に用いられた研究法とはまさに柳田の提唱した比較研究法であり、同時に戦後民俗学が実践してきた地域研究法との同時並行的活用でもあった（関沢　二〇〇五、新谷　二〇〇八）。つまり、比較研究法という全体的な傾向性を見る方法と、地域研究法という個別の精密情報を確認するという方法の、両者の並行的な活用というのは、日本の民俗学の独自性が発揮できる方法論である可能性が大であるということ、それがこの両墓制研究史の中に示されていたのである。

第三節　比較研究法批判の中の誤解

戦後日本の民俗学の歩みは、柳田國男をその創始者として位置づけながら、その一方で柳田がその独自の方法として提示していた肝心の比較研究法を徹底的に否定する歴史でもあった。もちろん民俗学研究者のすべてが柳田の比較研究法を否定し去ったわけではない。それは前述のような両墓制研究史などを追跡してみても明らかである。しかし、少なくとも民俗学の主流とみなされてきた研究者たちの主張は柳田否定の論調にあった。その柳田の比較研究法の全否定の急先鋒が福田アジオであった。ここで、日本の民俗学の学史の上での重要性を考えて、その福田による比較研究法批判の最大の誤解についてあらためて確認し指摘しておく必要があろう。それは民俗の地域差の意味についての柳田に対する誤解である。福田は「民俗の母体としてのムラ」で次のようにいう。

「これまで、その地域差は柳田国男的な思考によって理解されてきた。すなわち、柳田は、民俗の地域差について『国の最初から、この通り区々なるものが併存して居た気づかひは無い。つまりは中古に必要があつて何度も改められ、その変遷のそれぞれの段階が、土地の状況によつてまだ保留せられて居るのである』という考えを示し、このような理解によって重出立証法とか周圏論を登場させているのである。だが、この考えは、民俗の地域差を単に民俗の時間差を知るための手段としているにすぎず、民俗の地域差そのものに意味を見出してはいないものである。関東と近畿、関東と東北という大きな地域差をもって民俗に相違があることを、すべて時間差としてよいであろうか」（福田　一九八四）。

ここで福田は、「民俗の地域差を単に民俗の時間差を知るための手段としているにすぎず」と表現しており、柳田が「民俗の変遷の段階」を明らかにするために重要視したのが歴史情報としての現存の民俗であったという点に理解が及んでいないことがわかる。柳田は、各地に変遷のそれぞれの段階が差異をもって伝承されているといい、それに注目してできるだけ多くの事例を収集し比較して整理してみることによって、記録に残されていないような生活の変遷史を語る情報が得られるのではないか、そこから民俗を通してみる生活の変遷史がたどれるはずだといっているのに対して、[5]福田はそれを単純化して、「地域差が時間差であるはずはない」と否定しているのである。地域ごとに伝承されている民俗の多様性の中にその民俗の歴史的な変遷の過程を追跡できる方法論的可能性があることを柳田は提唱しているのに、福田はそれを理解せずに単純に地域差を時間差と読み替えること、と短絡化させてその短絡化させた表現をもって柳田の方法を否定していったのである。そして、その福田の主張をそのまま受け入れたその後の民俗学の流れにおいては、柳田から次世代の研究者に託され求められていたはずの民俗情報の中に歴史情報を読み取ろうとする比較論的方法論のさらなる研磨の作業も放棄されてしまうことになってしまったのである。

また、福田は先の岩本との論争においても知られるように、自分自身が柳田の周圏論を誤解していたともいえる。それは次の箇所に端的に表れている。民俗の伝承の量の相違という、まったく柳田がまったく言っていないことを言いながら、次のように批判している。

「柳田の周圏論の影響もあって、東北地方とか九州へ行けば、あるいは山間奥地に行けば、民俗が豊富に伝承されているという常識があり、（中略）近畿地方のムラで民俗調査をすると、人々の予想に反して、実に質量ともに豊かだと感じる成果をあげることができる。調査に使用するフィールド・ノートを埋めるページ数は、関東や東北とは比較にならないほど多いのである。この事態は周圏論的立場では理解できないことである。（中略）近畿地方は絶えず日本の先進地域として存在してきたのであり、古いものを次から次へと脱皮してきたと考えられる所である」（福田一九八四）。

ここで指摘されているような、近畿地方が歴史的に日本の先進地域であったというのは、実は柳田の周圏論とはまったく矛盾しないことである。それにもかかわらず、柳田の周圏論を否定する根拠として近畿地方が日本の先進地域としての歴史を刻んできたことを指摘しているのであり、それは柳田の周圏論が理解されていないことを表している。ここでも両墓制の分布が周圏論と矛盾しているという福田の誤解を岩本が指摘したのと同じことが指摘できるのである。福田が地域社会を重視する民俗調査の方法を力説したのは前述のように決してまちがいではない。当然のことである。しかし、柳田の基本的な研究方法や研究視点を否定したのはまちがいであった。私たちが、もう一度あらためて柳田の説いた比較研究法の活用の可能性を確かめていく上では、柳田が民俗の伝承の上での変遷のそれぞれの段階が土地の状況によっては伝えられているのだといっていたこと、その真意をつかむ必要があろう。

第四節　盆に迎えまつられる霊魂をめぐる研究史

本章では、これまで等閑視されてきた柳田の、民俗の変遷を明らかにするための比較研究法の活用の可能性を再確認する作業を試みることにしたい。福田の主張してきた地域研究法では、前述のように、地域差＝時間差という単純な理解のもとで、比較研究法の批判がなされてきたが、近年、柳田の『先祖の話』の読み直し作業が試みられているなかで、柳田は民俗が発信している地域差のなかに「歴史情報」を読み取ろうとしたのだという指摘がなされている（新谷　二〇一一）。そこで、そのような柳田を見直す研究視点を取り入れながら、具体的には、筆者自身がこれまで地域差の問題として解釈してきた盆棚をめぐる問題について、あらためてその盆棚の分布の実態と特徴の整理を行ない、その変遷論的な解釈の可能性を考えてみることにしたい。

ここでまず盆行事をめぐる民俗学の研究史を整理しておくところからはじめたい。最初に柳田國男の論点であるが、よく知られているのは、盆に迎えられる精霊には本仏《ほんぼとけ》と新仏《しんぼとけ》と無縁仏の三種類があるとしている点である。『先祖の話』のなかで「現在の盆の精霊には、やや種類の異なる三通りのものが含まれている」と述べ、盆にまつる霊には、先祖の霊である本仏（みたま）、亡くなって一年から三年以内の新仏（荒忌みのみたま）、そしてまつり手のない無縁仏（外精霊《ほかじょうろう》）の三種類の性格があること、そして、それぞれのまつられる場所が屋内、縁側、屋外というように分けられていることを指摘している。そして、同書で、この三種類の霊のうち無縁仏について、「九州の南部から島々にかけて、外精霊と呼んでいるものがある。東北地方だけには妙に聴くことが少ないが、関東以西の広い区域にわたってこれがあり、ただその名称だけは土地によって、あるいはホカドン、トモドンといい、御客仏といい無縁様といい、または餓鬼とさえいう処が少なからず、従ってその考え方にも大分のちがいが出来ている。しかしともかくも必ず家で祭らなければならぬみたまより他の霊が、盆の機会をもって集まって来ると見たまでは一つである。岐阜県の一部にはこの外精霊を一切精霊様といっている村がある。また壱岐の島でサンゲバンゲというのも三界万霊の訛音かと思われる。これはわが国固有の先祖祭思想の、おそらく予期しなかった新しい追加である。(中略)このいわゆる外精霊の解釈は、教化の程度によってほとんど地方ごとにちがっている。従ってまたこれに対する家々の待遇ぶりにも、著しい差等があるのだが、今までこういう点を比較してみようとした人もなかったために、誰でも自分の土地の風のみを、全国普通のものと速断する傾きがある」と述べている。そして、餓鬼には、(1)家にまったく縁のない亡霊、家のない餓えた求食者で、盆には家々の精霊様の供物を横取りするといって、先祖の霊を静かにもてなすためにまず彼らになんらかの食物を与えて、邪魔をせぬようにする必要があると考えられているもの、(2)家の族員で未婚のまま死んだ者(関東その他でみられる)、(3)妻の里方の親兄弟、他家に嫁入した姉妹または甥姪などで御客仏とも呼ばれるもの(和歌山県の紀ノ川沿岸)、の三つの場合があり、「日本の外精霊には統一も何もなく、またどうして手分けをして家々に入って来るのかの、理由が明白でないものが多かった」と述べている。そして、その意味をめぐる地域的多様性を指摘して、今日は無縁といわゆる本仏との間に、何か境を設けようという趣旨が先に立って、たとえば無縁仏に供えた食物は家の者が分けて食べることはせずに、すべて一器に集めておいて最終的に流し棄てるなど、明らかに意識した差別待遇をしているといっている。そして「これが初秋の魂祭に伴のうて、最初からあったものとは思われぬ以上、この点は少なくとも仏教の感化、またはその刺戟に基くものと言ってよかろう」と述べ、それは仏教の感化による新しい変化であろうととらえている。

そして、「祭とほかいとはまったくの同義語ではない。ほかいが同時に行器の名でもあり、盆は家から外へ送りださるる食物であったに反して、祭はすなわち一家の裡において、遠い親々と子孫との間に行わるる歓会であり、また交感であった」と述べて、盆の基本は「先祖の祭」「魂祭」であったのに、それに加えて一種の外郭行事ともいうべき「群霊」「外精霊」「無縁ぼとけ」への供養に重きが置かれるようにと変化し、さらにはまた新仏のための「新盆」の供養がさかんになってきたのだというのである。

「盆は田の水や草取の労苦も一応かたづいて、静かに稲の花の盛りを待つ楽しい休息の時であったはずなのに、これを寂しい感傷の日としてしまったのは、必ずしも単なる季節のためではない。いわば、この日の大切な訪問者の中に現世の絆のなお絶ちきれず、別離の涙のまだ乾かぬ人々がまじり加わって、しかも正座を占めるように、考える人が多くなった結果であって、忌と祭との古来の関係を思い合せると、これはおそらくはまた一つの近世の変化であった」とも述べている（柳田　一九九〇〈一九四六〉）。

つまり、柳田の論点は多岐にわたって複雑ではあるが、盆の行事の歴史と民俗についての要点としては次の二点ということになるであろう。

（1）本仏、新仏、無縁仏の三種類の霊魂がそれぞれ区別されてまつられている例が多いが、もともとの盆の行事の基本は先祖の魂まつりであった。

（2）その先祖の魂まつりに付随するかたちで外精霊などと呼ばれる群霊への供養が仏教の感化もあって加わって盛んとなり、やがてそこから死んでまもない近親者の新仏の供養が中心のように考えられてきた。各地の民俗にはそのような盆行事と霊魂感覚の変化の跡を示すような情報が満ちている、というのである。(6) そこには、やや家の継承と先祖の霊まつりとを美化してとらえるような柳田の個人的な近代知識人としての価値観の反映もあるということが可能性として指摘できよう。

その後、盆に迎える霊と盆棚の形態および設置場所に関する柳田以降の研究をみると、いずれもこの柳田の三種類の霊魂説の強い影響下にあったといえる。無縁仏と先祖の霊をまつる場所の相違については、最上孝敬「無縁仏について」、伊藤唯真「盆棚と無縁仏」、喜多村理子「盆に迎える霊についての再検討―先祖を祭る場所を通して―」、高谷重夫「餓鬼の棚」などの研究がある（最上　一九六〇、伊藤　一九七八、喜多村　一九八五、高谷　一九八五）。最上は「縁側、さらには外庭、あるいは門口などで祭っていたものが、仏壇ができ位牌がつくられるようになって、（中略）古い祭りの場所は、家へ上げられない無縁仏などの祭壇とみなされるようになったのではなかろうか」と述べ、仏壇や位牌の成立と普及によって、屋外に設けられる盆棚にまつられていた先祖の霊が屋内の座敷でまつられるように変化したとする見解を示している（最上　一九六〇）。また喜多村も、但馬沿岸地方の屋外の棚の調査事例に基づき、「先祖の祭場が庭先、軒下、縁側、室内でも縁側寄りの場所、座敷のなか、床の間、仏壇の前と様々であるのは、先祖祭はすべて仏壇で行うというパターン化されてしまうまでの過渡的な諸形態と理解されよう」と論じている（喜多村　一九八五）。高谷も、岡山県、鳥取県、三重県などの事例から、先祖の霊も本来戸外でまつっていたものが、時間の経過とともに、室内でまつられるように変化し、その結果、無縁仏だけは戸外に取り残されたものと、ほぼ同様の見解を示している（高谷　一九八五）。このように柳田以後の民俗学研究においては、盆の行事では古くは屋外で先祖も新仏も無縁仏もまつられていたのが、位牌や仏壇の成立と普及によって、先祖の祭場が屋外から屋内へと移動した結果、無縁仏だけが屋外に取り残されたとする見方が示され、盆棚の設置場所とまつる霊の地域差には、時代差が反映されており変遷の過程を示しているとする見解が示されてきたのが一つの流れであった。

それに対して、近畿地方およびその周縁地域だけでなく広く全国を視野に入れようとしたのが、拙稿「長老衆と死・葬・墓」や新谷尚紀「盆」であった（関沢 一九九九、新谷 二〇〇三）。そこでは、①先祖と新仏と餓鬼仏の三種類の霊を区別し、それぞれ屋内と屋外とに区別してまつるタイプ（近畿地方を中心に伝承されている）、②三種類の霊の区別をとくにはせず、共に屋外でまつるタイプ（近畿周縁地域から中国、四国、九州の一部、東海、関東の一部に伝承されている）、③屋内の座敷に盆棚を設け、その棚の下の一隅に無縁仏や餓鬼仏のための供物を供えるだけでとくに無縁仏の棚までは設けないタイプ（全国各地にみられる）、④仏壇をきれいにしてまつるだけで盆棚は設けないタイプ（最も一般的）など、四つのタイプに分類がなされ、これらの形態の違いは、一方のタイプからもう一方のタイプへと変遷してきたという時間差を示しているのではなく、それぞれの地域における盆棚と霊魂感覚の特徴を示しているのだとする解釈にとどめていた。その時点では、まだ東北地方や九州地方の調査事例の蓄積が十分でなかったため、盆行事の変遷という見方に対しては慎重な姿勢を保っていたわけである。

もう一つ、盆行事の歴史的変遷について文献記録の上から追跡していたのが前述の新谷「盆」であった。そこで明らかにされたのは大略以下の諸点である。

(1) 盂蘭盆会の初見は『日本書紀』の斉明三年（六五七）の飛鳥寺でのそれであるが、寺院での設斎が四月八日と七月一五日に行なわれた記事がみえるのはそれより早く、推古一四年（六〇六）である。

(2) 盂蘭盆の語源をサンスクリット語のウランバナに求め、倒懸の意味とする解釈は七世紀前半の唐の僧玄応の『一切経音義』が最初であるが、中国の南北朝期六世紀の『荊楚歳時記』から日本の一〇世紀はじめの『西宮記』や一〇世紀末の『三宝絵』をはじめ奈良、平安時代から鎌倉時代にかけては、この倒懸の解釈はまったくみられず、盆とは文字通り盆供を盛る容器の意味と考えられていた。ようやく倒懸の解釈が見られるのは一条兼良の『公事根源』であり、むしろこの倒懸の解釈が仏教学関係者の間で一般化するのは近代の仏教学者荻原雲来（一八六九―一九三七）の影響であった。

（3）柳田國男は、盆が中世以前はみな瓫と書かれていること、ホトキという『和名類聚抄』（一〇世紀前半）や『塵袋』（一三世紀後半）などの記録類、ホカヒという民俗語彙などに注目して、盆の名は精霊に供える容器の意味だと論じていた。

（4）仏教学者の岩本裕は盂蘭盆のサンスクリット語からの由来説を否定して、三世紀以降に西域地方で活動していたイラン系のソグド人の用いていた死者の霊魂を表すウルヴァン urvan が盂蘭盆の原語であるとした。

（5）『続日本紀』『延喜式』『西宮記』『江家次第』などの文献によれば、古代の盆行事の中心は寺院への盆供にあった。(7)

（6）その後、『蜻蛉日記』『小右記』『今昔物語』などの記事によれば、一〇世紀末から一一世紀以降は寺院への盆供送りから先亡の親の霊前への盆供へと変化していったことがわかる。

（7）『吾妻鏡』などの記事によれば、源平の争乱で大勢の死者を出したのち、盂蘭盆会に加えて非業の死者の霊魂を慰めるための万灯会や施餓鬼会がさかんに行なわれるようになった。

（8）鎌倉時代の『明月記』には一三世紀前半頃京都の民家では盆に高灯籠を立てる風習が流行してきていることが記されている。また同書には盆供のなかでもとくに両親が健在の場合には魚食が盆の習俗となっていたことも記されている。(8)

（9）南北朝期から室町時代にかけての京都の公家たちの盆行事については『師守記』が詳しく、それによれば盆供

だけでなく墳墓への盆の墓参や邸宅での盂蘭盆講がさかんに行なわれてきていたことがわかる。(9)

(10) 室町時代の『十輪院内府記』の文明一三年(一四八一)七月一四日条には「座敷を調え盆供を設く」(原漢文)とあり、(10)それは盆棚や精霊棚の早い例と推定される。

(11) 近世初頭の『義演准后日記』の慶長二、三年(一五九七、九八)の記事によれば、寺院では一三日の菩提寺墓所への墓参、一四日の小座敷に懸けた列祖の像への盆供の調進と夕方の迎え経、一五日の水向けと南縁での送り経、一六日の盆供道場の撤去などが記されており、盆供の対象としての盆の精霊の迎えと送りが一般化してきていることが知られる。

(12) 『日本歳時記』(一六八七)以降、近世の記録類によれば、江戸時代の盆の行事はすでに近現代の昭和期まで日本各地に伝えられていた習俗とほとんど共通するものとなっていたことがわかる。むしろ一九六〇年代から一九七〇年代の高度経済成長期を経る中でそれらの古い習俗が変貌し廃絶しているのが現状である。

以上、限られた記録類からの情報ではあるが、現在の民俗調査で確認される近畿地方の盆棚の類の習俗は、一五世紀から一六世紀にかけて京都の公家や寺院の間から始まったものと推察されてきているのが民俗学の知見の現状である。しかし、日本各地に伝えられている民俗には、以上のような文献記録からは見えてこない盆行事の歴史と変遷の情報が含まれている可能性がある。そこで、本章ではあらためて列島各地の盆行事についての情報の収集整理を試みてみることにしたい。

第五節　盆棚設営と墓参習俗と霊魂感覚をめぐる地域差

1　近畿地方の盆行事における盆棚と墓参

近畿地方の村落における墓参の習俗についての調査研究はとくに両墓制の研究にともなって進められてきた。最上孝敬『詣り墓』は埋葬墓地に参らないタイプを両墓制の基本的なかたちだとしてそれらの事例情報を収集しており（最上　一九五六）、新谷尚紀『両墓制と他界観』も両墓制事例における埋葬墓地と石塔墓地への墓参のあり方について多くの事例情報を収集している（新谷　一九九一）。とくに同書所収の「両墓制と葬送墓参」では、埋葬墓地を死穢の場所として忌避し墓参の対象とはしないタイプの事例が、「近畿地方の各地に点在しており、それがいわば円環状の特徴的な分布を示している」ことを確認している。その近畿地方の円環状の地域とは、大阪府豊能郡能勢町の一帯から兵庫県多紀郡多紀町一帯へ、淡路島の南半部へ、そして北方は若狭地方、東は三重県の伊賀地方、南は奈良県西部の山間地帯、吉野方面から淡路島へとつらなる地帯である。そして、それが畿内の中央部、京都を中心とするものと考えられるところから、平安貴族の触穢忌避思想の影響という歴史を反映しているものと推定されている。前述のように、『栄花物語』をはじめとする平安貴族社会の文献記録からは死穢の充満する遺骸の埋納されている墓地は墓参の対象とはされていなかったことが知られるとともに、しかし、その後、吉田兼好『徒然草』の時代には墓参の習俗もはじまり(11)、中原師守の『師守記』の時代には菩提寺境内の墓地への墓参はさかんに行なわれていたことが知られ（伊藤　一九七七）、そうした情報をもとに、墓参習俗の変遷史が民俗の地域差の中に刻まれているとの観点が提示され、洛中への墓地の急増が平安京の公武権門の衰退による死穢忌避観念の弛緩やそれぞれの所領地という経済基盤を喪失した寺院の新たな経営方針と関連づけられるものであろうとの指摘もなされてきているのである（高田　一九八六、新谷　一九九一）。

このように、埋葬墓地への死穢忌避観念の強さが近畿地方のとくに円環状の村落においては極端なかたちで伝承されており、死者の遺骸に対する執着がないのがその特徴である。そしてその一方ではそれと反比例するかのように、盆に迎える霊魂に対しては、前述の柳田國男『先祖の話』やその後の伊藤唯真「盆棚と無縁仏」においても早くから注目されていたように、本仏、新仏、無縁仏の三種類を区別してそれぞれに対しててていねいに行なわれているというのがまた特徴的でもある（関沢　一九九九）。遺骸に対する冷淡さと霊魂に対する丁重さ、という両者の極端なまでの好対照である。以下に典型的な事例を二例ほど紹介しておくことにする。

〈事例1〉滋賀県蒲生郡竜王町綾戸

近畿地方に比較的濃密に分布する宮座の当屋や長老をめぐる習俗においてはその宮座祭祀を行なうために、当屋や長老は葬式にも墓地にも盆行事にもいっさい関わらないという徹底した死穢忌避と清浄性の確保がはかられているのがその特徴である（関沢　二〇〇五）。滋賀県蒲生郡竜王町綾戸には、苗村神社という近隣三三カ郷の荘園鎮守社レベルの古く大きな神社がまつられているが、その地元である綾戸の集落では「苗村さんに遠慮する」といって長いあいだその集落の中には遺骸を埋葬する墓地を設けないのがその決まりであった。埋葬墓地はサンマイといって隣りの田中という集落の土地を借りていた。そして、その場所は田中の土地だからといって埋葬墓地として利用させてもらうだけでその地点を占有するような石塔は建てていなかった。いわゆる無石塔墓制の形態であった。ようやく、石塔墓地を設営できたのは平成一七年（二〇〇五）にサンマイの隣接地のもと水田であった土地を購入して用地を確保してからである。綾戸ではそのサンマイと呼ばれる埋葬墓地にはとくに盆の墓参は行なわれていなかった。八月七日に檀家寺の浄土宗の正覚院で施餓鬼会が行なわれ、一四日に僧侶が檀家の各家をまわって読経が行なわれるが、集落全体としては苗村神社の祭祀における清浄性志向が強いためか、家ごとには盆棚を屋外に作るということは行なわれていない。ただ、八月一三日の夕方に家ごとに仏壇にシンコ団子を供えたら先祖が帰ってくるといわれており、盆の期間中には、自宅の仏壇に毎朝昼夕と供物を供え、最後の一六日には近くの川にその供物を持っていく。先祖の遺骸が眠るサンマイへの墓参は行なわれないが、その一方、先祖の霊魂に対する供養の丁重さは盆の期間中の献立のていねいさにあらわれている。たとえば、布施家の例を示すと、一三日夜はシンコ団子、一四日朝は餅、おひたし、お茶、一〇時のおやつにサツマイモなどとお茶、昼には冷奴、バラ寿司、お茶、三時にはカボチャを炊いたもの、お茶、そして夜は里芋、かまぼこ、油揚げなどのおかずとお茶、一五日朝はソーメン、キュウリもみ、そして夜は蓮根と長いもを薄味に炊いたもの、一六日朝はナスの味噌汁と焼いた唐辛子を供えている。無縁仏に対しても棚は設けず、先祖へのお茶を供えるオチャトをするたびに、無縁仏へといって縁側からお茶を放ってやるのが決まりである（東京女子大学民俗調査団　二〇〇三）。この集落の事例でも、遺骸への冷淡さと霊魂への丁重さ、という好対照が注目されるのである。

〈事例2〉奈良市水間町の事例

奈良市水間町は奈良県東北部の山中に位置する村落である。水間のミハカと呼ばれる埋葬墓地と盆行事についてはすでに拙稿「長老衆と死・葬・墓」や平成一〇年度国立歴史民俗博物館民俗研究映像「大柳生民俗誌」などで紹介しているが、図1にみるように先祖の霊は座敷に、新仏は縁側に、そして餓鬼仏は屋外に、それぞれ分けてまつられる。

松村家の場合、八月一三日の夕方、門口で迎え火をたいて先祖の霊を迎えると、オチツキ団子と呼ばれる白玉の団子を柿の葉にのせて先祖、新仏、餓鬼仏のそれぞれに供える。このほか、ナスとキュウリを輪切りにしてナツメの葉にのせ、麻殻の箸も供えられる。一四日の朝になるとオチツキ団子は下げられ、あんこと黄な粉のおはぎが供えられる。一四日の昼はおはぎを下げて、柿の葉にご飯と大根の葉の味噌あえが供えられる。夜はソーメンが供えられ、一〇時頃に餅と里芋やニンジンなどの炊き合わせが供えられて、お茶を何度も出してから深夜に仏さんを送る。ここでは、位牌に書かれている先祖一人ひとりにお供えをして、ていねいにまつるのが特徴である。そして、その一方、盆の期間中、墓参りをするのはとくに日が決められてはおらず、とくにミハカと呼ばれる埋葬墓地に墓参をする習慣は、明治二〇年（一八八七）前後にミハカが集落近くの現在地に移転してからその後になってから、死穢忌避観念の希薄化を背景に行なわれるようになったものと推定される。この水間が明治二〇年前後まで室津と松尾との三カ大字共同で利用していたオサヨ谷のミハカは、その

図1　座敷に先祖，縁側に新仏，軒下に無縁仏がまつられている．奈良市水間町（1998年8月13日）

図2　盆に墓参が行なわれていない埋葬墓地．奈良県山辺郡山添村勝原（1997年8月13日）

後も室津と松尾はそこを利用しているが、盆にミハカへの墓参はまったく行なわれていなかった。また、この周辺地域においては奈良市大柳生町東垣内、中畑、米谷、山辺郡山添村峰寺、同村勝原などでもミハカへの盆の墓参はまったく行なわれていない（関沢　二〇〇五）。

このように遺体が埋葬されている墓地を死穢の充満する場所として極端に忌避する近畿地方の諸事例に対して、まったく対照的なのが近畿地方から遠く離れた秋田県や青森県など東北地方の諸事例である。それらの盆行事では墓地にていねいに参り盆棚の類を設営して飲食物を供えるとともに、参拝者たちが先祖や死者とともに墓地で飲食さえもするのである。次にそれらの例を紹介する。

2　東北地方の盆行事における盆棚と墓参

秋田県、青森県、山形県などでは、盆の八月一三日の夕方もしくは一四日の朝に、墓地に参ってホゲイ棚とかホカ棚とかハカダナ（墓棚）と呼ばれる棚を作って供物を供え、先祖の霊とともに飲食を行なう盆の習俗が特徴的である。これまでの調査報告からは、墓地に墓棚を設けて食物を供えるというのは一般的に行なわれているといえるが、そのうち墓地で飲食をすると明確に記述しているものは限られている。また毎年ではなく初盆に限って墓地での飲食を行なうという報告もみられる。しかし、実際に聞き取り調査を行なってみると、「以前は墓地で飲食をしていたが、今は棚を作ってそこに供物を供えるだけ」になったというふうに変化した事例が数多く確認される。これまでの調査報告で墓地での飲食についての記述がない場合でも、調査者の関心が墓地での飲食の有無にあまりなかったことが影響しているると推察される。それはむしろ柳田國男の影響のうちの負の側面かと思われる。柳田の論点の一つが盆の行事で迎えられる霊魂についてであったため、その迎え方と送り方とにその後の調査者の関心が集中していた傾向があるのである。柳田の論点はそれだけでなく幅広いものであったと思われるが、それに続いた多くの調査研究では残念ながら霊魂の迎え方と送り方について集中してしまっているのである。これらのうち、まず社会伝承の研究分野で本家と分家がともに一族の墓地に参ることで注目されてきた秋田県大仙市中仙町大神成の藤澤一族の「墓祝い」(12)について紹介しておく。

図3　藤澤一族の墓祝い．秋田県大仙市大神成（2010年8月13日）

〈事例1〉秋田県仙北郡中仙町大神成（現大仙市）

秋田県仙北郡中仙町大神成の藤澤一族では、八月一三日夕刻にラントと呼ばれる一族の共同墓地に、酒と重箱を持っていって、まず石塔の前のタナコと呼ばれる棚に料理を供えて先祖の霊を拝み、総本家の主人の挨拶の後、墓地で酒宴を行なう「墓祝い」が行なわれる。秋田県文化財保護協会中仙支部の「山際部落の生活―中仙町大神成部落民俗調査報告書―」によれば、この藤沢一族の共同墓地は伝次郎塚と呼ばれる野原にあり、昔から共同墓地として続いているが、今では各戸で埋葬の墓地を家の近くに設けており、そこに埋葬している。個人墓地のない家は今でもラントに埋めるとある（中仙支部　一九五八）。

墓祝いは現在でも総本家の藤澤次雄さんを中心に行なわれている。二〇一〇年八月の調査では、夕方五時頃、総本家に分家の人たちが九名集まった。一族はあと四名いるが、最近参加しなくなったという。そして、家から約一〇〇メートル離れた田んぼの中に位置する藤澤一族の墓地へ行き、それぞれ持ち寄った供物をタナコに供えた。お盆の料理は、赤もの漬け（笹の葉で一週間、ご飯を漬け込み、赤シソの葉をまぜたものでお盆にはかかせないものという）、ズンダナス（ナスをふかして、枝豆をつぶして砂糖をまぜてかけたもの）、カスベ（干したエイを醤油で煮たもの）、ナスの田楽、ササゲの胡麻和え、などである。総本家だけでなく各家でこのような料理やお煮しめ、枝豆、テンなどを重箱に入れて持ち寄ってタナコに供え、お茶も供える。テンというのはテングサを材料として作られる緑や赤など色鮮やかな寒天で、この地域の盆の供物として欠かせないものである。それらを供えたのち、正面の石塔に酒を一本供えて、全員で拝み、石塔の前にシートを敷いて座り、総本家の主人が「おめでとうございます」と挨拶をして酒宴となる。お墓で迎え火も焚かれる。これは現在では五〇〇円の会費制で行なっている。なお、藤澤次雄さんの父の代までは座敷の仏壇の前にも盆棚の飾りをして、墓棚と同じように里芋の葉にお供え物をのせたというが、今は仏壇には飾りはしていない。

　このほか、秋田県内の、盆に墓地に盆棚を作り墓地で飲食する事例については、『旅と伝説』七―七特集「盆行事号」（一九三四）にいくつかの報告がある。たとえば仙北郡生保内地方では、盆には強飯、煮しめ、心太《ところてん》などの供物を重箱に入れて墓参りに行き、石塔の前に花と供物を供えて自分たちもお相伴をする。濁酒も持っていくので、隣りの墓の人びとと献酬などもして賑わう。「これは精霊たちを招待に行く意味である」という（藤原　一九三四）。河邊郡豊岩村字前郷、仙北郡雲澤村字下延においても墓に棚をかけ、一三日の午後、重箱に赤飯を入れてもっていき、供える。このお供えは、極貧な者が下げて頂く（前郷）、礼拝が済むと親類の者や墓の隣り合わせの人たちが集まって、立ったまま冷酒で酒宴を始める（下延）という（武藤　一九三四）。これらが報告の早い例で、ほかにも次のような報告がある。

秋田県北秋田郡上小阿仁町では、「夏に上小阿仁村を訪れると、墓地のいたるところにタナコ（盆棚）がある」といい、八月一三日に、花、水、線香、赤飯、菓子などを持って家族全員で墓詣りに行く。重箱に、赤飯、茸つけ、テン、菓子、果物、野菜、寿司、昆布巻などを入れていって盆棚に供える。「この供え物を家に持って帰ってはいけない」（屋布）、「若くして死んだ人の供え物を食べてはいけないが、年をとって死んだ人の供え物を食べると、長生きをすると言って、大人も子供も食べた」という（東洋大学民俗研究会　一九八〇）。

奥羽山系に位置する田沢湖町でも八月一三日、午後四時頃までに盆の準備を終えて、晴れ着に着がえ、一家そろって墓参りに出かける。墓料理とかホカイ料理といわれる墓前に供える料理を重箱に入れて持っていき、蓮の葉を皿にして盆棚の青すだれの上に供える。料理は、テングサで作った「かがみてん」、四角に切ったナスやしろうり、枝豆、赤飯などである。墓棚には棒をわたして（掛け棒）、とろんこ（もちせんべいで作った吊り菓子）を下げたり、そうめん、盆梨、ほおずきなどを下げて供えて拝む。共同墓地の広場にむしろを敷いて墓祝いを行なう。「ホカイ料理」（盆棚に上げる料理）のほか、煮しめ、ささげのごまあえ、焼き豆腐、なすの田楽などの入った重箱を広げて酒を出し合って夜のふけるまで親戚で酒を飲む。墓祝いを「仏の相伴」とも呼ぶ（農山漁村文化協会　一九八六）。

田沢湖町玉川地区では、盆の一三日の夕方、親戚、縁者と時間を申し合わせておき、きゅうり、なす、テン、うり、ササギなどをハスに入れた供物と酒盛り用の魚料理を入れた重箱、酒などをもって墓地に行く。「この地区では今だに土葬が行なわれており、皆は自分の足元に「誰々がいる」などと話し合いながら酒をくみ交わしていた」という。（菊池　一九七三）

由利郡鳥海町でも、旧暦七月七日（現在八月六日）に墓石の前にハカタナを作り、一三日に墓参りが行なわれている。一三日の朝早めに準備を終えて墓参りをする。墓参りの時に吊り掛けをし、盆花やローソク、抹香（桂や桑の葉を乾燥し粉末にしたもの）、盆料理（重箱に入れる）、酒、水、ソウメン、てん（トコロテン）、ハマナス、盆トロンコ（お精霊さんの煎餅という煎餅菓子）、トリガシ、蓮の葉などを供える。掛け木にはハマナスの実に糸を通して数珠状にしたものや、盆梨、ホウズキ、ササゲ、とりこ菓子、ソウメンを掛ける。その年に新しい死者のなかった家では吉事盆といい、墓前にも酒を供え、家族も立ったまま盃を酌み交わす。初盆の棚の場合、盆料理を持って早めに墓地に赴き、六畳か八畳のゴザを敷いて墓前で供養のため車座になってささやかな酒宴を張る（鳥海町史　一九八五）。

鹿角郡毛馬内町でも、七月一三日夕、男は紋付の羽織袴、女は振袖裾模様で盛装し、履物も新しいもので墓参りが行なわれる。仏様一人につき、豆もやし、ソバもやし、花、枝豆各一把、輪切りにした越瓜一切ずつを蓮の葉に包んで墓石の前に供える。赤飯、煮しめ、和え物、ところてんなどの料理を重詰にして供える。この重詰は墓参が終われば家に持ち帰って家人の夕飯としていた（内藤　一九四三）。二〇一〇年の筆者の調査では、鹿角市毛馬内町の誓願寺境内の墓地でも、盆の墓参りの時、以前は、赤飯、寒天（牛乳を入れて白くしたものや緑のもの）、煮豆、かぼちゃ、スイカなどを重箱に詰めて持ってきて、そこで食べたり、家に持って帰って食べたということが確認された。

二〇一三年の調査では、十和田市洞内でも、家族そろって墓参りに行き、柏の葉に、小豆ご飯、お煮しめなどをお供えしてから、墓の前でみんなで飲食することが行なわれている。また、十和田市内では勤め人が多いため、最近では一四日の朝、出勤前に墓に寄って、重箱に用意していったご馳走を供えてから、ちょっと一口食べて、それから出勤するという人も多くなっている。もともとは一三日の午後、ゆっくり行なわれていた墓参りと墓地での飲食が、かつての農業中心から会社や工場への勤め人の仕事へという生業変化と生活スタイルの変化に合わせて、一四日の朝に変わった。それでも、お盆には先祖の霊が眠る墓地で共にご馳走を食べる、それが死者の供養になるという習俗が、まだかたちを変えながらも根強く伝えられていることがわかる。

〈事例2〉 青森県東津軽郡平内町

青森県旧東津軽郡平内町山口では、八月一三日の夕方になると浴衣を着た老若男女が墓参りをし、先祖の墓に家から持ってきた重箱の料理をお供えをした後、墓の前にシートを敷いて「お花見のように」と地元の人たちもいうように、にぎやかに飲食をしながら、日が暮れて暗くなるまで過ごすことが行なわれている。

また、もう一カ所、夏泊半島の付け根に位置する浅所でも、八月一三日の夕方、山口と同じように墓地に村の人が集まって、重箱に用意してきたお煮しめや地元で養殖がさかんなホタテの料理などを食べながらにぎやかに飲食することが行なわれている（弘前大学人文学部　二〇〇五）。みんな、「こうしてご先祖さまと一緒にご飯を食べる」と言う。

また、平内町小湊では現在では墓での飲食は行なわれていないが、日光院の佐々木慶紀宮司（昭和一五年〈一九四〇〉生まれ）の話によれば、子供の頃、八月一三日朝早く、「盆花むかい」といって、山にギボシ、オミナエシ、ヤマユリ、アワバナなどの花を採りにいき、その夕方遅く「ホゲに行く」といって、羽織、袴に扇子、提灯を持って、一族で墓に行ったという。墓にコモを敷いて柏の葉に、赤飯、団子、煮しめなどを供え、それから墓の前にゴザを敷いて座って、みんなで飲食をした。父親が「おじいちゃんが帰ってきた。孫もこれだけ大きくなった」と言って、一人ひとり名前をあげて言い、「ご先祖さまも降りてきた」、「遠い所から来ておなかもすいてる」と言われると、本当にそのような気持ちになったものだという。子供は他所の家の団子ももらって食べたという。一六日にはまたみんなでお墓に送りにいったが、その時には泣く人もいるし、石塔に抱き着いて「来年もまた来てください」と言う人がいたり、感動的なシーンだったという。子供ながらに「お墓参りとはすごいものだな」と思ったものだと語っていた。

このほか岩手県内でも盛岡市大松院境内の墓地や北上市域でも、八月一三日の夕方、お墓参りの時に、お供えをすると、その後、お墓にちょっと腰をおろして、または立ったまま、ビールやジュースを飲んだり、お供えしたものと同じものを食べる事例が確認され（北上市教育委員会　二〇一五）、墓地での飲食の習俗は、東北地方北部を中心に一定の広がりをもって伝承されていたことがわかる。

以上のように、東北地方においては、近畿地方のような墓地を死穢の場所として極端に忌避するのとはまったく逆の対照的な盆の墓参と飲食の行事が伝承されているのである。一方、その東北地方と同様に、盆の行事で先祖の遺骸の眠る墓地にていねいに参り死者や先祖とともに飲食をして供養するという事例が多く伝承されていたのは、近畿地方からもこの東北地方からも遠く離れた九州地方であった。それらが注目され報告されていたのは一九四〇年代の『民間伝承』誌上からのことであり、九州地方のとくに中南部の熊本県下や鹿児島県下であった。その一帯にも盆に墓地で飲食する習俗がみられたのである。以下でその概要を紹介することにする。

3　九州地方の盆行事における盆棚と墓参

熊本県下の上益城郡御船町や阿蘇地方の盆の墓地での飲食については『民間伝承』に三回報告がなされている。それは、「初盆の家ではこの夜（旧暦七月一三日の夜）精進料理や握り飯を重箱に詰めて持参、一通りの参拝が済んだら筵を敷いて、家族一同が夜食を食べる習慣がある」（梅田　一九四三）、「一三日、精霊迎へと謂って夕暮れに墓地に詣でる。墓地提灯を十数箇飾り、夜の一二時近く迄墓の周囲で火を焚き花火等上げて賑やかに語り合ふ（中略）各戸から持ち寄った食物を一緒に食べる」（藤原　一九四八）、「坂梨では一六日の夕方に精霊を送って行ってから初盆の家では墓の前にむしろを敷き、にしめなどを作って持って行って夜遅くまで飲食をする」（丸山　一九四八）などというものであった。しかし、二〇一二年（平成二四）の現在では、この地域では盆には墓参りをするだけで、墓地での飲食についての伝承を確認することはできない状態へと変化している。

しかし、自治体史の民俗編では墓地の飲食についての記事がみられ、たとえば熊本県荒尾市でも、「十三日は初盆の家では家族でお墓参りにいく。墓前に料理を供え、持ち帰って家族で食べる」「初盆のところは近い親戚から提灯が贈られる。一九五五年（昭和三〇）頃までは、もらった提灯はすべて一三日に墓前に持っていき、墓の周りを竹で囲んで提灯をつり下げ、その下で飲食をし、騒いでいた」（荒尾市史　二〇〇〇）などの記述がなされている。しかしそれも、二〇一二年現在では墓参りをするだけへと簡略化が進んでいる。これについて、地元で調査してみると、昭和四〇年代になって市内ではそれまであった家ごとの埋葬墓地を掘り起こして整理し、集落ごとに共同の納骨堂を建設する動きがおこったという。それを一つの機会として、以降、墓地での飲食をやらなくなった可能性が人びとによって語られている。その一九七〇年代半ば（昭和五〇年前後）の共同納骨堂の建設というのは、この一帯における一つの流行ともいうべき大きな変化であった。それまで一般的であった、集落の共同墓地での土葬で墓域の比較的自由な共同利用の繰り返し、というかたちから、いっせいに火葬へ、そして寺堂の形態に近い立派な共同納骨堂の建設へ、そしてそこへの納骨へ、というかたちへと大きく変化したのである。

熊本県菊池郡大津町の場合も、町内の鍛冶地区では昭和五〇年（一九七五）に浄土真宗の門徒寺の境内に新たに共同の納骨堂が建設されている。灰塚地区では昭和五〇年に共同墓地内に立派な共同納骨堂が建設されてそれまでの土葬から火葬納骨へと変わった。ただ、この時、家ごとの埋葬墓と石塔を掘り上げて納骨堂に収容することに反対した家が数軒あり、それらが今もところどころに元の石塔のまま残っている状態である。地元の斉藤さん（昭和三〇年生まれ）によれば、初盆には提灯を送ってくれた人の名前を書いて墓地にたくさん飾るが、盆の八月一四日の墓参りではその提灯代一〇〇〇円とか二〇〇〇円を持ってお参りにきてくれた人に、「お世話になりました」「一杯さしあげます」ということでビールなどをふるまうという。提灯の火は昔はローソクだったが、いまでは発電機で火を灯すようになっている。料理も煮しめや生ものなどもあったが、いまでは乾き物のつまみ程度で、最近では地元の消防団が近くの広場で焼き鳥を売っている。また、昔は広場で花火をしたがいまは子供が花火をやらなくなったという。

大津町岩坂字阿原目は戸数一八戸の集落で、山際の道路沿いに共同墓地がある。昔はその墓域は家ごとに自由に利用されていたが近年に整理された。その時、阿原目では近隣の鍛冶地区や灰塚地区などのような大型の寺堂型式の共同納骨堂のかたちではなく、連結式の石塔を一八戸が同じ形で建立して、それを等間隔で整列するかたちにしている。地元の片山さん（昭和二四年生まれ）によれば、この岩坂地区では昔は盆の八月一五日には初盆の家は墓に提灯を灯して茣蓙を敷いて夜には料理を出したといい、花火をあげたりもしたという。しかし、いまでは墓に提灯をおくだけで火は灯さなくなっている。ただ乾き物とお酒、ビール、お茶を墓で出して墓参に来た提灯をくれた人たちに軽く飲食してもらい、煮しめなどの料理は家に帰ってから食べてもらう。遅くまでやる家では、墓地で夜八時、九時までやっている。

このように一九七〇年代半ばの火葬化と納骨堂建設によってこの熊本県菊池郡一帯では墓地での飲食の習俗は急速に消滅に向かったのであるが、中には現在でもまだかつての伝承を伝えている地域もある。そこで、ここにそのような事例を紹介しておくことにする。

〈事例１〉熊本県菊池郡大津町錦野

錦野地区は合わせて四つの地区、つまり上揚《かみあげ》、中栗、中良地《なからじ》、御的《おまた》の四つの地区からなっており、それぞれ共同墓地は昔の通り家ごとの区画のある墓地である。御的の野田さん（昭和一八年生まれ）によれば、八月一三〜一五日が盆の期間で、初盆には隣近所から提灯をもらう。一五日の夕方五時頃、墓地にお煮しめ（家で用意したうちの半分くらいを持って行く）、ビール、お菓子、ジュースなどを持っていって提灯をあげて墓参に来てくれる人たちにふるまう。お参りに来た人たちは、初盆で「おさみしいことでございます」と挨拶する。二時間くらい墓地にいて飲食したり談話などして、花火をしたりもする。

また、この錦野地区では、墓地で飲食するのはお盆だけでなく、一月一六日にも行なわれている。上揚の錦織さん（昭和一〇年生まれ）によれば、墓掃除をして、その時に「墓祭り」をするという。ご先祖様にも御神酒をちょっとあげて、お煮しめや握り飯などを食べながら夕方まで過ごす。先の野田さん宅では、一月一六日に先祖祭（せんぞまつり）を行なっており、重箱の下の段にお煮しめ、上の段に黄な粉餅を入れて、お墓に持っていく。焼酎もお供えして、そこで食べる。

この錦野の字御的地区の共同墓地の入口に慰霊碑があり、御的に住む高本さん（昭和一八年生まれ）によれば彼女の父親は戦死したが、以前はそこで慰霊祭をやっていたという。また、今でも春、桜がきれいな頃に適当に日にちを決めて、墓掃除をして墓地で「先祖様にもちょっと食べてもらおう」ということで飲食をする。高本さんによると、昔は親戚の初盆で近隣の集落にお墓参りに行くと、「一人ひとりの墓と石塔の時はそこに埋葬されている人に対して話しかける相手が決まっていて、気持ちの中で話をすることもできた」という。しかし、その後の昭和五〇年頃からいっせいに作られてきた「合同納骨式の大型石塔墓（前述の岩坂字阿原目のような）や大きな共同納骨堂型式（前述の鍛冶地区とか灰塚地区のような）だと、そこでいったい誰に話しかけていいかわからない」といって困惑してしまう気持ちを語っている。この錦野地区では、初盆以外にも、正月の先祖祭や春の墓掃除の後などに墓地で先祖と一緒に飲食する習慣が伝えられているのが注目される。

同じ大津町の寺崎という五軒だけの集落の例では、平成二三年（二〇一一）に初盆の家があり、その時はやはり一五日の夕方、お墓の前にシートを広げて親戚や近所の人たちが大勢で飲食をしていたという話が聞けた。しかし、近年、急速に墓地での飲食の習慣が消滅し、初盆の家でも墓参りの後、家に帰ってから飲食をするように変わってきているという。その変化の背景の一つに、土葬から火葬へと変化したこと、また葬儀の手伝いも近隣の組で行なってきていたのが、葬儀社の利用と葬祭場の利用へと変化していったこと、などがあげられる。寺崎の中尾さん（昭和三〇年生まれ）は、組の手伝いによる「地域での葬儀」から、葬儀社によるものへと変化していくなかで、「死者が遠い存在となってしまった」といい、また上揚の錦野さんも、「昔は土葬だったけん、愛着心があった。二、三年はここにおんな（おられるな）という感じが遺族はした。火葬になってコロンと変わった」と、やはり土葬から火葬への変化が、遺体と遺族との間の距離感を大きくしたという、直接体験したその実感を語っている。

〈事例2〉熊本県牛深市天附

天附では旧暦七月一三〜一五日がお盆である。昭和三七〜三九年度の報告であるが、文化庁『日本民俗地図』Ⅰには、「一五日夜、墓に燈籠をともし、墓で飲食する」と報告されており、墓に燈籠を灯して飲食することが古くには初盆の家だけではなかったことがわかる（文化庁　一九六九）。しかし、現在は佐々木さん夫妻（昭和九年生まれ、昭和一四年生まれ）によれば、新暦八月一五日の夜、初盆の家では墓に提灯を三、四段にして墓地に竹で飾り、お参りに来た人にビールやお茶を出す程度になっている。食べ物を出すことまではしないで缶ビールなど飲み物を渡すだけだという。ただし、近年でも、天附の元区長が平成二二年（二〇一〇）八月五日に亡くなったときには、その二〇一一年八月の初盆では、大型の石塔墓の前に莫蓙を敷いて大勢の人が飲食していたという。この家の墓の前に少し余地がありそこが空いているからそれができたのではないかともいうが、墓地で飲食する習俗がまだ一部には伝えられているものといえる。天附の浄土宗の初盆の家では、夜の九時頃から船の流し（板で作られた船に、真中にスイカ、周りには果物などをのせて海に流す）が行なわれるので墓参りはそれまでに済ませるようにしている。

昔は土葬で、ノリブネと呼ばれる坐棺で山の上の墓地まで運んで埋葬していた。石塔も建てることなく、死者を埋葬した上にタマナヤ（霊屋）と呼ばれる、木で作られた家型の装置を据えて置いた。そして、その周りに海から持ってきた丸い石をおいて、真四角に囲った。葬式の手伝いは身内が行ない、穴掘り役は親の死に対しては兄弟や子供など身内の近い人がした。その後、火葬になり、死者を棺に入れて身内の船に乗せて対岸の火葬場に運んで焼くようになった。現在では対岸との間に大橋がかかり霊柩車で牛深市茂串にある公営火葬場に運んで火葬するようになっている。土葬の最後の例は本人の「焼いてくれるな」という遺言によるもので、昭和六〇年代に行なわれたという。天附では、『日本民俗地図』に記されている情報がもう十分に確認できない状態となっているが、昭和三〇年代から四〇年代の高度経済成長期を経る間に、土葬から火葬へと変化し、霊屋から石塔へという葬送習俗の大きな変化が起こっていたことがわかった。その大きな変化のなかで、初盆に墓地で死者とともに飲食するという習俗も簡略化され省略化されていったものと思われる。

〈事例3〉鹿児島県薩摩郡上甑村平良（現薩摩川内市）

平良は、三二〇〜三三〇戸の集落で、墓地は集落の中央部にあたる中部落にある。浜の海岸の小石が積み上げられて高い土地を作るようにして墓地が設営されている。昭和三七〜三九年度の報告であるが、文化庁『日本民俗地図』

図４　豆オロイ．お盆に墓地で飲食して先祖の霊と交流する．鹿児島県薩摩川内市上甑町平良（2012年８月16日）

Ｉには、この平良では、旧暦七月一三〜一六日がお盆で、「一六日、豆オロイといい、墓にござを敷いて参りにきた人々に豆・煮しめ・そうめんなどをもてなす」とある（文化庁　一九六九）。この墓地での飲食の習俗は現在も伝えられている。地元の梶原孝信さん（昭和一五年生まれ）によれば、八月一六日、日没後に墓地に行って、薄暗いなか竹の櫓を作って提灯をともして、夜九時頃まで墓の周りでビールやお茶、ジュースを飲みながら豆をつまんで話をするという。豆はソラマメを塩でゆでたもので、マメオロイと呼ばれるが、オロイは踊りの意味で、ソラマメをつまもうとするとよく転がるのがあるからこういう言い方がされているのだという。平良ではソラマメを乾燥させてビンに入れて保存しておき、盆のほかにもいろいろな行事のときに、塩でゆでて食べる。ソラマメのほかにツワ（ツワブキの茎）やジャガイモなどの煮しめ、カッパ焼きと呼ばれる小麦粉と砂糖でカステラのように焼いた菓子を重箱に入れていき、お参りしてくれた人に食べてもらう。昔は餡をつけた団子も必ず作っていた。平良はもともと土葬で、棺の上にタマヤ（霊屋）が置かれていた。梶原さんが青年の頃はタマヤの周りを囲むようにお参りの人が座ってにぎやかに飲食をしていたという。

平良では、埋葬墓地の狭隘化が問題となり、昭和五一年（一九七六）に新たに村外れに火葬場が作られ、土葬から火葬へと変わった。この時墓地の整備と家ごとの区画割が行なわれた。当時は三一五軒分の区画が割り当てられてそれを利用していたが、三〇年余りたった二〇一三年には三分の一程度しか使用されていない。高齢化と過疎化が進み、

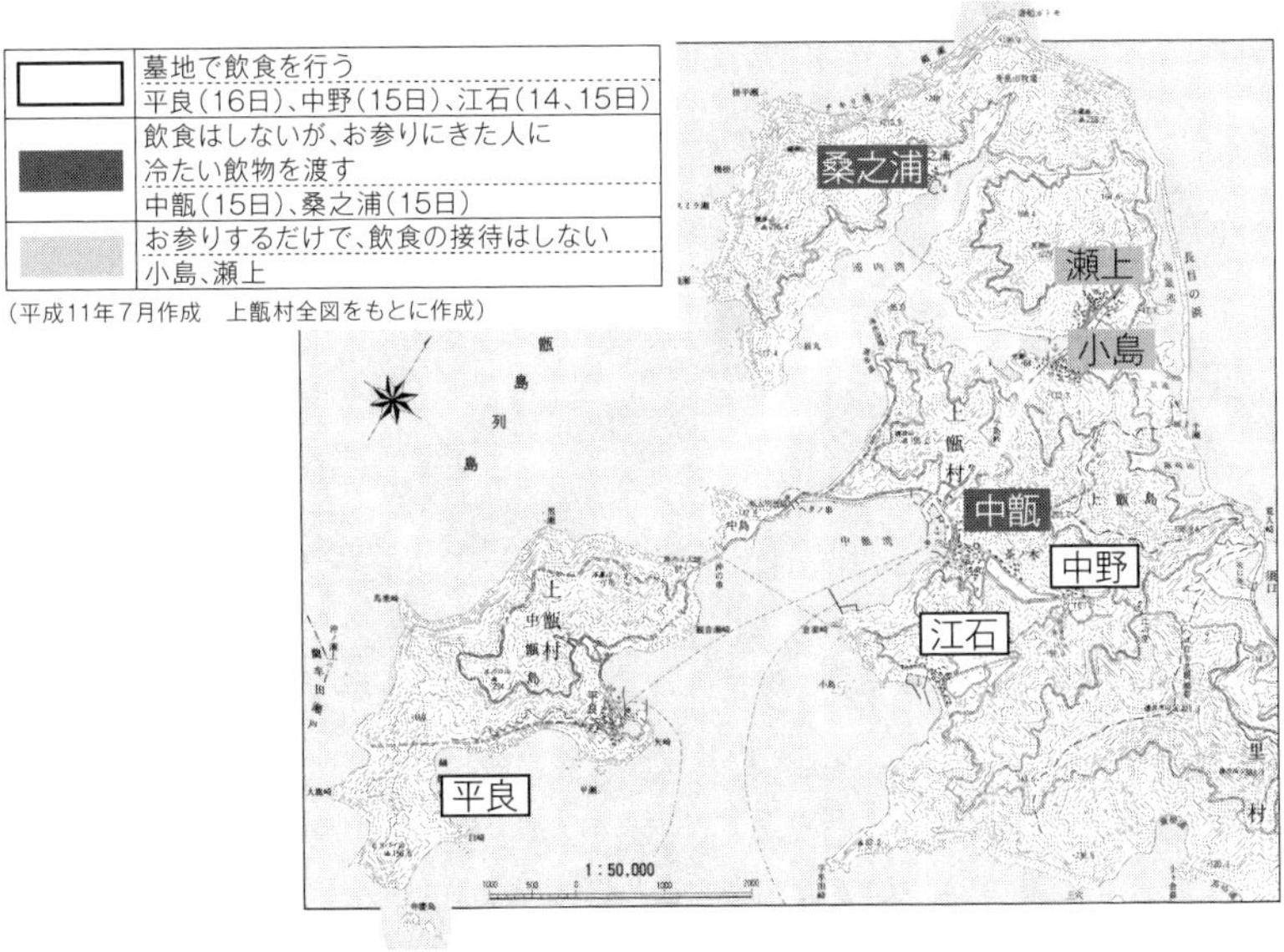

（平成11年7月作成　上甑村全図をもとに作成）

図5　上甑町におけるお盆の墓参りと飲食習俗

島を離れて都会に移住した人など墓地の権利を返す例が増えている。それでもお盆には島を離れて生活している人も平良に大勢帰ってきて、次々とお墓に線香をあげてお参りし、にぎやかにお墓で過ごしている。空き家になっている家の仏壇にも島に残っている人が初盆のお供えをしてあげている例もある。

　平良がある上甑町の各地区のお盆の墓参りをいわば面でみてみると、図5のように、お盆に墓地で飲食をするところ、もう飲食はしなくなったが、お参りにきた人に冷たいお茶やビールなどを渡すところ、そしてお参りするだけで特に飲食の接待はしないところ、の三つのかたちがある。

　このなかで、鹿児島県薩摩川内市上甑町里では、八月一五日の夕方、薗上墓地、薗下墓地で、初盆の家が墓に提灯を吊るし、その前にシートを敷いて、やはりお参りにきた人に冷たい飲み物を渡し、ソラマメ、お煮しめ、お餅や巻寿司などを食べてもらい、にぎやかに過ごす。

　現在の薗下墓地と薗上墓地は、昭和四三年（一九六八）

から五六年（一九八一）七月までの時間をかけて、港の近くに昔からあった松原墓地から移転して新たに造られたものである。その古くからの松原墓地は、集落の中央、港の正面にあった。平良もそうだったが、この甑島では集落の中央に大切な先祖の眠る墓を営むというかたちがあったのである。松原墓地の頃は、土葬が行なわれ、棺の上にはタマヤ（霊屋）が置かれていた。お盆の一五日には子供たちが花火をし、お祭りのような騒ぎだったという。昭和四〇年代に護岸工事が行なわれ、新しい船着き場ができる時、「島の玄関先にお墓があるのはどうか」という話がでて、墓地の移転が決まった。移転とともにその後は火葬となった。それでも、一五日の盆の墓参りの際、初盆の家では昔ながらの、墓で死者をしのんで飲食することは、新しい薗下墓地と薗上墓地に移っても相変わらず続けられてきている。

一方、桑之浦では、昭和五二年（一九七七）の調査報告書『甑列島の民俗』には「墓に団子をあげた後、親戚が集まって煮しめや焼酎を出して供養する」という記述があり、その当時、人びとは墓地で飲食をしていたことがわかる（鹿児島県教育委員会　一九七七）。しかし、平成二五年（二〇一三）の調査の時には、初盆の家では一六日の夕方、クーラーボックスを持って墓に行き、お参りに来てくれた人にお礼を言って、飲み物を渡すだけになっていた。墓地での飲食は行なわれなくなっており、これは簡略化されてきている事例といえる。

以上が九州地方の事例の一部である。前述の近畿地方のように墓地の死穢を極端に忌避して盆にも墓参をしないという地域が円環状に伝えられている地方があるのに対して、その一方ではこの九州地方のようにそれとまったく対照的に盆の行事でていねいに墓参をして墓に棚を設えたり多くの提灯をあげて死者を供養しともに飲食までもするという事例が伝えられているのである。前述の東北地方の一部地域の他にも、このように九州地方の一部地域にも、まさに柳田國男の注目した「遠方の一致」をみせながら伝承されているのである。そこで次に、これまでみてきた近畿地方と東北・九州地方の諸事例に対して、その中間地帯ともいうべき、中国・四国地方と東海・北陸・関東地方の事例について、参考までにその一部の例を紹介してみる。

4 中国・四国地方の盆行事における盆棚と墓参

近畿地方周辺からやや西方に離れて、中国地方と四国地方の盆行事と盆棚と墓参の事例についてみてみる。

図6 オシャライサンの棚.「ご先祖様が来るところ」だという. 兵庫県美方郡香美町香住

〈事例1〉兵庫県但馬沿岸地方の屋外の棚

盆行事の中の屋外の棚にいち早く注目したのは、喜多村理子「盆に迎える霊についての再検討—先祖を祭る場所を通して—」である。兵庫県但馬地方の盆行事では、各家の屋外にオショライサンとかサラエダナと呼ばれる棚が設けられ、先祖と無縁仏とが共にまつられている例が多い。そして、屋内の仏壇にも先祖のための供物が供えられている。香住町大谷では檀家になっている真言宗大乗寺の施餓鬼会の時、「〇〇家先祖代々霊位」と書かれた経木を貰って帰り、それを庭に拵えた棚の上におく。また、「昔は先祖代々の戒名を全て紙に書いて庭に作ったオショライサンの棚にすえたし、自分が子供の頃には浜から丸々とした石ころを二つ捜してきて、この棚の上に置いた」(香住町柴山　明治三二〈一八九九〉年生まれの話者)という。

このようにこの棚は先祖を迎える棚と意識されていたことがわかる。そして、余部という集落では、聞き取り情報から、もともと仏壇と屋外の棚の両方で先祖をまつる、すなわち先祖祭がもともと二重になっていたところに、寺院の影響により無縁の概念が入り込んできて、仏壇は先祖、屋外の棚は無縁仏、という新たな解釈が広がったものと考えられるといい、「屋外の棚で先祖を祭るという意識から無縁仏を祭るという意識へ変遷してゆく、その過渡期の事例」として位置づけられるとした（喜多村　一九九五）。

しかし、その後の筆者の追跡調査によれば、香住町から浜坂町にかけての一帯の諸事例では、オシャライサンとかサイリダナなどと呼ばれる庭先の棚は「ご先祖様がくるところ」という伝承が二〇一一年から二〇一二年の時点でも広く確認できている。新仏の場合も特別なしつらえはなく、このオシャライサンの棚で同様にまつっている。香住地区の一日市、境、加鹿野、余部の西、余部地区の下の浜、鎧、柴山地区の沖浦、浦上、また内陸部の大谷では「オシャライサン」、浜坂町の久谷、赤崎では「サライダナ」、三尾では「サライダナ」「サーライサン」などと呼んでいる。その棚は八月一二日に作る例が多い。梯子もつける。縁先には提灯を飾る。檀家寺の住職が各家のオシャライサンの棚へ棚経をあげて回るのに忙しい。棚は八月一三日から一五日夕方もしくは一六日朝までまつる。棚には、里芋の葉か桐の葉に、お団子とミズノミ（キュウリとナスを刻んで、ニンジンを花形に切ったもの）をのせる。ほかに野菜や果物、お茶か水も供える。二四日の地蔵盆まで棚だけ置いておく例もある。

つまり、この但馬沿岸地方では、「オシャライサン」は先祖がやって来る棚だといい、不特定多数の先祖という意味でとくに新仏、無縁仏を区別する考え方はない。近畿地方で顕著な三種類の霊魂という区別もない。したがって、一九七〇年代の喜多村の聞き取り調査では無縁仏の伝承の追跡に力点が置かれているが、実情としてはこの一帯の事例では無縁仏の伝承は顕著ではないといってよい。

〈事例２〉岡山県下の盆行事における水棚

岡山県勝田郡勝田町梶並（現美作市）という吉井川上流の村落では、八月一三日が仏迎えである。仏壇から位牌を出して仏前に机を出してまつる。庭には青竹を二本立てて精霊棚と呼ばれる棚を作る。棚には割り竹の梯子をかけ、里芋の葉に飯や時期のものを供える。これは「仏がきて休む場所である」といわれている。一三日の夕方、米粉に黄な粉か小豆餡をつけたムカエダンゴを供え、花をもって墓に仏を迎えに行く。無縁仏は里芋の葉にムカエダンゴなど盆中の供物を供えて仏壇の横にまつる。一四日夜が仏送りで、オクリダンゴ（黄な粉）を作り、仏前の供物や花をもって川原に置いて来る。精霊棚は川に流す（文化庁　一九六九）。岡山県下における、このような精霊棚とか水棚と呼ばれる、盆に屋外に設けられる棚についての報告は、他にも『盆行事Ⅰ　岡山県』にもみられる（表1）。それらは八月七日に作られ、盆月いっぱい立てられている例が多く、僧侶による棚経もこの水棚に向かって行なわれる。屋内の座敷の床の間に位牌などが並べられてそこでも供物が供えられるが、それでも水棚は設けられている。また新仏の場合は新しい麦わらなどを用いて水棚が作られる。水棚についての伝承には次のようなものがある（文化庁　一九九〇）。

・仏様が家に来られて休まれるところ。門の近くに立てる。（岡山市海吉の事例1）
・長旅をしてきた仏たちがたどり着いた憩いの場で、長旅のほこりをすすぐ（水棚の下には手桶に水を汲んでおく）。（笠岡市大島中乗時）
・親族の仏様が来られるところ。用水の近くに立てる。（岡山市海吉の事例2）
・餓鬼仏をまつる。（岡山市西祖、赤盤郡山陽町立川字本村、笠岡市神島内浦字瀬戸、同中村他）

表1　岡山県下の水棚の事例

地　　名	屋　　外	屋　　内
岡山市今谷	8月7日に水棚を作る．僧侶の棚経． 13日迎え火． 15日送り火 31日に水棚送り（川へ流す）．	床の間に蓮の葉，位牌を並べる．1つ余分に蓮の葉，供物
岡山市海吉	8月10日に水棚を作る．用水に近い所． 僧侶の棚経． 新盆の家は新しい麦藁で水棚を作る． 13日に迎え火．水祭り・水棚様に水をかけていた．15日に送る． 31日まで．	床の間に位牌，無縁仏は別の所
吉備郡吉備町岡田字桜	盆月いっぱい立てる．棚経． 戦前は乞食もお経．	床の間の位牌の脇に，餓鬼仏（蓮の葉だけ），供物
笹岡市大島中乗時	13日に門に立てる．水をたくさんあげる．棚の前に笹2本立てる，棚経． 13日・14日・15日，毎晩，お客さん（仏さん）は水棚のところでみんな涼まれるといい，家人も皆ここに集い，水棚の前で松明をたく．仏の戒名を唱え，念仏．それからホトケたちをお連れだちして床の間の棚で祀る． 16日に笹竹を砂浜に立てて送る．	13日床の間に位牌，端に餓鬼仏（蓮の葉），供物
笹岡市神島字中村	餓鬼棚	棚経は中の仏に．

『盆行事Ⅰ　岡山県』（無形の民俗文化財記録第33集）文化庁文化財保護部　1990より

これらをみると、一つは、この水棚には盆に帰って来る霊は先祖も新仏も親族の仏も無縁仏もみんなが集るという伝承と、もう一つは、この水棚に集まるのは餓鬼仏だけであると特化した伝承とに分けることができる。それは、喜多村が但馬沿岸地域の先祖棚の調査でも指摘しているように、もともとは盆に来る霊を区別することなく一緒にまつっていた戸外の水棚であったのが、のちに、先祖の霊だけが屋内の座敷でまつられるようになり、屋外の水棚は無縁仏のためというように、のちに区別されるようになっていくその変遷の過渡期の形態と同様のものと位置づけることができるであろう。

〈事例3〉四国地方の屋外の棚

次に四国地方であるが、四国地方でも、精霊棚と呼ばれる盆棚を屋外に設ける例が報告されている[13]。そのなかでもとくに屋外に設けられた棚に先祖の位牌を出してまつるという事例が注目される。高知県香美郡物部村岡ノ内では、初盆の家では一三日までに庭先に水棚と呼ばれる檜の葉でふいた棚を作る。そして一三日の晩、新仏と先祖の位牌を水棚に移し、飯、酒などを供える。水棚の前には竿をかけ、燈籠や提灯をかけて火をともし霊を慰めるという（文化庁　一九六九）。

徳島県那珂郡相生町簗ノ上でも、八月一三日にホトケサンノオタナ（仏さんのお棚）と呼ばれる棚を屋外に作り、位牌を移す（喜多村　一九八五）。

また、愛媛県東宇和郡城川町でも軒先に精霊棚を作り、位牌を出してまつるという（愛媛県史　一九八四）。この精霊棚を愛媛県の南予地方では屋内に設ける例が多いが、中予地方および東予地方では屋外や家の軒下に作り「セガキダナ」と呼ばれ、餓鬼仏の供養棚と見られているという（愛媛県史　一九八四）。この精霊棚について大本敬久が一九九五〜九六年に愛媛県内七〇市町村で調査を行なった結果を整理した「愛媛の盆棚　東・中・南予での地域差[14]」によれば、やはり中予および東予地方では精霊棚（ショウリョウダナと呼ばれる例が多い）は庭先や軒下に作られる例が多く、その精霊棚には新仏だけをまつるのではなく、新仏と先祖の霊が共にまつられており、しかもそれらと餓鬼仏とを区別する感覚も希薄であるという。

以上、中国地方の兵庫県但馬地方の先祖棚、岡山県下の水棚、四国地方の屋外の棚の事例を、いずれも部分的な情報ながら紹介してみた。これらを一覧してみてそれらに共通している点として指摘できるのは、盆にやってくる精霊たちを迎えまつるための装置が、屋内の仏壇だけでなく、屋外の庭先などの棚として設けられているという点である。

そして、その盆に訪れ来る精霊について必ずしも先祖の霊に特化されているわけではなく、死者の霊魂一般がその対象として考えられているという点である。この、「屋外の装置」と「死者全般」という特徴は、中国・四国地方の伝承情報として注目すべきものである。

5　東海地方の盆行事における盆棚と墓参

次に、近畿地方から東方に向かい、東海地方にかけての盆行事と盆棚と墓参の事例についてみてみる。

〈事例1〉三重県志摩地方の盆棚

志摩地方は近畿と東海の中間地帯ともいうべき地域であるが、盆行事の事例については、昭和四八年から四九年に調査した小松理子・金丸良子「鳥羽・志摩の盆」が詳しい（小松・金丸　一九七五）。志摩郡阿児町安乗・立神、鳥羽市石鏡・国崎・答志・和具の盆行事の調査から、とくに石鏡町を中心とした詳細な盆行事の事例報告がなされている。石鏡では、初盆の家ではまず八月七日に玄関先に棒の先に笹を十字に束ねて縛りつけたものを立て、アラの仏を迎えるために床の間に掛け軸をかけて三段の段を作ってゴザを敷く。一番上段に仏壇の位牌を全て出して安置し、その下に野菜や果物、菓子、ソウメン、オチツキ団子・盛り団子と呼ばれる団子、盆花などを供える。

そして家の周囲に「餓鬼の棚」と呼ばれる棚をぶら下げる。この餓鬼棚には、一二日夜、アラの仏を送るまでの間、位牌の前に供えたご飯のお下がりを一組ずつのせていく。そうしていったん送った後、あらためて一三日の朝、ショウロウサンとともにアラの仏を迎えてまつる。一方、初盆でない場合は、八月一三日の朝、床の間に段を拵えて位牌を並べるが、その時、家の周囲の台所の外に餓鬼の棚を吊るし、ショウロウさんの供物を下げるたびにそれをその餓鬼棚にのせていく。この供物は一五日のショウロウ流しの日に、海に流した。盆の期間に臨済宗円照寺の住職が家々に棚経をあげに回る。初盆や年忌の家では床の間の位牌の前でお経をあげるが、他の家では餓鬼棚に向かって棚経をあげていく。また、一三、一四、一五、一六日の毎朝五時頃、各家から一人、おばあさんが多いが、寺に参りその後ハカ参りを行なう。一三日だけは石塔墓地とサンマと呼ばれる埋葬墓地の両方に参り、一四、一五、一六日は埋葬墓地にのみ参る。

この石鏡の場合、家の床の間で先祖の霊と新仏がまつられ、屋外に餓鬼棚が吊るされるかたちであるが、同様に、国崎では餓鬼棚と呼ばれるイソカゴ（なかにバラスを入れたもの）が一二日夕方から庭に置かれ、仏前に料理を供えるとき、餓鬼のためにと一組だけ別にして一段下に置いておき、そのお下がりをこのカゴに入れていく。このような餓鬼棚と少し性格が異なるのが磯部町神明の餓鬼棚である。神明では、棚の後ろに笹竹を×のかたちに立て、棚には里芋の葉を敷いて賽の目に刻んだナスと里芋の茎と米を置く。水を入れた茶飲みもおき、シキビを入れ、朝昼晩、このシキビで水をパッパッと振って拝む。初盆の家では紙に亡くなった人の戒名を書いて貼り、知人や親戚は位牌と共にこの棚にも拝む。これを「餓鬼棚」と呼ぶ人もいる。この神明の事例では、餓鬼棚に新仏もともにまつっているのが特徴である。

〈事例2〉愛知県下のオショロ棚

愛知県下では屋外にオショロ棚を作って盆の霊を迎えてまつる例が多い。たとえば東加茂郡旭町では屋外に青竹でオショロ棚を作り、二段のうち上段に仏壇にある位牌を全部出して並べ、下段には洗米をハスの葉にのせて、どんぶりに水を入れて供えるという（愛知県教育委員会　一九六八）。

また、北設楽郡設楽町の旧家の盆行事について、後藤淑「奥三河の盆行事」に貴重な報告がある。設楽町市之瀬では盆は八月一三日夜から一六日昼までである。七月から八月に黄色いトンボが出るがそれをオショロトンボといった。先祖の霊をオショロサマといい、オショロサマがこのトンボに乗ってくるといった。八月一三日までに墓掃除をし盆道作りといって墓から家までの道草を刈った。一三日までに主人は家のカド（庭先）に精霊棚を作る。精霊棚は先端に笹の付いた青竹を四方に立て、下から約一㍍三〇㌢くらいのところに簀の子を作る。この簀の子の棚に里芋の葉を敷き供物をあげる。いまは精霊棚をカドの中央に立てるが昭和初年までは家の西の端に立てた。仏は西方浄土から来ると考えられたのかもしれないという。盆の供物の準備は家の主婦が縁側でする。一三日の仏様への供物はシイタケ、ジャガイモ、油揚げの煮しめにご飯で、同じものを家族も食べる。一四日の朝はお餅かおはぎに味噌汁、昼はおかゆ、夜はソウメンである。一四、一五、一六日と朝昼晩の献立がそれぞれ細かく決められている。一六日の昼に仏さまを送るときは、供物は箕の中に入れ、精霊棚と一緒に家の前の川に流す。送り団子は一組みは流し一組みは家族で食べる。川に流したものを煮て食べると夏病みをせぬといい、昭和初年頃までは川辺に子どもたちがいて煮て食べたという。しかし、決して家に持ち帰って煮てはいけないといった（後藤　一九八一）。

6　関東地方の盆行事における盆棚と墓参

東京都、埼玉県、群馬県、栃木県など関東地方の盆棚はそのほとんどが屋外ではなく屋内の家の座敷に作られる例が多い。これまでの調査報告書の類においてもそのことが詳しく記されている。しかし、そうした中にあって屋外で精霊を迎えまつるという例も一部にはみられる。

〈事例1〉神奈川県下の盆の砂盛り

神奈川県下では、盆の精霊迎えや精霊送りにあたって家の庭先に砂盛りを作る例が多く知られている。小林梅次「相模のツジと盆柱」、同「盆行事の研究」などが早い報告で、その後も鈴木通大「盆の砂盛りについて」、および同「神奈川県下にみられる盆の砂盛り習俗について」では全体的な状況が報告されている（小林　一九五六、一九六四、鈴木　一九九〇、一九九二）。また、長沢利明「座間市における盆の砂盛り」、中野佳枝「神奈川県の盆の砂盛り」などの調査情報も参考になる（長沢　一九九四、中野　二〇一一）。それらのうち、たとえば高座郡寒川町の例では、オショロサマのための盆棚は八月一三日に屋内の仏壇の脇やオクとザシキの境で縁側のそばなどに青竹や真菰などで作られるが、それとは別に庭先にオヤマと呼ばれる砂盛りを作るという。オヤマは畑の土で三〇㌢四方くらい、高さ五㌢くらいに土を盛って固めたもので、田んぼの土や川原の砂などで作り、階段も作られている。多くは家屋敷の門の脇に作り、そこにも線香をあげ蓮の造花とキュウリとナスの馬をのせさらにオガラを置くこともある。盆の準備が整うと各家では一三日の夕方に先祖を迎えるために墓に参る。花、里芋の葉にのせたナスを賽の目に切った供物、竹の花筒などを供えて、藁や麦殻あるいは松の根のヒデを燃やす。その後に帰宅して庭先のオヤマでも同じように燃やして迎え火とする。夜は屋内の盆棚に蕎麦を供え家族も同じ蕎麦を食べる。ナスを賽の目に切って里芋の葉にのせたものは盆棚だけでなくオヤマにも供え、ミソハギの葉を束ねて水を三回かけて湿らせる。一四日からは盆棚を参りに来た人たちがオヤマにも線香を立て、その香りが道のそちこちからただよって盆の風景を織りなしていた。先祖を送る

図7　お盆に，庭先に設えられる砂盛．先祖の霊をここに迎える．神奈川県平塚市入野（提供：小川直之氏）

のは一六日で朝と晩は盆棚にご飯を供え、夕方にはオヤマに供物を置き青竹の線香立ての線香に火をつけ麦殻を焼いて送り火とする。ナスとキュウリの馬や供物の生ものは、いったんオヤマのそばに供えたのち真菰にくるんで川に流したり焼いたりする（寒川町　一九九一）。これとよく似た事例は神奈川県下を中心に静岡県下まで概して東海道に沿うような分布圏をもって広くみられるもので、いずれも屋外の装置で先祖の霊を迎えまつる方式を伝えているものである。(15)

〈事例2〉千葉県下の盆の屋外の藁小屋と墓の棚

千葉県下にも一部に盆の先祖をまつる装置を屋外に作る例や墓に棚を作る例が伝えられている。たとえば安房郡千倉町白子では、新盆の家では八月七日に自宅の庭に藁で小屋を建てその中に提灯をつけて高い所に燈籠を作り、それを三年続ける。一〇日には墓地へ行き墓の前に、しのべ竹で盆棚を作る。この墓に棚を作る例は前述の東北地方の習俗にも通じるものと推定される。一三日は迎え火、一四日には親戚の者が顔出しに来て線香をあげるので、その家では酒や魚やソウメンなどでご馳走する。新盆には親戚などから大きな燈籠や岐阜提灯などがたくさん送られるが、最近ではあまりたくさんの提灯をもらっても困るので、代わりにお金を届けるようになっている。一五日が送り火である。

また、この事例で興味深いのは一三日夕方の先祖の迎えと一五日晩の送りに際して、家の近くの道辻に集まって行なわれる「焼米食い食い」の行事である。各家ごとに蓮の葉の上に焼米をのせそれと水とミソハギとをのせたお盆を持って集まってくる。そこで藁火を燃やし、「焼米食い食い、焼米食い食い、水飲み飲み、水飲み飲み、この明りでござらっしゃい（この明りで帰らっしゃい）」と唱えながら、その唱えるたびに焼米一つまみを火に投じ、またミソハギにつけた水も火に投じる。これを順番に家族全員でやるのである（佐久間　一九八七）。これも屋外での先祖へのもてなしの一種ととらえられるものであろう。

この千葉県白子の事例は海岸部の事例であるが、千葉県以外でも関東地方内陸部の茨城県笠間市小原や栃木県下都賀郡都賀町など一部に、盆行事の飲食物のお供えのために墓地へ竹で棚を作る例が知られている（村上　一九八一、都賀町　一九八九）。それらも東北地方に広くみられる墓棚の類の一種に連なるものとして注目される。

第六節　盆棚の地域差とその意味

1　三つの類型

以上、九州地方の南部、東北地方の北部とそれぞれの盆行事の共通性についてみてみた。そして、それらと近畿地方との大きな違いが注目された。また、両者の中間地帯ともいうべき中国・四国地方、関東地方などの例もみてきた。それぞれの地域ごとの特徴として注目できる点は、東北地方北部、九州地方南部では墓地で飲食をし、墓に棚を設けて食べ物を供えていること、中国・四国、中部・関東地方では、庭先や座敷に仏迎えの棚や砂盛を設けていること、近畿地方では墓ではなく、家の仏壇、縁側、軒先に三種類の霊魂を区別しておまつりしていること、この三点である。そこで、九州地方南部と東北地方北部のように、墓地への墓参とともに墓地での飲食による生者と死者との交流をはかっているタイプを第一類型としてとらえてみる。次に、中国地方や四国地方、東海、関東などにみられる、屋外の庭先に盆棚や砂盛などで先祖を迎えるタイプを第二類型とする。そして、近畿地方のように、墓参はしないが、先

表2　三つの類型

	墓参の有無	墓地での飲食の有無	三種類の霊魂の区別の有無
第1類型（東北・九州地方）	○	○	×
第2類型（中国・四国・関東地方など）	○	×	×
第3類型（近畿地方）	×	×	○

○＝有り　×＝無し

祖・新仏・餓鬼仏を明確に区別して、先祖の本仏を屋内の仏壇に、新仏を縁側に、そして餓鬼仏を軒先の雨だれ落ちの外に区別して迎えるというタイプを第三類型としてみる（表2）。

墓参をていねいに行なうのは第一類型と第二類型である。第三類型では墓参をしない例もある。墓地で飲食をするのは第一類型である。第二類型と第三類型ではしない。三種類の霊魂を区別するのは第三類型である。第一類型と第二類型ではしない。

もちろん、このほかにも日本各地の事例では、屋内の座敷に盆棚を設けてその棚の下の隅に無縁仏や餓鬼仏のための供物を供えるというタイプが広くみられる。また仏壇をきれいにしてまつるだけで特に盆棚を設けないというタイプも実際上、広くみられる。しかし、ここで注目した三つの類型の存在も確かである。

これについて、盆の死者供養のあり方においてその対象認識の上で重視されている要素をあげてその比較をしてみると、一つには、死者の遺骸か霊魂か、もう一つには屋外の墓地か屋内の仏壇か、という二つの対比軸が設定できる。そして、図8のような位置づけが可能となる。

第一類型が、死者供養において具体的な遺骸と屋外の墓地とを重視するタイプであるのに対して、第三類型は抽象的な霊魂と屋内の仏壇を重視するタイプである。そして、第二類型がその中間型で、屋内の常設的な装置である仏壇よりも、それに先行したであろう装置と考えられる屋内外に臨時に設けられる盆棚や精霊棚を、まだ重視し伝存しているタイプであると位置づけられる。

2　民俗伝承の地域差とその発信情報

この三つの類型としてとらえられる民俗伝承のそれぞれが発信している情報とは何か。まず確認できるのは、この三つの類型はあくまでもまずは地域差であるということである。そこで、第一に、その地域差がなぜ生じているのか、その理由を考察することが必要である。それぞれが地域ごとの民俗伝承であるということはそれぞれの地域社会において過去に歴史的に形成され、それが現在まで変遷を重ねながら継承されてきている習俗であるということである。したがって、それらの習俗はそれぞれの地域社会を構成するさまざまな要因が関係しあいながら作り伝え、また変遷させ伝えてきたものと仮定できる。では、それらの習俗を作り伝えてきた地域社会のさまざまな要因とはどのようなものか。それは、（1）地理的環境風土からの影響によるもの、（2）歴史的な交流とその影響によるもの、という二つに大別されるであろう。（1）地理的環境風土の上からみれば、東北地方と九州地方とでは大きく異なる。気温の高低差や台風の頻度や豪雪など気候条件がたがいに大きく異なっている。したがって、自然環境に適応することが基本となる生業のあり方や衣食住のあり方やそれらを基盤とする社会関係のあり方などは、東北地方の村落と九州地方の村落とで形成され伝承されてきた民俗伝承はたがいに異なるであろうということは当然想定できる。しかし、ここで対象とした盆行事の伝承の上では、東北地方と九州地方とではたがいに共通点が多く見出されるというのが眼前の大きな問題である。地理的に気候的にまったく異なる地域なのに、盆行事における盆棚と墓参と飲食の伝承が偶然とはいえないほどに類似し共通しているのである。

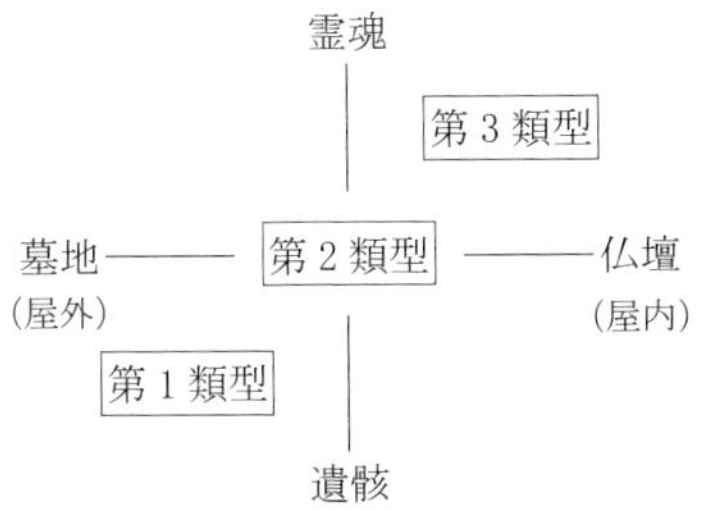

図8　盆の死者供養と供養対象の重視度からみる位置づけ

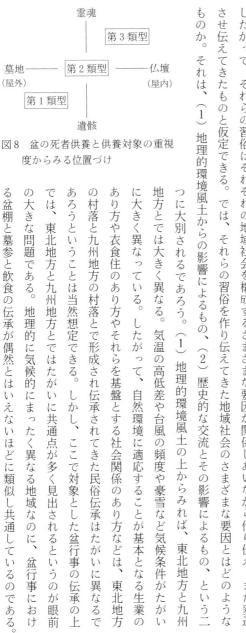

それはなぜか。大きな問題である。

そこで、（2）歴史的な交流とその影響という点について、その可能性を考えてみる。すると、東北地方と九州地方とには共通点がある。それは文化発信装置としての歴史的深度のある平安京、京都という都市を中心とする近畿地方からたがいに遠隔地に位置するという点である。古代の律令国家形成の段階からその後、中世、近世、近代まで長く日本の政治・経済・文化の卓越した先進地また発信地として機能してきた平城京や平安京、とくに京都という都市の存在とその政治力・経済力・文化力の発信という歴史的役割は、日本各地の文化伝承のあり方を考える上で注意する必要がある。つまり、東北地方と九州地方の盆行事の共通性については、その背景として、（1）地理的環境風土からの影響によるもの、ではなく、（2）歴史的な交流とその影響によるもの、であろうという仮説を立てることがここに可能となるであろう。

そこで第二には、その第一類型の墓参習俗、つまり、①墓地をとくに忌避せず家屋敷にも近く設ける、②墓地に往来もしくは庵居して死者をねんごろに供養する、③墓地で死者のために飲食物を供えたりともに飲食をして交流する、というような習俗が、歴史を古代にまでさかのぼってみるならば、かつて近畿地方に存在していたのか否かということが問題となる。そこで注目されるのが、文献記録の上にそのような情報がわずか断片的ながら見出されるという事実である。それが、先に両墓制について論じたところでも指摘しておいた情報などであるが、ここで再確認しておく。

近畿地方の墓地や墓参の歴史情報　では、先祖の遺骸を埋めたお墓でこそ死者の霊魂と交流できると考え、お墓で飲食をする東北地方や九州地方の事例が古い習俗を伝えているものであるかどうか、歴史上の記録を参考にしてみる。

八世紀から九世紀の『日本後紀』など六国史の記事によれば、近畿地方も含め各地に、家のそばに埋葬したり、墓にこもって死者の供養が行なわれたり、墓地で飲食をしていたなどという記事がみられる。たとえば、『日本後紀』

延暦一六年（七九七）正月二五日の条には、「山城国愛宕葛野郡人、毎レ有二死者一、便葬二家側一、積習為レ常、今接二近京師一、凶穢可レ避、宜下告二国郡一、厳加中禁断上、若有二犯違一、移二貫外国一」とあり、山城国の愛宕郡、葛野郡の両郡の人たちの間では、死者あるごとに家の側に埋葬するのが長い間の習慣となっていた。それに対して、このたびの平安京の造営により京師に接近することとなったので、「凶穢避くべし」ということで、これにかたく禁断を加えるとある。この記事から、山城国の愛宕郡、葛野郡の両郡の人たちの間では、平安京の造営までは墓地をとくに忌避せず死者の遺骸を家屋敷の近くに埋葬する例が普通であったことがわかる。

その後も、畿内近国では墓地で死者に哀悼の意を捧げる習慣は根強く残っており、『続日本後紀』承和八年（八四一）三月癸酉（二日）の条には、「右京人孝子衣縫造金継女、居二住河内国志紀郡一、年十二歳、始失二親父一、泣血過レ人、服闋之後、親母許レ嫁、而竊出往二於父墓一、旦夕哀慟、（中略）毎二父忌日一、斎食誦レ経、累レ年不レ息、（中略）、母年八十而死、哀聲不レ絶、常守二墳墓一、深信二仏法一、焚レ香送レ終、勅叙二三階一、終レ身免二戸田租一、旌二表門閭一、令レ知二衆庶一」とある。右京の人、衣縫造《きぬぬいのみやつこ》金継女《かなつぎめ》は河内国志紀郡に住み、一二歳で父を亡くしたが、悲しむこと人に過ぎ、父の墓にいっては朝夕哀慟した。毎年父の忌日には斎食誦経し、母が死ぬとその墳墓を守り、深く仏法を信じて香を焚き、送終のことにあたった、とある。

『日本三代実録』貞観七年（八六五）三月二八日己酉の条には、「近江国言、伊香郡人、石作部広嗣女、生年十五、始以出嫁、三十七失二其夫一、常守二墳墓一、哭不レ断聲、専期二同穴一、無レ心再嫁、量二其意操一、可レ謂二節婦一、勅宜下叙二二階一、免二戸内租一、即表中門閭上」とある。近江国伊香郡の人、石作部広嗣女《いしつくりべのひろつぐのむすめ》は一五歳で嫁にいった。三七歳で夫を亡くし、常に墳墓を守って泣きくらしていた。同じ墓穴に入りたい、再婚は考えない、その意たる操を慮り、節婦というべし、とある。『類聚国史』の人部の節婦の項にはそのような人物についての記事が整理されており、亡き夫や父母の墓の側に庵を結ぶなどして大切に守り、節婦として表彰され免租とされた例が数多く記されている。(16) それらは近畿地方に限らず、全国各地の例であるが、その中にはいまみたように近江国や右京出身で河内国に居住した人物の例もあり、また全国各地の事例であろうとも、なにより中央政府の価値観念に基づいて墓地に庵を結んで死者を偲ぶ行為自体を孝行節婦として評価していたという事実は重要である。

ところが、一〇世紀から一一世紀の摂関貴族の時代になると、死の穢れを極端に忌み避けるようになった。摂関貴族というのは、神聖化されていった天皇の側近くに仕えて政治を行なう存在だから、穢れに触れてはならないと考えられたのである。たとえば、藤原道長たち摂関家累代の墓地である宇治の木幡の墓地は、誰一人参拝する者もなく荒れ果てていた様子が『栄花物語』などには描かれている。『栄花物語』には「真実の御身を斂め給へるこの山には、ただ標ばかりの石の卒塔婆一本ばかり立てれば、また参り寄る人もなし」とある。『浄妙寺願文』(『本朝文粋』)にも、古塚が累々と築かれているさびしいところで、仏教の片鱗もなくただ野生の鳥や猿の声が聞こえるだけの様子が、「古塚累々、幽遂寂々、仏儀不見(中略)法音不聞、只聞渓鳥嶺猿」と書かれている。また、絵画資料としては、「北野天神縁起絵巻」や「餓鬼草紙」などの絵巻物類にも、墓地では遺骸が放置されており、犬や鳥が遺体を食い荒らしている様子が描かれている。

しかし、その後、摂関政治の時代が終わり、平安時代末期の院政期を経て、武家の時代になると、貴族の触穢思想だけが強調される時代ではなくなる。その鎌倉時代を経て室町時代になると、たとえば『師守記』貞和五年(一三四九)七月一四日の条には、「早朝、霊山寺近くの中原家の墳墓に墓参。夕刻邸内で盂蘭盆講。山科より盆供の籠到来」とある。一四世紀の京都の公家たちの間では、墓参りが行なわれるようになっていたことを知ることができるのである。

つまり、墓参の習俗の変遷についてその大きな傾向性ということで考えるならば、平安京を中心とする近畿地方においては、第一段階として八世紀から九世紀には先祖の遺骸と墓地を大切にする状態、第二段階として一〇世紀から一二世紀には死の穢れを忌み避けて墓参をしない状態、第三段階として一四世紀から一五世紀以降は再び先祖の眠る墓地を重視して墓参をする状態、という三段階の大きな変化があったと考えられる。

そして、その近畿地方の民俗では、前述のように民俗の上でもまだ墓地を死穢の場所として忌避して墓参をしないという地域が円環状に残っているのである。つまり、民俗の中に残されている歴史情報というのはかんたんには消滅していない、必ずその痕跡を残しているのである。それらがたとえ希少な事実となっていても決して無視することはできない。貴重な希少な歴史情報を見逃すことになるからである。民俗伝承とは、墓参の上でも歴史的に段階的な変化があったことを教えてくれている歴史情報の一つなのである。

霊魂観念の変化　その近畿地方の盆行事の伝承の上でもう一つ注目されるのが、霊魂観念の複雑化という歴史的変化である。先祖を、すでにまつりを受けている本仏、死んだばかりの不安定な新仏、そして無縁の亡者たちの餓鬼仏、というふうに三種類の霊魂を近畿地方の盆行事の民俗では明確に区別するようになっているという事実である。無縁や餓鬼というのはもともと仏教の観念である。それが民間の習俗の中にも定着しているということは、仏教の教えが中世から近世にかけて、貴族や武士だけでなく庶民にまで深く浸透し普及してきた影響があると考えられるのである。

このような近畿地方の複雑な歴史に比べると、東北地方や九州地方では、そのような摂関貴族の触穢思想の影響をあまり受けていないのではないかと考えられる。摂関貴族の触穢思想の影響を、歴史的に強く受けてきた近畿地方と、あまり受けてこなかった東北地方や九州地方という違いが、民俗の上に反映しているものと考えられるのである。そうしてみると、盆行事にみる地域ごとの差や事例ごとの差は、歴史的な変遷の、時代ごとの段階差を示しているということが推定されてくる。柳田が提言した民俗伝承の「遠方の一致」への注目、それは古い時代の伝承の存在への注目という意味で理解できるであろう。

遠方の一致　柳田國男は民俗伝承の読み解きの上で「遠方の一致」に注目するようにと提言していたのだが、墓地で飲食をする習俗が東北地方北部と九州地方南部とに伝承されており、まさに「遠方の一致」をみせているということである。

柳田國男の『蝸牛考』（昭和二年〈一九二七〉）は方言周圏論という語とともに知られる柳田の代表的な論文である。「平凡なる不思議」という表現で、たとえば蜘蛛《くも》や土鼠《もぐら》などほとんど全国共通の言葉と、蝸牛《かぎゅう》や班魚《めだか》など地方ごとに数百にものぼる異名がある言葉とについて、それはなぜかという疑問から、蝸牛の例で考えてみようというものであった。そこで、その蝸牛、つまりカタツムリとかデンデンムシと呼ばれる虫の呼び名を全国各地から集め、近畿地方ではデンデンムシ、中国地方・中部地方ではマイマイ、四国地方・関東地方ではカタツムリ、東北地方と九州地方ではツブリ、東北地方北部の一部と九州地方の南西部の一部ではナメクジと呼ばれている事例があることに注目した。文献では平安時代中期、九三〇年代に編まれた『和名類聚抄』に、その当時の京都では「加太豆布利《かたつふり》」と呼ばれていたことが書かれている。また江戸時代前期、一六八〇年代の黒川道祐『日次記事』には、当時の京都では子どもたちが「出出蟲蟲《ででむしむし》」と呼ぶようになっていたことが書かれている。そのような文献史料をも参照した上で、柳田は、中央で生まれた新しい言葉が、次々と地方に伝播していく現象、そして新しい言葉が古い言葉に変わっていき、古い言葉は周縁に押しやられていくという現象が、方言の分布の上に現れているのだと考えた。つまり、長い間、文化の中心であった京都からみて、日本列島の最も周縁部である東北地方北部と九州地方の南西部にはたがいに直接の関係はないものの、方言の上で「遠方の一致」という現象をみせながら、一番古い言葉が残っているというのである。文献史料だけからみれば、平安時代の『和名類聚抄』のカタツムリが一番古い言葉ということになってしまうが、方言や民俗の伝承資料からみれば、記録には残っていないがそれよりも古い言葉がナメクジであったことがわかるというのである。つまり、文献では明らかにならない歴史が、民俗からはわかるというのであった。文献史料には残されていない歴史事実は膨大であったはずである。それらについては民俗という伝承資料を全国各地から収集し整理して分析し解読していくことによってその一部でも明らかにしていくことができるであろうという画期的な提案であった。

それに対して、戦後の民俗学は、柳田國男が提唱した比較研究法、方言周圏論や重出立証法などと呼ばれるものについて、その内容をよく吟味することなく、要素主義とか語彙主義という名前をつけて批判し否定してきた。この『蝸牛考』で示した視点と方法は「方言周圏論」という語に集約されてしまい、戦後の民俗学では一九七〇年代後半以降、民俗学の内部からもまた外部の言語学からも批判され否定されてしまったのであった。民俗学の内部からは方言の分布はそのような単純なものではなく、それぞれの地方で歴史的で系統的な差異が大きいという批判であった。国語学からは一九五〇年代に東条操や金田一春彦たちの実証的な論点からの、方言には周圏論の適用が可能なものもあるが、孤立変遷や多元的発生という現象も多く見出されるという指摘があった(東条　一九五〇、金田一　一九五八、楳垣　一九五八、長尾　一九五六)。ただし、一九七〇年代になると、馬瀬良雄や柴田武など一部では周圏論が有効であることも論証されていった。(馬瀬　一九七七、柴田　一九八〇)。その後、アホとバカの歴史の追跡と併せた周圏論も発表されて話題となった(松本　一九九三)。

折口信夫は、「柳田先生の方言研究が、世の器械的方言研究家と違ふ点は、方言を以て、民俗を印象したもの、民間伝承の手形としてとり扱はれる点にある。つまり民俗学派の方言研究と、単なる言語学派の方言研究とのひらきのある所だ」と述べている(折口　一九三五)。柳田は方言や民俗語彙に「民間伝承の手形」つまりそこに暮らしている人びとの生活、意識や観念もあらわれていると考えていたのである。この点も含めて、民俗の伝承実態として地域差や分布傾向があるという事実に注目する柳田の視点と方法の有効性については、その否定や肯定も含めて何よりも民俗調査の現場から実践的な検証が求められているといってよい。民俗としては方言の言葉も生活の民俗も伝承であることは共通している。その伝承というのは、過去と現在とをつないでいるものである。つまり、民俗とは一定の歴史的深度をもって伝えられてきている生活文化である。したがって、民俗という伝承文化を考える上では、歴史上の文献記録を参照するのは当然のことである。民俗を考える上で歴史記録を参照しないことなどありえない。

日本民俗学が文化人類学や社会学や文献史学とは異なる独自の歴史科学であるということを提唱していた柳田國男の著作をていねいに直接よく読み取ることが必要であり、それによって学び直すべき点はまだ多い。そしてもちろんそれにとどまらず、歴史世界における伝承と変遷という動向を追跡し分析する学問としての独自性が今後さらに隣接の学問世界にも理解されることが大切だと考える。

戦後の民俗学では、比較研究法の真意が理解されず否定されたこともあり、代わりに地域研究法または個別分析法といって、個別具体的な村落の民俗の調査と分析を行なうという方法が主流となった。そうしてこれまで個別の事例の情報収集と分析は一定程度、蓄積されてきている。しかし、それだけでは社会学や文化人類学と、民俗学との違いが明らかではない。同じような学問ということになってしまい、その存在証明が求められているのが現状といってよい。したがって、これからは個別事例研究を進めながらも、同時にそれらを総合化して、広く日本列島全体の民俗伝承の実態を俯瞰しながら、地域ごとの差異に注目して比較研究の視点と技法を磨き検証していき、その意味を考えることが重要な課題となっている。

3　従来の所説と本章との共通点と相違点

では、本章で論じたことと、柳田以来の従来の民俗学の所説とは、どこが共通しどこが相違するのか、何が本章の新しい見解なのか、ここでそれについてまとめておく。

まず第一に、柳田の指摘についてであるが、それは『先祖の話』の文章にしても非常に多岐にわたって複雑である。ここでは前述のような二点、つまり（1）本仏、新仏、無縁仏の三種類の霊魂の区別は新しい変化の結果であり、盆の行事の基本は先祖の魂祭りであった、（2）その先祖の魂祭りに付随するかたちで外精霊などと呼ばれる群霊への供養が仏教の感化もあって加わって盛んとなり、やがてそこから死んでまもない近親者の新仏の供養が中心のように考えられてきた、というこの二つの見解については、本章の追跡結果と一致するといってよい。そしてまた、古くは死者や先祖の霊魂のまつりの場や群霊へのほかいの場は屋外であった、というのも本章の論旨と一致する。ただし、本章はより多くの民俗情報を収集整理した上での結論である。

また、盆行事と飲食物についても、盆の供物は餓鬼仏のためのものなど家族は決して食べずに流し捨てるという理解が、筆者たちの近年の民俗調査の現場では一般的に了解され共有されてきているのであるが、その点について柳田は、「これが初秋の魂祭に伴のうて、最初からあったものとは思われぬ以上、この点は少なくとも仏教の感化、またはその刺戟に基くものと言ってよかろう」と述べて、仏教の感化による新しい変化であろうととらえている（柳田一九四六）。この点についても、本章での追跡からあらためて一致するということが指摘できる。第一類型では、死者や先祖とともに飲食するのが基本であった。そして、第二類型の中にも、たとえば愛知県下の後藤淑「奥三河の盆行事」では、盆の供物の準備は家の主婦が縁側でするが、一三日の仏様への供物はシイタケ、ジャガイモ、油揚げの煮しめにご飯で、家族も同じものを食べる（後藤　一九八一）、とあり、また神奈川県高座郡寒川町の『寒川町史』の事例報告でも、オショロサマを迎えた一三日の夜は屋内の盆棚に蕎麦を供え家族も同じ蕎麦を食べる、とある（寒川町　一九九一）。つまり、盆の魂まつりにおいても死者や先祖と共同飲食することが基本的に大切なこととされてきたのであり、柳田はすでにそのことを指摘していたのである。

次いで第二に、最上孝敬から伊藤唯真、高谷重夫、喜多村理子までの先行研究とその解釈についてであるが、その論旨は、本章の文脈からみれば、第二類型から第三類型への変化と変遷というその過程が地域ごとの盆棚の設けられ方の相違の中に伝承されている、という指摘であった（最上　一九六〇、伊藤　一九七八、高谷　一九八五、喜多村　一九八五）。そして、それは本章の論旨と共通するものといってよい。筆者はかつて各地の事例ごとの差異が歴史的な変遷の差異であるという解釈には一定の距離を置く視点に立っていたため、前稿では地域差は地域差として認める立場に立っていた。しかし、本章ではあらためて柳田の比較研究法に学び直すという視点に立って、東北地方や九州地方に伝承されている第一類型と位置づけられる諸事例の存在確認を行ない、そこから第一類型の位置づけへ、そして第二類型の意味確認へ、そして第三類型の歴史的な意味とは、という盆行事の歴史と民俗の上での変遷論を試考してみたわけであるが、その変遷論的な想定は、本章の第一類型をも含めた新たな視点によるという条件付きで基本的に共有できるものであるというのが結論である。

第三に、本章の独自の論点をまとめておくことにする。それは、既述のように以下の諸点である。

（1）日本列島の広がりの上からみると、先祖・新仏・餓鬼仏の三種類の霊魂の性格とそれらをまつる場所とを屋内外に明確に区別してまつるタイプ（第三類型）が中心部の近畿地方に顕著にみられるのに対して、それをあまり区別しないで屋外の棚などでまつるタイプ（第二類型）が中国地方、四国地方、それに東海、関東などのいわば中間地帯に多くみられ、そして、やはりとくには区別せずにしかも墓地に参ってそこに棚を設けたり飲食するなどして死者や先祖の霊魂との交流を行なうことを特徴とするタイプ（第一類型）が東北、九州などの外縁部にみられる、という傾向性を見出すことができる。

（2）死者や先祖の霊魂をまつる盆行事の歴史は列島規模で立体的な変遷史を歩んできており、現在では東北地方の一部や九州地方の一部に伝えられている第一類型の習俗は、古代の八世紀から九世紀の日本では近畿地方においてもみられた習俗に通じるものである。その当時は近畿地方以外にもその第一類型に通じるような習俗は日本各地に広くみられたことが、現在の民俗の分布の上からも古代の文献記録の情報からもここに推定される。

（3）現在、近畿地方に濃密に分布がみられる第三類型の習俗は、その後の京都を中心とする貴族や武士や社寺関係者などが先行したと推定される霊魂観念の変化の結果として生まれてきた習俗であると考えられる。

（4）その第三類型と第二類型の分布上の事実から、第三類型の習俗に先行して生じていたのが第二類型の習俗であったと推定される。

（5）つまり、盆行事の変遷の上からみれば、第一類型が古く、第二類型がそれに次ぎ、第三類型がもっとも新しく生まれた習俗であると推定される。

（6）柳田の提唱以来、その後十分な検証がなされなかったこともあってまだ未熟な段階ではあるが、このように民俗情報（地域差を含む民俗の伝承が発信している資料情報）を歴史情報（歴史的な変遷過程を示唆する資料情報）として読み解くためのさらなる方法論の研磨を試みていくことによって、文献記録だけからは明らかにできないような列島規模の生活文化の立体的な変遷史を明らかにしていける可能性がある。

おわりに

本章は、はじめに岩本通弥による戦後民俗学批判を受けて、あらためて柳田の構想していた民俗学の基本の中にあった民俗の変遷論への再注目から、柳田の提唱した比較研究法の活用の可能性を論じたものである。盆行事など一定の歴史的深度を有し、地域差の大きい民俗について比較研究法を活用することが有効であるという実践例として位置づけられるが、その一方、民俗情報を収集し整理して比較していく上でのいわば「画素」としてはまだまだ粗い。これをより精緻化していくために、詳細な事例情報の集積を行なっていくことが今後の課題である。比較研究法の可能性を具体的な論文として示し、民俗学が文化人類学や社会学などの隣接科学と学際協業を進めていくためにもそれらとどこが違うのか、民俗学の独自性、独創性を明確にしていくために、柳田の提唱した比較研究法の有効性を実証しつつ、それにとどまることなくさらに研磨し研鑽してその成果を実践的に提示していくこと、それこそが現在の日本の民俗学にとってもっとも重要な作業であると考える。

注

（1）　福田アジオが『日本村落の民俗的構造』（弘文堂、一九八二）、『日本民俗学方法論序説』（弘文堂、一九八四）などその論著のなかで繰り返し批判してきた点であるが、たとえば「民俗の母体としてのムラ」（福田　一九八四）の、「民俗学と村落」という項目では、「実際に研究成果として示されるものは、村落社会において伝統的に保持されてきた諸事象の集積・分類・配列であり、その結果としての村落社会における諸事象についての全国的規模での変遷の仮説である。しかし、村落社会そのものの研究はほとんどおこなわれてこなかった。（中略）これは、研究法が資料の全国的規模での集積を前提として、その各地の形態の差異の比較から変遷を明らかにするものであり、その資料となる個別の事例が、なぜ特定の村落でそのような姿で伝承されてきているのかは関心の外だったからである。」と書かれている。

（2） 柳田は、「我々の郷土研究は前述のごとく研究の地域を小さく限るといっても、目的は全日本を対象としているのであるから、フランスなどで称えられているいわゆる劃地主義の研究とは異り、狭く限ったこの研究地域は、すなわち全国的な比較綜合のための基礎の単位なのである」（「民間伝承論」『柳田國男全集』二八）と述べる。柳田にとっての地域の位置づけについて、岩本は「調査はインテンシヴに地域住民の『生活』をトータルに把握するためにも『地域を或程度まで小さく限る』ことが必要であるが、目的はあくまで『国民総体の生活誌』（『定本柳田国男集』二四）であり、目的を異にするために、『ジェネップ Gennep などの劃地主義研究』は採用しないと明言している」（岩本　二〇〇六）といい、柳田の視点は「変化」を基調においた文化論にあり、福田の個別研究法、伝承母体論の提唱による地域・村落・地方の個別の特徴を明らかにすることなどではなく、列島規模で民俗の変遷をみようとしていたと述べ、そもそも明らかにしようとしている問題が異なっていた、と指摘している。

（3） 岩本は、和歌森が、ドイツの民俗学者ハンス・ナウマンの基層文化論を誤解したことにその原因を求めている。そのH・ナウマンの基層文化論は「民俗財は上層で作られる」というもので、その基層文化と表層文化という二層論学説の核心は、地方の民俗はすべて都市の上層で創造されて地方へ沈降するというものであった。「フォルクは生産せず、再生産するのみ」というのである（ハンス・ナウマン著、川端豊彦訳『ドイツ民俗学』岩崎美術社　一九八一）。それは戦前のドイツの民俗学における表層文化と基層文化、上層文化と下層文化という文化の二層論の中で、一方で主張されていた地方の農村文化にこそドイツの伝統的な民族文化が見出せるというロマン主義的民俗学を否定するものであった。H・ナウマンの「基層文化」を日本で導入したのは哲学者で思想家の務台理作で、務台は「郷土文化と教育」（『表現と論理』弘文堂　一九四〇〈初出一九三八〉）の著者でもあり、戦前の東京文理科大学教授をつとめており、そこで岩本は戦後の東京教育大学教授であった和歌森との接点が想定されるという。務台の基層文化論は、H・ナウマンをも含むドイツ民俗学の基層文化論を参考にしつつ、基層文化の中に上層文化における原型なるものがありこの二層の文化を総合的にとらえることが真の国民文化を理解することであるとするものであったが、和歌森によって「郷土レベルの民俗文化に戻された」（岩本同論文七三頁）ために、基層文化論が誤って受容されていったと指摘している。

（4）その固定化させてとらえる研究の代表例として、岩本は福田の東と西の類型化した『番と衆—日本社会の東と西—』（吉川弘文館　一九九七）などによる村落の東西比較論をあげて批判している。

（5）「幸いにして都鄙遠近のこまごまとした差等が、各地の生活相の新旧を段階づけている。その多くの事実の観測と比較とによって、もし伝わってさえいてくれるならば、だいたいに変化の道程を跡付け得られるのである」（柳田　一九九〇〈一九四六〉）。

（6）変化の跡を示すような情報の例として、「仏教を頼んで亡霊を遠い十万億土へ送り付けてしまうことを、唯一の策とするようにもなったのである。しかもその方法もそう容易なものと考えられなかったために、古来の我々の先祖祭は、大へんに煩わしいものとなり、毎年この季節が来るとさまざまの外精霊、無縁ぼとけ等のために、別に外棚、門棚、水棚などという棚を設け、または先祖棚の片脇に余分の座をこしらえて、供物を分ち与えることを条件としなければならぬようになった。墓は元来が先祖の祭場だったのだけれども、そこも屋外であるゆえに内外の境が立てにくく、せっかくそれがあるのにふたたびまた家の奥の間まで、先祖さまを迎えて来るかそうでなければこの周囲の群霊の供養に、重きを置かなければならぬことになった。それが奥羽や四国の端々に伝わっているホカイであり、また盆という名称のよって来たるところでもあったと、私は言おうとしているのである」（柳田『先祖の話』一二六—一二七頁）、と述べているように、もともと墓こそが先祖の祭場であったのが、のちに家の奥の間に先祖を迎えるようになり、その一方で周囲の群霊の供養をも重視するようになった、その屋外での霊の供養という古いあり方が奥羽や四国の端々に伝わっているホカイであるというのであり、そのような盆行事の歴史的変化への注目であった。

（7）『延喜式』の巻三三（大膳下）「七寺盂蘭盆供養料。東西寺、佐比寺、八坂寺、野寺、出雲寺、聖神寺。寺別餅菜料、米一斗四合、糯米二斗、（中略）小麦一斗四合、大豆五升、（中略）小豆一升二合、胡麻子六升、胡麻油七升、（中略）味醬二升五合、酢三升六合、（中略）塩七升八合四勺、昆布半帖、（中略）青瓜一百十顆、茄子二斗、（中略）李子、梨子、桃子各四升、荷葉三百枚、炭六斗、薪二百四十荷、（後略）」からは、当時は、自宅に先祖の霊を迎えてまつるとか墓参りを行なうというのではなく、七寺へ供物を持っていって盆の供養を行なう寺参りという形態がとられていたことがわかる。

（8）『明月記』寛喜二年（一二三〇）七月一四日条「近年民家今夜立長竿、其鋒付如灯楼物、張紙、挙燈、遠近有之、逐年其数多、似流星、人魂著綿」とあり、京都の民家では長い竿を立てて灯籠を下げて先祖の霊を迎えた様子が流星のようだと示されている。各家で死者の霊を迎えることが、この一三世紀はじめ頃から行なわれていたと考えられる。

（9）『師守記』貞和五年（一三四九）七月一四日条に、「早朝霊山寺近くの中原家の墳墓に墓参。夕刻邸内で盂蘭盆講。山科より盆供の籠到来」。翌一五日条に、「邸内で先祖諸霊への霊供。二親（父師右と母顕心尼）へ二膳と姉たちへ二膳で計四膳」とあり、これらから一四世紀半ばから一五世紀半ばには、菩提寺の墓地へ墓参や邸内での盆供が行なわれていたことがわかる。盆供としてお膳を先祖一人ひとりに供えていたことから、棚のようなしつらえもなされていたことが推測される。

（10）『十輪院内府記』文明一三年（一四八一）七月一四日条「及晩調座敷設盆供」、一五日条「盆供如恒、先祖以下廿四膳供之」。

（11）『徒然草』第三十段。

（12）中仙支部「山際部落の生活—中仙町大神成部落民俗調査報告書—」（秋田県文化財保護協会編『調査研究報告書　昭和三二年度』一九五八）、明治大学社会学研究部『昭和三七年度夏期実態調査報告書—同族制村落のモノグラフ—』一九六三、三浦貞栄治・小林文夫・三崎一夫・嶋田忠一・武田正・山本明『東北の葬送・墓制』（明玄書房　一九七八）、長山幹丸・伊藤忠温・ぬめひろし『秋田農村歳時記』（秋田文化出版社　一九七六）、『中仙町史』一九八九、藤田秀司「迎え火・送り火—秋田県の盆行事—」（『秋田民俗』二　一九七五）、などに関連の記述がある。

（13）永沢正好・市原輝士・松本麟一・坂本正夫『四国の歳時習俗』（明玄書房　一九七六）、『日本の民俗』三六徳島県・三七香川県・三八愛媛県・三九高知県（第一法規　一九七三）、梅野光興「祖霊は水辺に集う—高知県の盆行事から—」（『国立歴史民俗博物館研究報告』九一、二〇〇一）ほか。

（14）国立歴史民俗博物館基盤研究「高度経済成長とその前後における葬送墓制の習俗の変化に関する調査研究」二〇一一年一一月一三日研究会における大本敬久の研究発表による。

（15）神奈川県下でも北部の津久井郡一帯や南部の三浦半島地域ではこの砂盛りの習俗はみられず、とくに東海道の沿線一帯に分布しているという事実は、この砂盛りの習俗が道筋を掃除（キヨメ）して賓客を迎える習俗で、大名の参勤交代をめぐる仕来りなど近世の歴史と習俗からの一定の影響による砂盛りという民間習俗の街道筋における生成や変遷が推定されるところである（参考：久留島浩「盛砂・蒔砂・飾り手桶・箒—近世における「馳走」の一つとして—」『史学雑誌』九五—八　一九八六など）。

(16) 神護景雲二年（七六七）二月の対馬国の高橋連波自米女、宝亀三年（七七二）十二月の壱岐郡の直玉主売、弘仁一四年（八二三）三月の下野国吉弥侯部道足女、天長元年（八二四）一一月の下野国の三村部吉成女、天長二年（八二五）三月の常陸国の丈部子氏女、天長四年（八二七）正月の豊前国の難波部首子刀自売、天長五年（八二八）三月の筑前国の難波部安良売、承和一一年（八四四）五月の甲斐国の伴直富成女、承和一三年（八四六）五月の武蔵国の刑部直眞刀自咩、仁寿四年（八五四）五月の加賀国和邇部広刀自女、貞観七年（八六六）三月の近江国石作部広嗣女、貞観一三年（八七一）二月の出羽国の大荒木臣玉刀自、貞観一五年（八七三）六月の出羽国の伴部小椋売、仁和元年（八八五）二月の加賀国の道今古、などが墓の側で死者を偲び続けて節婦として表彰され免租されている。

参考文献

愛知県教育委員会　一九六七『矢作ダム水没地域民俗資料調査報告』二

荒尾市史編集委員会編　二〇〇〇『荒尾市史　環境・民俗編』

伊藤唯真　一九七七「師守記にみる中世葬祭仏教―墓・寺・僧の相互関係を中心として―」（『鷹陵史学』三・四）

伊藤唯真　一九七八「盆棚と無縁仏」（大島建彦編『講座日本の民俗六　年中行事』有精堂）

岩本通弥　一九九三「地域性論としての文化の受容構造論―「民俗の地域差と地域性」に関する方法論的考察―」（『国立歴史民俗博物館研究報告』五二）

岩本通弥　一九九九「「節用禍」としての民俗学」（『柳田國男全集月報』一七）

岩本通弥　二〇〇二「「家」族の過去・現在・未来」（『日本民俗学』二三二）

岩本通弥　二〇〇六「戦後民俗学の認識論的変質と基層文化論―柳田葬制論の解釈を事例にして―」（『国立歴史民俗博物館研究報告』一三二）

岩本通弥　二〇〇八「可視化される習俗―民力涵養運動期における「国民儀礼」の創出―」（『国立歴史民俗博物館研究報告』一四一）など

梅田之　一九四三「熊本御船地方の盆」（『民間伝承』九―三）

愛媛県教育委員会　一九六八『県境の民俗―城川町・津島町民俗資料調査報告―』二八頁

愛媛県史編さん委員会編　一九八四『愛媛県史　民俗下』
折口信夫　一九六七（一九三五）「地方に居て試みた民俗研究の方法」（『折口信夫全集』一五）
鹿児島県教育委員会　一九七七『民俗文化財緊急調査報告書　甑列島の民俗』
菊池利雄　一九七三「盆の酒盛り」（『秋田民俗』一）
北上市教育委員会　二〇一五『北上の年中行事―四季を彩る現在の年中行事―』（北上市文化財調査報告書四）
喜多村理子　一九八五「盆に迎える霊についての再検討―先祖を祭る場所を通して―」（『日本民俗学』一五七・一五八）
金田一春彦　一九五三「辺境地方の言葉は果たして古いか」（『言語生活』一七）
後藤淑　一九八一「奥三河の盆行事」（『民俗と歴史』一二）
小林梅次　一九五六「相模のツジと盆柱」（『かながわ文化財』五）
小林梅次　一九六四「盆行事の研究」（『藤沢民俗文化』一）
小松理子・金丸良子　一九七五「鳥羽・志摩の盆―三重県鳥羽市石鏡町を中心として―」（『民俗と歴史』一）
佐久間明美　一九八七「千葉県白子の焼米食い食い」（『民俗と歴史』一九）
寒川町編　一九九一『寒川町史一二　別編民俗』
柴田武　一九八〇「方言周圏論」（『蝸牛考』岩波文庫解説）
新谷尚紀　一九八六『生と死の民俗史』木耳社
新谷尚紀　一九九二『両墓制と他界観』吉川弘文館
新谷尚紀　一九九二「両墓制と葬送墓参」（前掲『両墓制と他界観』所収）
新谷尚紀　二〇〇三「墓地と死穢―民俗は歴史の投影である―」（『歴博』一二一、のちに『柳田民俗学の継承と発展』所収）
新谷尚紀　二〇〇三「盆」（新谷他編『暮らしの中の民俗学二　一年』吉川弘文館）
新谷尚紀　二〇〇五『柳田民俗学の継承と発展』吉川弘文館
新谷尚紀　二〇〇八「石塔と墓籍簿」（『国立歴史民俗博物館研究報告』一四一）
新谷尚紀　二〇〇九『伊勢神宮と出雲大社―「日本」と「天皇」の誕生―』講談社
新谷尚紀　二〇一一『民俗学とは何か―柳田・折口・渋沢に学び直す―』吉川弘文館

新谷尚紀　二〇一三『伊勢神宮と三種の神器—古代日本の祭祀と天皇—』講談社
鈴木通大　一九九〇「盆の砂盛りについて」（相模民俗学会『民俗』一三七・一三八）
鈴木通大　一九九二「神奈川県下にみられる盆の砂盛り習俗について」（『神奈川県立博物館研究報告』一八）
関沢まゆみ　一九九九「長老衆と死・葬・墓」（新谷尚紀編『死後の環境』昭和堂所収）
関沢まゆみ　二〇〇五『宮座と墓制の歴史民俗』吉川弘文館
関沢まゆみ　二〇〇五「長老衆と葬墓制」（前掲『宮座と墓制の歴史民俗』所収）
関沢まゆみ　二〇〇五「男女別・年齢別の墓地をめぐる問題」（前掲『宮座と墓制の歴史民俗』所収）
関沢まゆみ　二〇〇七「宮座祭祀と死穢忌避」（関根康正・新谷尚紀編『排除する社会　受容する社会』吉川弘文館）
高田陽介　一九八六「境内墓地の経営と触穢思想」（『日本歴史』四五六）
高谷重夫　一九八五「餓鬼の棚」（『日本民俗学』一五七・一五八）
竹田聴洲　一九七一『民俗仏教と祖先信仰』東京大学出版会
鳥海町町史編纂委員会・鳥海町企画課編纂　一九八五『鳥海町史』
都賀町史編さん委員会編　一九八九『都賀町史　民俗編』
東京女子大学民俗調査団　二〇〇三『綾戸の民俗誌—滋賀県蒲生郡竜王町綾戸—』
東条操　一九五〇「方言周圏論と方言区画論」（『国語学』四）
東洋大学民俗研究会　一九八〇　昭和五四年度調査報告『上小阿仁の民俗』
内藤吉助　一九四三「秋田毛馬内町の盆習俗」（『民間伝承』九—三）
長尾勇　一九五六「俚諺に関する多元的発生の仮説」（『国語学』二七）
長沢利明　一九九四「座間市における盆の砂盛り」（相模民俗学会『民俗』一五〇）
中仙支部　一九五八「山際部落の生活—中仙町大神成部落民俗調査報告書—」（秋田県文化財保護協会編『調査研究報告昭和三二年度』）
中野佳枝　二〇二一「神奈川県の盆の砂盛り—文献に見られる砂盛りと近年の調査からの報告—」（『民俗学論叢』三六）
農山漁村文化協会　一九八六『日本の食生活全集五　聞き書　秋田の食事』農山漁村文化協会

楳垣実　一九五八「方言孤立変遷論をめぐって」（『言語生活』二四）
原田敏明　一九五九「両墓制の問題」（『社会と伝承』三—三）
平林章仁　二〇〇七『神々と肉食の古代史』吉川弘文館
弘前大学　二〇〇五　弘前大学人文学部宗教民俗学実習報告書『夏泊半島における宗教民俗誌』
福田アジオ　一九八二『日本村落の民俗的構造』弘文堂
福田アジオ　一九八四『日本民俗学方法論序説』弘文堂
福田アジオ　一九八四「民俗の母体としてのムラ」（『日本民俗文化大系八　村と村人』小学館）
福田アジオ　一九九二『柳田國男の民俗学』吉川弘文館
福田アジオ　一九九七『番と衆—日本社会の東と西—』吉川弘文館
福田アジオ　二〇〇三「誤読しているのはだれか」（『日本民俗学』二三四）
藤原相之助　一九三四「秋田県仙北郡生保内地方」（『旅と伝説』七—七特集「盆行事号」）
藤原正教　一九四八「御船地方の年中行事」（『民間伝承』一二—一一・一二）
文化庁　一九六九『日本民俗地図』Ⅰ（年中行事Ⅰ）
文化庁文化財保護部　一九九〇『無形の民俗文化財記録第三三集　盆行事Ⅰ　岡山県』
馬瀬良雄　一九七七「方言周圏論再考」（『言語生活』三一二）
松本修　一九九三『全国アホ・バカ分布考』太田出版
丸山学　一九四八「阿蘇の年中行事」（『民間伝承』一二—一）
武藤鐵城　一九三四「秋田盆行事二例」（『旅と伝説』七—七特集「盆行事号」）
村上葉子　一九八一「茨城県小原の盆と隣町宍戸の盆」（『民俗と歴史』一一）
明治大学社会学研究部　一九六三『昭和三七年度夏期実態調査報告書—同族制村落のモノグラフ—』
最上孝敬　一九五六『詣り墓』古今書院
最上孝敬　一九六〇「無縁仏について」（『霊魂の行方』名著出版）
柳田國男　一九六三（一九四八）「仲人及び世間」『婚姻の話』（『柳田國男全集』一五　ちくま文庫）

柳田國男　一九九〇（一九四六）「先祖の話」（『柳田國男全集』一三　ちくま文庫）
柳田國男　一九九〇（一九三四）「民間伝承論」（『柳田國男全集』二八　ちくま文庫）

第二章　盆行事の構造

――七月は盆の月――

第一節　一年両分性と朔望上弦下弦のリズム

これまでの年中行事の研究において一年間の春夏秋冬のめぐりはそれぞれ一月《ひとつき》ごとのリズムの中にあるが、それと同時に、冬から春への正月と、夏から秋への盆月とで、一年を二つに区切る意味の行事が集中しているということに注目したのが柳田國男や折口信夫であった（柳田　一九三二、折口　一九三〇―一九三二）。

柳田は「民間暦小考」において、正月の一五日を中心として、月の上弦の七日の日が厳重の物忌みのはじめだったとすると、それからさかのぼって一二月八日までが、散斎の三〇日間になるといい、毎月の月の朔望上弦下弦が一年の行事をつくっているといっている。そして、秋の第一次の望の夜である盆の月と正月の第一次の望の夜である一五日の前夜とが、一年を両分すると述べている。つまり、年中行事は毎月の朔望上弦下弦という目に見える循環の中にあり、望の日が祭りで上弦下弦はそのための斎忌の日である、そして、一年間を通してみると正月の望の夜と盆の望の夜とには共通する行事が多く、年中行事はそこで一年を両分するかたちとなっているというのである。

一方、折口は「年中行事」において、日本の年中行事に通じてみられる根本の論理は、「繰り返し」ということであるという。春にやったことを夏、秋というふうに繰り返して行なう。元来、神来臨の時期というものは年に一回でよい。昔は、神は初春に一度来て、その土地のなりものが、よく出来るようにと土地の精霊に約束させればよいのであった。それでは心細いと思うので、一年を小さく区切って、正月を幾度も行なうようになったので、たびたび神が来る事になったという。

そして、折口はその神について次のように述べている。昔の人が、来ると考えていた神は、ずっと古代にあっては魂が来たのだが、次第に変化して、われわれにわかる時分になると、力の強い、神とも妖怪ともわからないもので、土地の為に、村の周囲を取り巻いている、村に同情の無いものを、抑えつけた。それは村に特別に縁故のあるもので、日本では祖先の霊魂だと考えている。それが純化して神となり、不純なものは、妖怪変化と考えられるようになった（折口　一九六七〈一九三〇―三二〉）。

柳田は、六月の末から七月へかけては、年の改まる時で、暮れにやった、たままつりを盆にもう一度する習慣を生んできたのだといい、折口も、正月から一二月までを一続きに一年と考えないで、六月を境に一年を二期に分けて考えたのだといい、それは柳田と共通していた。

折口の「繰り返し」については、この一年両分（盆と正月の朔望上弦下弦の行事の循環）だけでなく、「正月について考へて見ても、正月の中に、正月を重ねてゐる。元日に続いて、七日正月を迎へ、更に一五日を、小正月と言うてゐる。（中略）暦が、幾度にも渡来したばかりでなく、日本人は何度も繰り返さなければ、気が済まなかったのである」（折口　一九六六〈一九二九―一九三〇〉）と述べているように、神来臨の時期の繰り返しなど、年中行事の構成要素についても、その意味を全体的な構造連関的な視点からとらえている点がその特徴であり、学ぶべきところの多い着眼であるといえる。

以下、本章で述べる夏の終わりの旧暦七月の盆月も、朔望と上弦下弦の月のリズムでその全体がお盆の月として行事が組み立てられていたと考えられるのである。旧暦七月朔日は地獄の釜の蓋の開く日として釜蓋朔日《かまぶたついたち》、七日は七日盆の墓掃除や七夕の日、そして望月の一五日をはさむ一三、一四、一五、一六日は先祖や死者の霊魂を迎えまつる日、そのあとは精霊送りの行事、そして下弦の二三、二四日は地蔵盆や裏盆としての行事が伝えられてきた。その間の、仏迎えの前後に行なわれる、たとえばネブリナガシ（東北地方日本海側）やネブタノハナシ（鹿児島県大隅地方）などは七夕の習俗とも重なっている行事であり、それらは盆の月の禊ぎ祓えの行事という点が注目されている。

柳田は、盆の七月の村々の年中行事は、七夕の牽牛織姫の話とは無関係に行なわれていたという。墓薙ぎ、盆道作りなど、一五日の先祖の訪問の待受けに力を傾けていたが、同じついでをもって、井戸替え、虫払い、この日の水で洗うと汚れがよく落ちるといって、女たちは必ず髪を洗った。七夕送りと称して、いろいろの好ましからぬものを送り出し、盆を清らかな日にしようとしたことは、正月前の煤払いともよく似ていると述べている（柳田　一九九〇〈一九三一〉）。

たとえば秋田市で七月七日に竿灯祭が行なわれているが、これはもともと眠り流しと呼ばれてきた(1)。横手市ではこの日にネブリ流しが行なわれており、子どもたちが小船を作って、各町内を回って、市内を流れる横手川の蛇の崎橋に至って、河原におりて川に流す。また、七日は盆の入りで、子供たちは七回飯を食べて、七回川で水を浴びる。一三日が迎え火で、一六日には、各町内で大きさ五〜八㍍の藁の船を作り、船にくまなくローソクをともし、船の中に角燈をすえ、三界万霊、五穀豊穣、町内安全と大書し、五色の短冊に町内の新しい仏の法名を書いて下げる。蛇の崎橋に勢ぞろいすると花火があがる（横手市史編さん委員会　一九八一）。今は、橋の上に船が並ぶだけだが、かつては牛河原と呼ばれたこの河原から流したという。その後、二〇日が送り火で、それで盆が終わる（富木　一九七三）。ここでは、七日のネブリ流しと、一六日の送り盆の共に船を流す行事がほとんど同じようなもので、折口のいう「繰り返し」がみられる。七日は土地の精霊や悪霊をきれいに流しやり、清浄になったところにお盆に先祖の霊魂を迎えてまつろうとしており、一六日の送り盆では、先祖の霊魂とともに周辺的な不特定の霊物たちも一緒に川に流して、祓え送るという組み立てになっている。

柳田、折口ともに、霊には、先祖の霊魂とそれとは別の「いろいろの好ましからぬもの」「妖怪変化」など周辺的な不特定の霊物があったといい、それを祓え送る行事がお盆の前に位置付けられていたことを指摘している。

第二節　七月七日の民俗伝承

1　七夕着物

折口「たなばたと盆祭りと」　折口は、「たなばたと盆祭りと」において、「この二つの接近した年中行事については、書かねばならぬ事の多すぎる感がある」と述べ、たなばたと盆という二つの行事の関連性に注目している（折口　一九二九）。

折口によれば、たなばたは、七月六日の夜から、翌朝へかけての行事であるのが本式で、これは棚に神を迎え、布帛その他を献じたところに基本があるという。そして、夏秋交叉《ゆきあひ》の時期に、少女が邑落から離れた棚の上に隔離せられて、新たに、海域あるいは海に通ずる川から来たり臨む若神のために機を織っていたのだという（折口　一九二九、一九二七、一九二八）。そして、「かうした土台があつた為に、夏秋の交叉祭りは、存外早く、固有・外来種が、融合を遂げたのであつた。其将外来種を主とする様に傾いた時期が奈良の盛期で、如何に固有の棚機つ女に、織女星信仰を翻訳しようとしてゐるかゞ目につく。此様に尋ねて来た神の帰る日が、その翌日である為に、棚機祭りにくつゝけて、禊ぎを行ふ処すらある」と述べている。そして、古来の水辺に棚をつくって、清らかな少女が機を織って、神の来臨を待つという信仰に加えて、そこへ新たに奈良朝の人たちは中国伝来の織女の信仰を翻訳しようとしていたこと、また棚機つ女のもとに訪れた神が帰る日が、翌朝七日だったから、水辺の棚機祭りにくっつけて禊ぎを行なうところもあるのだと述べていた（折口 一九七六〈一九二九〉）。

折口は、「今日残つてゐる棚機祭に、漢種の乞巧奠は、単なる説明としてしか、面影を止めてゐない。事実において、笹につけた人形を流す祓へであり、棚機つ女の、織り上げの布帛の足らない事を悲しんで、それを補足しよう――「たなばたにわが貸すきぬ」などいふ歌が、此である――といふ可憐な固有の民俗さへ、見られるではないか。だから、この日が、水上の祭であることの疑念も、解ける訣である」（折口 一九七六〈一九二九〉）と述べて、七夕の着物には、裁縫の上達を願う乞巧奠ではなく、水辺に設けられた棚に忌籠り、来臨する神のために機を織る乙女の信仰が伝承されてきているのだという。

七夕着物の伝承

この七夕に着物を飾る民俗は、日本各地に広く伝えられている（松本市立博物館 二〇〇五、木下二〇〇九、長沢 二〇一二、柴田 二〇一八）。着物には布製と紙製とがあるが、東北から九州までの広い分布を示しており、岩手、山形、福島、群馬、埼玉、愛知、奈良、福岡、熊本、大分、鹿児島などの事例が『日本民俗地図』（文化庁 一九六九）にみえる。たとえば、「屏風か縄に女の着物をかけ、餅をついて祭る。あるいはだんごを衣装をかけた前に供え、家人だけ食べる」（山形県飛島）、「七夕様の織った衣装になぞらえ、廊下・座敷などに衣装を掛けた」（福島県上川崎）、「七夕さまは子供だくさんで貧乏であるから、この日衣類をお供えする」（大分県姫島）などである。また、長野県下では本物の新しい着物を吊るして、七夕に供えることが広く行なわれてきた（箱山 一九七五）。埼玉

図9　七夕飾り．着物がかけられている．高知県長岡郡大豊町（『無形の民俗文化財記録58 Ⅵ高知県』）

図10　七夕飾り．姫路市大塩（『日本民俗大辞典 下』吉川弘文館）

県内でも荒川の上・中流右岸地域（越生町小杉、東松山市、川本町本田・花園町黒田・皆野町三沢・秩父市浦山・横瀬町横瀬など）にみられ（埼玉県　一九八六）、高知県東北部、四国山地の山間部に位置する長岡郡大豊町では、七夕に縁側に注連縄を張り渡し、水を包んだ田芋の葉やナス、黍それに女性の着物を吊るしたり掛けたりした（杉）。一番いい着物をかけるという（目付、舟戸、東土居）（文化庁文化財部　二〇一二）。宮崎県西臼杵郡日之影町見立では、七夕の日にショウロウ竹の棚に、新しい浴衣と帯を畳んでかけ、一六日にはずす。精霊様が来てこの浴衣を着て過ごし、一六日は帰るので浴衣を置いてゆくという伝承などが注目される（松本市立博物館編　二〇〇五）。

そして、その他にも、仙台市の七夕飾り（仙台市歴史民俗資料館　二〇〇七）、京都市の七夕飾り（石沢　二〇〇四）などが知られ、兵庫県姫路市、播磨灘沿岸地域、朝来市生野町へかけての市川流域の七夕飾りでは「七夕さん」とか、「七夕さんの着物」、と呼ばれる紙の着物が七夕に飾られている（尾崎　二〇〇五）。

一方、記録の上では七夕着物の伝承について、江戸時代前期の井原西鶴『好色五人女』巻二（貞享三年〈一六八六〉）に七夕の着物の叙述があるのが注目される。「折ふしは秋の初めの七日、織女《たなばた》に貸小《かしこ》袖《そで》とて、いまだ仕立てより一度もめしをせぬを」という記述である。つまり、新調した着物（布や紙製）を七夕様や精霊にお貸しするという伝承であり、それが今も民俗の伝承の中で各地にみられる点に、折口のいう棚機つ女と着物の伝承が根強いものであることがわかる。そこで、注意しなければいけないのは、乞巧奠では、裁縫、織物の上達を願って糸と針を供えるが、この七夕着物では、技芸の上達を願う未熟な段階での着物ではなく、この時期に来臨する霊的存在に対して、それを着てもらうためのよく仕上がった着物であるという点である。上等なものが用意されるという点である。以上のように近世前期の記録にも民俗の伝承でも、七夕着物の習俗が東北地方から九州地方まで広く各地に分布して伝承されているということの背景としては、折口が指摘していたように、来臨する神のために棚機つ女が神衣を織る、という伝承がその原点にあるといってよかろう。

七夕人形の伝承　この七夕の着物の伝承と関係がありそうなのが、七夕の人形の伝承である。よく知られているのは近世の記録であり、菅江真澄「委寧乃中路」（一七八三年）の記事、「六日より、軒はに方なる木にて、めおのかたしろを造りて糸にて曳きはへてけり」（内田・宮本　一九七一）と、同「来目路乃橋」（一七八四年）の「女の童、竹のさえだに糸ひきはへて、ささやかなる男女のかたしろをいくらともなうかけならべたるに」（内田・宮本　一九七一）という記事、そしてその挿絵である。そして、天野信景『塩尻』（一七〇〇年代初頭）の「初秋七夕、町々縄を以て家と家との軒にかけ、路を横切りてこれをはり、末に木にて人形をいとおろそかに作りて紙衣をきせ、いくつとなく彼縄につりおく事、城下皆おなし」（天野　一九九五）という記事も参考になる。

そして、現在までの民俗の伝承の中にも七夕の人形の例が各地で知られている（長沢　二〇一二、柴田　二〇一八）。たとえば、同じ長野県内では松本地方をはじめ、長野市、北安曇郡、佐久市などに紙製や布製の人形に着物を着せるなどして軒先に飾る事例がある。新潟県糸魚川市域でも、集落の道を横切って布製の人形を飾っている事例があり、富山県黒部市域でも、「姉さま流し」などといって代々伝えられる紙の折り方で、女子が色紙を使い、十二単に島田を結った姿の姉さま人形を作って、行灯の舟に乗せ流すという（黒部市史編纂委員会　一九九二）。山梨県下でも甲府市域などで同様の事例が伝承されていたことが、山中共古の『甲斐の落葉』や上野晴朗の『やまなしの民俗―祭りと芸能―』下にみえる（山中　一九七五、上野　一九七三）。

また、これら中部地方とは別に遠く離れた長崎県五島列島にも、一対の紙雛を作って軒下に吊るしたり、色紙で雛の着物を切ってつけたりする事例があるのは注目される。色紙で雛の着物を切ってつけたりもするという（山口　一九七五）。

図11　七夕びな．女の子の浴衣をきせた人形と紙製の着物をきせた人形とが飾られている．松本市（提供：芳賀ライブラリー）

ここで、これらの七夕の着物と七夕の人形の民俗が重なり合って伝承されていること、その並存について、長沢は、もともと七夕着物の習俗が基盤にあって、そこから着物の代替物として紙人形ができたという見解を示している（長沢　二〇一二）。

折口はその点についても、早くに人形と禊ぎ祓えに注目していた。七夕の風流の代表のように思われていた梶の葉が、一種の撫で物で、これで身をこすって穢れを移したのが、色紙・短冊になっていくのは人形《ひとがた》の変化したものだったと述べ、織《きぬがさ》のような立て物に人形めいたものを吊るす習慣も古くからあったが、ここには禊ぎと通じるものがみられると述べている（折口　一九三五）。

七夕の風流についても民俗と歴史の上で変遷があったということに注目して、ここであらためて整理してみると、以下のことが指摘できる。

（１）七夕の着物の伝承が歴史的にも民俗的にも豊富な情報を伝えており、折口が論じていたように、神を迎える清浄な乙女が水辺で機織りをしていた伝承を反映している七夕着物の伝承が七夕の行事においてはより基盤的な位置と意味を備えている。

（２）旧暦七月の七夕の行事が、同じ月のお盆の行事と連なる行事であると位置づけられることから、禊ぎ祓えの要素の強い行事ともされてきているが、これも折口が示唆していたように、祓えの呪物として人形が採用され追加されてきたものであるといえる。

七夕馬の伝承　一方、七夕に藁や真菰で馬（雌と雄の一対）を作って竹竿の上に飾ったり、吊るしたりする事例が各地にあり、これまでの民俗調査によって東北地方の秋田、山形、宮城、日本海側の新潟、石川、そして関東地方の群馬、埼玉、東京、千葉、茨城、中部東海の山梨、静岡の各都県域に連なって広い伝承がみられる。

図12　七夕馬と浴衣（『東松山市史　資料編第５巻民俗編』）

それらのなかには、前述の七夕の着物の伝承と七夕馬の伝承とその両方が一緒に合わさって伝承されている例もある。たとえば、埼玉県東松山市松本町、日吉町、東平などの事例では、七夕を飾る軒先の物干し竿に浴衣が吊るされ、それとともに笹竹に真菰の縄を張ってその中央に二頭に七夕馬が向き合って吊るされており、大谷地区では七夕馬の二頭に男女の浴衣がかけられている（東松山市教育委員会事務局市史編さん課　一九八三）。

そしてまた、宮城県、茨城県、千葉県には、昭和四〇年代の調査でほぼ全域に七夕馬の伝承が確認されており、埼玉県も平野部において濃厚な伝承がされていた。新潟県下でも田の神馬といって、中越から下越の山間部に多いという（新潟県　一九八二）。このように、七夕馬は田の神をのせる、先祖の霊がのるなどという伝承が広く伝えられており、七夕が終わると屋根に投げ上げられて、雷除けや火災除けなどと言われていた例もある。

新潟県の県北の日本海側に位置する村上市岩船では、八月六日に七夕祭りが行なわれ、日没後、各町内で大きな七夕舟を作る。舟の船室には七夕馬がたくさん下げられ、また舳先に杉葉とコウコウキ（ネムノキ）の束をつけ、そこに線香をともして町内を一巡して海に流す。人びとは「お盆には馬に乗って、けってけしや（帰ってこい）」とつぶやく姿があるなど、お盆の仏迎えの信仰が色濃いということができる（文化庁文化財部　二〇〇四）。山形県飽海郡本楯村（現酒田市）では、八月六日の晩、盆のためのガツギ馬を仏の数だけ作る。馬ひきとフクロクジュも作って家の軒先などにつるし、それはお盆が終わると一六日に流す（『日本民俗地図』）。ここでは馬の数が他の事例では雌雄二匹であるのに対し、仏の数だけ作るとあり、よりお盆の仏迎えの意味が強いといえる。秋田県大館でも、六日朝に七夕の色紙・短冊を青竹に飾り、さらに家の垣根に藁馬をさげ、お盆を迎える行事とした（『日本民俗地図』）など、お盆との関連での意味づけがなされている事例といえる。

そしてまた、分布に関連して注目されるのは、次の四点である。まず第一点は、七夕の藁馬や真菰馬を飾る地方は新潟県下であり、田の神馬といって七夕に飾る事例が中蒲原郡、山北町など中越から下越の山間部に多い（新潟県史編纂委員会　一九八二）。そして、これまでの自治体史関係の民俗調査によるとその越後から関東の群馬、埼玉、東京、千葉、茨城の各都県域に連なって広い伝承域がみられるという点である。第二点は、それらの藁馬や真菰馬の伝承は七夕の人形を飾る事例とも重なりながら伝えられており、たとえば新潟県下では藁人形を藁馬の上に乗せて飾る事例

（塩沢町）や七夕人形を藁馬とともに縄に吊るすという事例（魚沼地方）などがみられる点である（柳田　一九七五）。第三点は、北の越後では七夕の人形と七夕の馬が併存しながら伝承されている事例がみられるのに対して、南の長野県域では七夕の人形が多く七夕の馬の伝承はみられない。つまり、七夕人形の分布域が新潟県域から長野県域に広がっているのに対して、七夕馬の分布域は新潟県域から群馬、埼玉、東京、千葉、茨城というその東側の一帯に広がっている。地図的な面の観点からいえば、七夕人形の分布域の外側に七夕馬の分布域が広がっているのである。

遠隔地の類似の伝承　これら東北、関東、中部の地方とはまったく遠方の遠く離れた、四国の高知県下にも七夕の藁馬を吊るして集落を流れる川に綱を張り渡す事例（高岡郡中土佐町大坂、大川内、同郡東津野村）（文化庁文化財部　二〇一二）や、また九州の熊本県域にも七夕の行事の中の着物と人形と藁馬という三つの要素を併存させながら伝承されている事例群が見出される。

図13　真菰馬．館林市郷谷（『日本民俗大辞典　下』吉川弘文館）

図14　北川に飾られた七夕飾り．藁馬．高知県高岡郡東津野村（『無形の民俗文化財記録58　Ⅵ高知県』）

熊本県芦北町域から八代市域にかけて、昭和五〇年代までは約三〇地区で七夕に人形を飾る習俗が伝えられていた（奥野　一九八四、牛島・奥野　一九七五）。現在では伝承地の数は減少しており、二〇一八年の調査では五カ所（坂本町木々子、芦北町上原、岩屋川内、下白木、祝坂）で七夕に人形を飾っている例が確認されている（柴田　二〇

一八、熊本県八代市・芦北町教育委員会　二〇一九）。集落内の川に縄を張り渡し、そこに藁製の人形、ワラジ、牛の沓や馬などの飾りを吊るしており、たとえば、芦北町下白木の七夕飾りでは、昭和五〇年代の調査では紙の着物が飾られていたが、二〇一八年には藁人形が飾られており、すでに紙の着物は見られなかったという。ただ、山間部の芦北町上原の七夕飾りでは、色紙製の人形が飾られており、トウモロコシの髪の毛を付け色紙の着物を着せたような人形もあったという。平地の集落の下白木では、藁人形ばかりでもう色紙の人形は見られなかったが、山間部の上原ではまだ残っていたという（柴田　二〇一八）。

このように七夕馬の分布は、長野県域には着物と人形はあるが七夕馬は見られず（長野県編　一九九一）、新潟県域から東北地方の山形へ、そして宮城、福島へ、そして関東地方の群馬、埼玉、東京、千葉、茨城という東側の一帯、つまり外側に広がっている。(2) そのなかに、馬に馬引きの人形が添えられていたり（山形県本楯）（文化庁　一九六一）、藁人形を藁馬にのせて飾られていたり（新潟県南魚沼郡塩沢町）（新潟県　一九八二）、草で作った馬四、五頭に草人形をそえて屋根の上に上げておいたり（宮城県桃生郡）（柳田　一九七五）など、馬と人形の併存事例もある。近畿地方には七夕馬の習俗はみられず、東日本から遠隔になる高知県の山間部や熊本県に七夕の馬や人形の事例があるのも注目される。

七夕着物・七夕人形・七夕馬　以上をまとめると、次の事柄が指摘できる。七夕着物の伝承が広く基盤的に伝承されてきたその中に、着物の伝承ということからそれに連動して着物を着せた人形の伝承がその上に重なるように加わってきた。それは七夕が旧暦七月七日の行事として七月一四日、一五日のお盆という精霊や雑霊のまつりと連動した行事であることから、禊ぎ祓えの意味をもつ人形という意味をも伴っていた。そしてさらにもう一つ、それに連動して、七夕馬という要素が七夕とお盆の両方に導入されるという動きがあった。つまり、七夕に訪れる神に着物を捧げるかたちから、人形や馬に厄災や穢れを託すかたちへと、その意味づけが変わってきていると考えられるのである。そうして七夕馬の伝承は、お盆の精霊迎えの馬という意味にもなって伝えられており、たとえば『日本民俗地図』の七夕の解説でも、精霊迎えの馬、草刈り馬、七夕さまの乗る馬など複数の伝承があるとされているのである。七夕馬にはそれに厄災や穢れを託して祓えやるためという意味がもともとあったのに、それが精霊迎えや精霊送りの馬であるというふうに意味づけが変わってきているということが想定されるのである。七夕行事にみるこのような複数の構成要素の併存は盆行事との関係が深いということを示している。そのような七夕行事の伝承の過程での歴史的で段階的な変遷の跡が、七夕着物と七夕人形と七夕馬という三つの要素の伝承の分布のあり方の中に反映しながら伝えられている可能性がある。民俗伝承におけるその構成要素のさまざまな併存や混在という状態については、それらがただ乱雑で恣意的で無秩序な併存や混在というのではなく、一定の秩序性の中の併存や混在であると読み解くことができるものであり、それらはいずれも伝承の過程で生じてきていた変遷の段階差を反映しているものと考えられるのである。それはかつて柳田が注目した「遠方の一致」という視点についても再考すべきことを示しているのであり、今後も伝承事実を数多く幅広く収集することによって、あらためてその視点からの分析を試みることの有効性を検証していく必要があると考える。

2 眠り流し

柳田「眠流し考」 柳田は、「眠流し考」において、東北地方から北陸にかけて、さらに長野県から関東地方北部にかけて伝えられる眠り流しの習俗が、一方でそれとは地理的に離れた南九州地方にもねぶた流しの習俗が伝承されてきていたことに注目している（柳田 一九九一〈一九三六〉）。そして、東北地方から九州地方まで日本各地の同じような事例を紹介しながらその名称と七月七日の早暁に海や川に流すこと、そして「ネブタは流れろ 豆の葉はとどまれ」などの唱え言葉にも注目して、人を苦しませるネブタというもの、睡魔とまでは言い得なくとも何か流して離れてしまえるものがあるように考えたのが元だったらしく、合歓木《ねむのき》の枝を流す風習もみられたと述べている。そして、ネブタは睡魔や好ましくないもの、マメは勤勉と壮健の意味があったのだろうとも述べている。柳田はこの論考で次のような三点を指摘している。

①東北の秋田、津軽の旧暦七月七日のネブタの行事は、東海近畿からそれ以外に広く行なわれている一六日の盆の魂送りの火の行事と、たがいによく似ている。

②もともと盆も正月と同じように望日の一四、一五日の悦ばしい祝いの行事を前にして、上弦の七日に前もって無縁雑霊など気味の悪い霊だけはなだめすかして立ち退かせておき、あとは安心して一四、一五日の行事ができたのだろう、しかし、盆は多くの死者の供養の行事となり、もう一度その日を過ぎても霊送りをせぬと気が済まぬように感じて一六日に火の行事がさかんとなっているのだろう。

③盆と正月の火の行事は、いずれもよく似ており、正月の火祭りも京都とその周辺では一五日が多いが、一方、九州の鬼火の行事は七日の行事となっている。

柳田は、こうして盆の行事での七日の七夕の火の行事と一四、一五日の盆の精霊まつりの行事との関連、そして霊送りの火の行事とのつながりを早くから指摘しており、そしてさらに、盆と正月との両方の行事の類似についてもいわば構造的な連関性を指摘していたのであった。

また、ネブリ流しの日取りについては、お盆の後で行なわれている事例もある。たとえば男鹿半島ではネブリ流しの日が一六日の仏送りのことになっているが、柳田はそのような事例からは眠流しの最初の趣意が、魂送りや聖霊舟の趣意と本来同じであった一つの証拠ではないかと述べている。盆には新古さまざまな精霊が招き寄せられる季節にもなっていたから、七日の眠流しの方が、一つ古い形であり、前もって無縁の気味の悪い霊をなだめすかして立ち退かせておけば、心安く落ち着いて祭をすることができたのだが、のちに死者の供養をした後にももう一度その日を過ぎてから、送りの式をしないと気がすまないように感じ、かつ次第にこの方へ重きが置かれるようになってきたのだという。そこにも折口と同じく行事の伝承の組み立ての上での「繰り返し」ということが注意されている。

その後の民俗学の研究では、たとえば小野重朗は「大隅のネブイハナシ」で、東北地方のネブタ流しだけでなく、南九州の鹿児島県大隅にも七月六日に、ネブイハナシ（眠りを離す）と呼ばれる、女の子や子供たちが集まってスイカを食べたり、七夕の用意をしたりして、村の人の眠りを離す行事が行なわれていたことを報告している（小野 一九五九）。ただし、それはネブタ流しのように、川に流し、送ることはしないといい、小野は、女の子が七夕色紙で二〇㌢ほどの七夕衣装一対を作って、青竹の竿にかけること、また娘たちが白ジュバンに赤メダレ（前垂れ、腰巻）姿で「ネーブイ、ネーブイ、ハナーショ」と言いながら地区を回り、宿でスイカを食べる事例（国分市下井・広瀬）などから、娘たちは「水の女」であり、スイカは水神への供物であるといい、水神との関係で解釈を試みようとしている。事例情報の共有という点では重要なものであったが、「水の女」とか「水神」という抽象的な言語を用いてその行事を水神の祭りであると位置づけようとした小野の解釈は、やはり印象的な主観を概念化しようとする試みに過ぎないレベルであったというべきであろう。

このようにして、各地の事例をみてみると、お盆に先祖の霊魂をまつる前には、まず無縁の気味の悪い霊物を立ち退かせるために川や海に邪霊を流し送り、お盆に先祖の霊魂の供養をした後にも、先祖の霊魂・精霊と邪霊・霊物の両方を流し送っていたことがわかる。

第三節　七月の行事の特徴：「繰り返し」

旧暦七月の行事についてみると、七夕馬と盆の精霊馬や藁馬、七夕の眠り流しと精霊流しなどよく似た行事が伝承されていることがあらためて確認できる。そして、六～七日の七夕と、一三～一六日のお盆とで繰り返し行なわれているのが特徴である。折口は、日本の年中行事に通じてみられる根本の論理は、「繰り返し」ということであると指摘しているが、一年のなかでも、七月の先祖の霊魂を迎えまつる行事でもその前と後とにその「繰り返し」が集中しているといえる。

霊魂（精霊）と霊物（邪霊）　ネブリというのは、睡魔のように考えられているが、柳田は、実は「無縁の気味の悪い霊」のことであり、この霊たちをなだめすかして立ち退かせておけば、心安く落ち着いて先祖のみたまを迎えてまつりをすることができると民俗の伝承の中では考えられていたのだろうという。折口も、先祖の霊魂が純化して神となり、不純なものは妖怪変化と考えられるようになったが、その霊魂（精霊）と霊物（邪霊）との両者があることを指摘していた。

つまり、七夕や眠り流しは、基本的にお盆に先祖の霊魂を迎える前に位置づけられ、邪霊祓えや邪霊攘却という意味のある行事として伝承されてきているということがわかる。

盆綱の意味　また、もう一つ、盆行事の中の藁蛇についても注意される。奈良県の野神や島根県下の荒神、関東、九州北部の盆綱など、日本各地に藁蛇の年中行事が伝承されている。このうち関東地方では、茨城県、千葉県北部下総地方を中心に伝承されている盆綱行事について、近年の研究ではその分布とその特徴がよく追跡されている（遠藤二〇一九)。八月一三日あるいは一四日などに、藁や茅で大きな蛇を作って、子供たちが盆綱を引き回したり、盆綱引きで荒々しく綱を扱うのが特徴である。新盆の家の庭に立てられる高灯籠の下に設置された棚(台)を蹴飛ばす(成田市赤荻)とか、「盆綱をまたいではいけない」(成田市山口)など、無縁仏や雑多な霊を藁蛇に依りつかせていることが注目される(櫻井 二〇一二)。また、栃木県真岡市南中里では、八月七日の墓薙ぎの日の夕方、子供たちが大綱を曳いて、集落の道路を廻る。終わると、大蛇を二つに切り、とぐろにして村の辻に積み上げる(真岡市史編さん委員会一九八六)。このように、盆綱は先祖の霊を運ぶ(茨城県土浦市佐野子、成田市飯岡など)ともいわれているが、その一方では「盆の雑霊への処置としての意味づけがあること」が指摘されている(遠藤 二〇一九)。

この点は重要で、ネブリ流しと同様に、お盆に先祖の御霊《みたま》を迎えまつる前に、邪霊を綱に引きつけて村境に捨てたり、川に流したりして、祓え送ることに意味があるということができる。このように、七月の行事には、お盆の前の祓え(折口のいう吉事祓え)と、お盆の後の祓え送り、という二つの祓えがセットになっていたことがわかる。

盆行事と水　ここで、死者の霊と水については、葬送儀礼や盆行事の研究のなかでも検討されてきた(新谷 一九八六、一九九二、梅野 二〇〇一など)。たとえば、梅野光興「祖霊は水辺に集う―高知県の盆行事から―」では、お盆に川や海に二本の竹筒に樒をさし、その間に小さな石を置いて米や水、果物を供えて「ご先祖さん」を迎えたり(高知県中土佐町久礼港町)、川中や川岸に新仏のための水棚をつくってまつり(高知県安芸市上尾川)、そして送るという事例が、高知県から徳島県にみられることに注目している。そして、川の水をコップでくんできて仏壇に供えてショウライサマを迎えたといい、また送るときには、その水を川に戻すのだという事例(土佐清水市下益野ほか高知県西部)、お盆には仏様が川に行っているといって、河原に小石を集めて小さい墓を造り、そこにお参りする(高知県から徳島県にかけての四国東部)など、海辺や川岸、また川の水とショウライサマと呼ばれるお盆に迎える霊との関係が密接であることが注目されており、「水辺での祖霊祭祀」が顕著であると梅野は述べている（梅野　二〇〇一）。そして、その背景に、水神信仰や葬送習俗にみるところの霊を川や谷に送る習俗との密接な関係を推定している。そこでは「祖霊は水辺に集う」というやや詩的な表現が用いられており、祖霊（先祖の霊）を前提にしての事例解釈がなされている。しかし、柳田がすでに『先祖の話』で、お盆に迎える霊には、先祖の霊と新仏、そして無縁仏の三種類の性格があると指摘しているその観点での分析はなされていない。たとえば、高知県の西方に位置する愛媛県宇和島市遊子《ゆす》・津の浦地区では、八月一五日に外海に向かっていさ踊りという盆踊りの一種が伝承されているが、それは難所といわれる津の浦付近の水難事故による数多くの死者の亡霊を鎮めるために行なわれている。海からやってくる霊には、穏やかな先祖の霊だけでなく、より広い意味のそして恐るべき災いをもたらすような怖い霊的なものが考えられていたことがわかる。

梅野のように、水といえば、すぐに水神に結び付けて解釈しようとする傾向は、先の小野の解釈も含めてその他の民俗学研究者にもみられた（小野　一九五九、吉成　一九九一）。たとえば、吉成直樹「七夕、盆行事にみる水神祭祀としての性格」は、主に高知県中央部の事例をもとに、七夕と盆行事における水の意味を水神と結び付けて解釈しようとしている（吉成　一九九一）。しかし、実際の事例からは、やはり水に関係する行事であるという点が基本であり、水の行事がそのまま水神祭祀であるという解釈には無理がある。七夕や盆の行事にとって、お盆の精霊迎えを前に、邪霊祓えのための水、そして精霊を迎え、また送るための水という関連性のなかでの分析が基本であり、そこに水神という神格を与えて単純化することには疑問がある。折口は水を回路としてまれびと神が来臨するという点に着目して論じていたのであり、水神という特定の神格に単純化していたのではなかったという民俗学の研究史をよくふまえる必要がある。

観光化のなかでの変遷と伝承　これまで、民俗学や社会学では、都市祭礼、観光資源として研究されてきた、青森のねぶた祭、秋田の竿灯祭り、仙台の七夕、そして京都などの祇園祭りなども、七月の行事全体のなかに位置づけてみると、お盆に先祖の御霊を迎えるための、邪霊祓え、邪霊攘却のためのまつりとしての意味があるといえる。そこで観光資源としての伝承の中にも基本的な邪霊祓えや悪霊祓えの意味が具体的な構成物や儀礼の中に伝存しているのかいないのか、また棚機つ女と神衣や七夕着物など、古来の七夕の伝承の基本的な構成要素が伝存しているか否かという点にも注目しておくことが重要であろう。

たとえば、秋田竿灯祭りは、八月三〜六日に行なわれる。祭りが終わった七日の朝、各町内、職場、学校代表が、刈穂橋に集まり、旭川に竿灯の先に立てていた御幣を「ねぶり流し御幣」と町名を記入した袋に入れて一斉に流す（秋田市民俗芸能伝承館　二〇〇三）。竿灯祭りはもとネブリ流しと呼ばれていたが、邪気や睡魔を川に流した伝承が祭りの後の御幣流しに伝存しているといえる。

また、仙台の七夕祭りでも、色とりどりの吹き流しの中にも紙の着物（紙衣）が飾られている。二〇二二年は、長さ一・八㍍の「紙衣」を老舗呉服店が出展したことが話題になった（『河北新報』）。そこにも、この七夕の紙衣には、古来の棚機つ女の神衣の伝承、精霊着物の類の伝承が根強く伝存していることが指摘できる。

第四節　構成枠組と構成要素への視点

柳田や折口は民俗学における年中行事の研究の視点として、一年間の春夏秋冬の循環、一月の朔望上弦下弦の循環、という全体構成の中でそれぞれの個別要素についての意味への論究を積み重ねており、旧暦七月の盆月の行事もその視点からの論究を実践してきた。しかし、その後の民俗学の盆行事についての研究は、最近の二〇二一年刊行『講座日本民俗学』(三　行事と祭礼)でも整理されているように、柳田や折口の一年両分性の枠組みをめぐる言及も一部にはみられたが、それを更新するような論考はとくにはなかった。そして主にとりあげられたテーマは、(1)盆の語義と盂蘭盆とその歴史(岩本　一九六八、和歌森　一九八一、一九八二、藤井　一九八〇、新谷　二〇〇三、二〇二一)、(2)盆にくる霊・無縁仏・餓鬼仏(最上　一九六〇、藤井　一九七一、鈴木　一九七四、伊藤　一九七八、喜多村　一九八五、高谷　一九九五)、(3)七夕と水・盆と火・水(小野　一九五九、一九六一、吉成　一九九一、和崎　一九九六、梅野　二〇〇一、石垣　二〇一六)、このほか、七夕の歴史的変遷(稲城　一九七五)や盆行事の地域差(関沢　二〇一三)などであった。また、古く『旅と伝説』七―七(盆行事特集)や『日本民俗地図』I(年中行事)においては七夕と盆行事がそれぞれに報告されており、文化庁文化財保護部『無形の文化財記録』でも各県の七夕と盆行事の報告がやはりそれぞれになされている。(3)そこでは旧暦七月を盆の月ととらえる枠組みよりも、個別テーマとしての七夕や盆についての論究が提出されてきたといえる。

それに対していまあらためてここで提示するのは、柳田や折口がとらえていたような、旧暦七月を盆の月としてその全体としてとらえてみることの有効性についてである。つまり、旧暦七月盆月を朔望上弦下弦の循環の中にとらえることによって、一日、七日、一四日、一五日、二四日という組み立ての中で、とくに七夕と盆の行事の類似性が指摘できる、そして、精霊と邪霊の来訪という霊魂観の二重性、そして、行事の構成の中に折口の指摘していた「繰り返し」という特徴とその論理が見出せるといってよいであろう。

そして、もう一つ重要な点は、これまでの民俗研究でやや軽視されてきた日本各地の伝承情報を広く収集して比較検討するという方法の有効性についてである。これまでみたように東西南北に長い日本列島の広がりでみると、七夕の着物の伝承は広く、人形の伝承や真菰馬や藁馬の伝承は東西に離れながらも一定の範囲に共通するものとして伝承されてきていることが確認できる。できるだけ多くの関連情報を収集して検証していくという方法を柳田や折口があれほど奨励していたにもかかわらず、その後の民俗学はそれを無視したり軽視したり、否定したりしてきたところから、いま反省してこれから民俗学独自の新たな研究の可能性を広めていく必要があろう。

注

（1）明治一四年（一八八一）九月に明治天皇が東北巡幸の際、秋田で天覧したのが名称使用の始まりだという（青森市 二〇一六）。「以前は七夕・ネブリナガシといったが、昭和年代になってから竿灯とか竿灯祭りなどといわれるようになった」（富木 一九七三）など。

（2）文化庁文化財保護部『無形の文化財記録』シリーズでは、『盆行事Ⅰ 岡山県』（一九九〇）、『盆行事Ⅱ 静岡県』（一九九一）、『盆行事Ⅲ 京都府・大阪府』（一九九八）、『盆行事Ⅳ 茨城県・埼玉県』（二〇〇〇）、『盆行事Ⅴ 山形県・新潟県』（二〇〇〇）、『盆行事Ⅵ 高知県』（二〇一二）、『盆行事Ⅶ 長野県』（二〇一三）、『盆行事Ⅷ 徳島県』（二〇一九）が刊行されている。

（3）これに関連して、柴田千賀子「七夕の人形」では、七夕人形が東日本では北陸・中部に一定の分布圏を形成しながら、西日本では九州にごく少数の事例ながら点在していることを指摘し、七夕馬の分布についても、新潟県下における馬と人形の併存、さらに北陸越後から関東地方の群馬県、茨城県、埼玉県、東京都、千葉県、茨城県へと連なり、濃密な分布がみられることにふれている（柴田 二〇一八）。柴田は人形の分布の関連で七夕馬についてもふれているが、本論では七夕馬についてさらに東北地方の事例や遠隔地の伝承事例なども注意していかなければならないと考えている。

参考文献

青森市 二〇一六『増補版青森ねぶた誌』

秋田市民俗芸能伝承館　二〇〇三　『秋田の竿燈―七夕祭り　眠り流し行事―』
天野信景　一九九五　『塩尻』『日本随筆大成』〈新装版〉第三期第一五巻　吉川弘文館
石垣悟　二〇一六　「富山の七夕、日本の七夕」『常民へのまなざし』　桂書房
石沢誠司　二〇〇四　『七夕の紙衣と人形』　ナカニシヤ出版
伊藤唯真　一九七八　「〈法界〉霊とその祭碑」（『日本民俗学の課題』、のちに『葬送墓制資料集成』三　一九七九）
稲城信子　一九七五　「七夕の変遷」『元興寺仏教民俗資料研究所年報』
岩本裕　一九六八　『目連伝説と盂蘭盆』（『仏教説話研究』三　法蔵館）
上野晴朗　一九七三　『やまなしの民俗―祭りと芸能―』下　光風社書店
牛島盛光・奥野広隆　一九七五　「熊本県の歳時習俗」（『九州の歳時習俗』　明玄書房）
梅野光興　二〇〇一　「祖霊は水辺に集う―高知県の盆行事から―」（『国立歴史民俗博物館研究報告』九一）
遠藤賢治　二〇一九　「関東地方の盆綱について」（『伝承文化研究』一六）
奥野広隆　一九八四　「七夕の綱張り行事―熊本県南部の特殊な分布―」（『日本民俗学』一五一）
尾崎織女　二〇〇五　「兵庫県市川流域に伝わる紙衣」（松本市立博物館編『七夕と人形』　郷土出版社）
小野重朗　一九五九　「大隅のネブイハナシ」（『日本民俗学会報』八、のちに小野重朗『南日本の民俗文化Ⅱ　神々と信仰』第一書房　一九九二）
小野重朗　一九六一　「鹿児島の盆の火」（『日本民俗学会報』一八）
折口信夫　一九六五（一九二七）「貴種誕生と産湯の信仰と」（『折口信夫全集』二　中央公論社）
折口信夫　一九六五（一九三七―三八）「水の女」（『折口信夫全集』二　中央公論社）
折口信夫　一九六五（一九二七）「若水の話」（『折口信夫全集』二　中央公論社）
折口信夫　一九六六（一九二九）「たなばたと盆祭りと」（『折口信夫全集』三　中央公論社）
折口信夫　一九六六（一九二九―一九三〇）「古代人の思考の基礎」（『折口信夫全集』三　中央公論社）
折口信夫　一九六七（一九三〇―一九三二）「年中行事―民間行事伝承の研究―」（『折口信夫全集』一五　中央公論社）
折口信夫　一九六七（一九三二）「石に出で入るもの」（『折口信夫全集』一五　中央公論社）

喜多村理子　一九八五「盆に迎える霊についての再検討」（『日本民俗学』一五七・一五八合併号）
木下守　二〇〇九「七夕と人形―松本の七夕人形の系譜をたどる―」（『信濃』六一―三）
熊本県八代市・芦北町教育委員会編　二〇一九『八代・芦北の七夕綱』
黒部市史編纂委員会　一九九二『黒部市史　民俗編』
埼玉県　一九八六『新編埼玉県史　別編二　民俗二』
櫻井龍彦　二〇一二「盆綱巧―成田市赤荻の事例から―」（『国際開発研究フォーラム』二四）
佐々木哲哉他　一九七五『九州の歳時習俗』明玄書房
柴田千賀子　二〇一八「七夕の人形」（新谷尚紀編『民俗伝承学の視点と方法』吉川弘文館）
新谷尚紀　一九八六『生と死の民俗史』木耳社
新谷尚紀　一九九二『日本人の葬儀』紀伊国屋書店
新谷尚紀　二〇〇三「盆」（『暮らしの中の民俗学二　一年』吉川弘文館）
新谷尚紀　二〇〇二「年中行事」（『講座日本民俗学』三〈行事と祭礼〉朝倉書店）
菅江真澄　一九七一「委寧乃中路」（内田武志・宮本常一『菅江真澄全集第一巻』未来社）
菅江真澄　一九七一「来目路乃橋」（内田武志・宮本常一『菅江真澄全集第一巻』未来社）
鈴木満男　一九七二「盆に来る霊―台湾の中元節を手がかりとした比較民俗学的試論―」（『民族学研究』三七―三、のちに『マレビトの構造―東アジア比較民俗学研究―』三一書房　一九七四、『葬送墓制研究集成』三　一九七九）
関沢まゆみ　二〇一三「「戦後民俗学の認識論批判」と比較研究法の可能性―盆行事の地域差とその解読への試み―」（『国立歴史民俗博物館研究報告』一七八）
仙台市歴史民俗資料館篇　二〇〇七『絵葉書でみる仙台』三（仙台市歴史民俗資料館資料集）
高谷重夫　一九九五『盆行事の民俗学的研究』岩田書院
富木隆蔵　一九七三『日本の民俗　秋田』第一法規
長沢利明　二〇一二「七夕人形と七夕着物」（『民俗学論叢』二七）
長野県編　一九九一『長野県史　民俗編第五巻総説Ｉ　概説』

新潟県　一九八二『新潟県史』資料編二二　民俗・文化財一
箱山貴太郎　一九七五「長野県の歳時習俗」(『南中部の歳時習俗』明玄書房)
東松山市教育委員会事務局市史編さん課　一九八三『東松山市史　資料編第五巻　民俗編』
藤井正雄　一九七一「無縁仏考」(『日本民俗学』七四、のちに『葬送墓制研究集成』二　一九七九)
藤井正雄　一九八〇「盂蘭盆と民俗」(『講座日本の民俗宗教二　仏教民俗』弘文堂)
文化庁　一九六九『日本民俗地図』Ⅰ年中行事
文化庁文化財部　二〇〇〇『無形の民俗文化財記録第四三集　盆行事Ⅳ　茨城県・埼玉県』
文化庁文化財部　二〇〇四『無形の民俗文化財記録第四七集　盆行事Ⅴ　山形県・新潟県』
文化庁文化財部　二〇一二『無形の民俗文化財記録第五八集　盆行事Ⅵ　高知県』
松崎憲三　二〇一五「七夕まつりの予備的考察」(『民俗学研究所紀要』三九)
松本市立博物館　二〇〇五『七夕と人形』郷土出版
真岡市史編さん委員会　一九八六『真岡市史　第五巻　民俗編』
最上孝敬　一九六〇「無縁仏について」(『霊魂の行方』名著出版)
横手市史編さん委員会　一九八一『横手市史　昭和編』
吉成直樹　一九九一「七夕、盆行事にみる水神祭祀としての性格」(『日本民俗学』一八七)
柳田國男　一九七五『歳時習俗語彙』国書刊行会
柳田國男　一九九〇(一九三一)「民間暦小考」(『柳田國男全集』一六　ちくま文庫)
柳田國男　一九九〇(一九三三)「生と死と食物」(『柳田國男全集』一七　ちくま文庫)
柳田國男　一九九〇(一九三六)「眠流し考」(『柳田國男全集』一六　ちくま文庫)
山口麻太郎　一九七五「長崎県の歳時習俗」(『九州の歳時習俗』明玄書房)
山中共古　一九七五『甲斐の落葉』有峰書店
和歌森太郎　一九八一「七夕習俗の展開」(『和歌森太郎著作集』九　弘文堂)
和歌森太郎　一九八二「七夕と盆」(『和歌森太郎著作集』一二　弘文堂)

和崎春日　一九九六『大文字の都市人類学的研究：左大文字を中心として』刀水書房

表3　七夕馬の参考事例

地域		七夕馬	出典
秋田県		七月七日は盆の入りである。藁やガッギ（真菰）で馬を作る。祖先の精霊がこの馬に乗って来ると信じられている。	①秋田221～222頁
	雄勝郡羽後町西馬音内堀回	墓を清掃し、ガヅキ馬をかざる。	②251頁
	雄勝郡稲庭川連町大館	六日朝に七夕の色紙・短冊を青竹に飾り、さらに家の垣根に藁馬をさげ、お盆を迎える行事とした。	②251頁
	由利郡矢島町	馬の形を干し草でつくり、軒下に下げて精霊迎えをする。	②251頁
山形県	酒田市本楯	八月六日の晩、盆のためのガッギ馬を仏の数だけ作る。藻草でたてがみをつけ、馬ひきとフクロクジュも作って家の軒先などにつるす。一六日に一匹を残して流す。	②252頁
新潟県	岩船郡山北町黒川俣	道芝で作った馬を葛の葉を丸めた上に結びつけ、子供たちが「ンマベコ・・・」と大声で唱えながらひっぱって歩く。翌朝早く川に流す。	⑤714頁
	岩船郡粟島浦村	六日の早朝、萱舟に各戸が芝草で作った馬を乗せる。夜、子供や若衆が舟を担いで「七夕様よ、来年もまたござれよ」と囃しながら村を回って海に流す。村中で大きな萱舟をつくり、各家でつくったンマをこの舟にのせ、夜、若い衆や子供たちがこれを担ぎ、村中を担ぎまわり海へ流す。	④北中部197頁、⑤714頁
	岩船郡粟島村釜谷	コシバの茎を数日干して各家で馬（全長三〇㌢前後）を作り、背には、五色の和紙に鋏を交互に入れ長くしたものを長々と垂らしている。スゲ草で馬を作り、赤・青・白など色紙でヘイソク（房）を長く切ってつける。馬を家から出す前にご馳走を食べさせる。七夕馬を窓の下などに下げ、あるいは仏壇の前に置き、馬の下か前に家によってはおはぎか赤飯をお膳に載せてしばらく供え、拝んでから船へ持ってくる。	③第四七集V 258頁、272頁
	村上市岩船	七夕舟に吊るすことから、七夕馬と呼んでいるが、お盆の仏迎えの馬といわれる。	③第四七集V 258頁
	岩船郡関川村小和田	藁馬を作るのは岩船・北浦と古志郡東谷などが知られているが、岩船関川村小和田では、六日夜に作った馬のうち、一つはお精霊様を迎えにゆくといって川に流し、一つは盆の間、窓先に飾り、一六日、送り馬といってユウガオで作った馬とともに川に流している。	④北中部196～197頁
	中越・下越の山間地	藁の馬をつくる。六日にカッボの馬をつくり、翌朝朝食前に草刈りといって村中をひきまわし、馬の背に草をのせて柿の木につなぐ。夕刻、この馬を川へ流す。関川村では、一三日にはこの馬に精霊が乗ってくるといわれている。	⑤713～714頁

県	地域	内容	出典
新潟県	新発田市菅谷	六日に七夕の藁馬を二匹作り、子どもたちは草を食わせて引いて歩き、一匹は七日の朝、川へ流し、一匹は果樹に吊るす。	①新潟244頁
	新発田市三光	六日の夕方、藁馬二つを作り、出格子の上に飾る。翌朝、子供たちは草刈りの真似をして、この馬に乗せてひいてから、馬に何駄も実用にと、柿木に吊るしておく。七日に先祖様または田の神様がこの馬に乗って田巡りされるとか、タナバタ様がこの馬に乗って天の川を渡るともいっている。	④北中部196頁
	新発田市虎丸	精霊様の馬といい、仏が乗ってくるものと信じられていた。	④北中部196頁
	魚沼地方	七夕人形を主にして、元は数多く縄につるして下げたものであったが、これにも必ず藁の馬を作り添えあるいは大名行列の真似ともいって、いろいろの旅行調度を取りそろえた。七夕様に供えるものといっていた。	『歳時習俗語彙』460頁（『高志路』三―一　塩沢村文化四年書上）
	南魚沼郡塩沢町	紙で作った五色の着物をきた藁人形を藁馬にのせ、大名行列の真似をした。	⑤714頁
	糸魚川市今井	男の七夕といって、笹竹の舟をつくり、姫川へ流し、女の子たちは、女の七夕といい往来に縄をわたし、紙でつくった花嫁人形・花嫁道具などを下げたという。	⑤713頁
富山県	富山市	七夕の笹の下に棚を作り、ナスや瓜、ささげなどを供えた。ナスやキュウリに箸で足をつけ馬の形をしたものを富山市在で供えたりした。	①富山258頁
石川県	羽咋市滝谷町	七夕馬を稗でつくり、その根を馬のたてがみにしたりして座敷に吊るす。お精霊様がこれに乗って来るという。	①石川247頁
	金沢市田ノ島町	昔は、藁で高さ三〇ｾﾝﾁぐらいの馬を作って玄関に飾り、後で川へ流した。	②260頁
宮城県		ほぼ全県にわたり、七月六日に麦がらやコモクサで馬形を作り（七夕馬という）、馬屋や母屋の上にのせる風習がある。亘理郡亘理町田沢では、この馬に田の神が乗って、田巡りをするという。	①宮城229頁
		七月六日の夕方、麦殻か菰草で二頭の馬を作り、七夕の竹飾りの下へ並べ、翌七日朝に馬屋か母屋の屋根の上に載せる。この風は県下ほぼ全域にあり、タナバタ馬またはムカエマッコ（迎え馬こ）と呼ばれている。	④東北169頁
	桃生郡	七日を馬牽きと称し、草で馬四、五頭を作ってこれに草人形をそえ、屋根の上に投げあげておく。	『歳時習俗語彙』460頁（『郷土の伝承』二）
福島県		麦わらで馬を作り、六日夕方門口につないでおく。七夕様がのるともお盆様がのるともいう、終われば馬屋の屋根に上げておく。	①福島260頁
	安達郡安達町上川崎	七月七日、麦わらで作った牝・牡の馬（七夕様を迎える馬）を屋根の軒先に置く。七夕様の織った衣装になぞらえ、廊下・座敷などに衣装を掛けた。笹竹に短冊をさげ軒先に飾る。	②253頁
	西白河郡矢吹町八幡	旧七月七日、麦わらで馬二匹を作り厩の前に置き、一六日に屋根に上げた。	②253頁

県	地域	内容	出典
福島県	相馬郡飯館村飯樋	七夕様を迎えに行く馬を麦わらでつくり、屋根に上げる。	②253頁
	相馬郡鹿島町川子	麦藁で馬を作り、屋根に上げる。	②253頁
	双葉郡富岡町小良ガ浜	麦わらの馬を二匹作り、門につなぐ。	②253頁
	いわき市四倉町戸田	麦わらで馬形を二個作って門口の両側に置く。	②253頁
茨城県		県内全域に分布し、南部の北浦・利根川沿岸に多く分布しているのが特色である。七日の場合は、送り盆（一六日）ではないので、仏様が乗って来る、七夕様が乗って来るなどという。	③第四三集Ⅳ 35頁
	猿島郡岩井町岩井	小麦饅頭と馬を作る。	②254頁
	筑波郡谷和原村南	マコモまたは藁を用いて七夕馬を作る。七夕竹の根本に馬をつないでおく。七夕様が馬に乗って来るという。	③第四三集Ⅳ 37頁
	水海道市大生郷内久根	八月六日にマコモ馬を作る。オカマサマ（カマド神）に上げておいたサナブリ苗の根をタテガミにする。軒下の竹棹の上に雄・雌二匹を向い合わせて乗せ、夜露をかける。翌七日、小麦饅頭を食べさせ、子供が引き回し、夕方七夕飾りと共に川に流す。	③第四三集Ⅳ 35～36頁
	龍ヶ崎市豊田	マコモで馬を作る。神棚に上げておいたサナブリ苗をタテガミにする。馬は一年間玄関の柱に吊るしておく。	③第四三集Ⅳ 36頁
	稲敷郡河内村平川	ナヌカボンの前日にマコモで雌雄の馬を作る。荒神（カマド神）に上げておいた田植えの時の苗をタテガミにする。七日の朝、子供たちは七夕馬を連れてマコモを刈りに行き、庭を引き回したりする。七夕の笹竹の根本に結び付け、小麦饅頭や水を供え、夕方川に流す。	③第四三集Ⅳ 36頁、①茨城 230頁
	稲敷郡牛久町城中	まこもで草馬を作る。たてがみは苗を用い、後で沼に流す。	②254頁
	行方郡潮来町大生	七月七日マコモの馬・牛を作る。子供が引いて行き、草を刈って来る。七夕竹の根本につないでおき、夕方北浦に流したり、屋根の上に投げ上げたりする。	③第四三集Ⅳ 36頁
	行方郡麻生町	七月六日に子供一人につき一頭作る。馬と牛がある。子供たちはこの馬・牛を引いて行って草を刈り、食べさせる真似をする。七夕竹の根本につないでおき、夕方川に流したり、屋根に投げあげたりする。	③第四三集Ⅳ 36頁
	鹿島郡大野村津賀	マコモの牛・馬を作り七夕竹につなぐ。これを引いて草刈りに行き、背中にくくりつけて来る。この草を本物の牛・馬に食べさせ、その後屋根の上に投げ上げる。	③第四三集Ⅳ 36頁
	鹿島郡大野村和	草刈馬と呼ぶ。長さ五、六〇ｾﾝ、高さ三、四〇ｾﾝで七日の早朝この馬を引いて草刈りに行く。	③第四三集Ⅳ 36頁
	鹿島郡大洋村中居	七夕の朝、マコモの馬を引いて草を刈り、本物の馬・牛に食べさせると薬になって病死しないという。	③第四三集Ⅳ 36頁

	鹿島郡加島町爪木	七月七日七夕流しが終わってから、マコモの馬・牛を作り、子供が引いて草刈りに行く。馬・牛を家の柱につなぎ、小麦団子を食べさせる。それから屋根の上に放り投げる。	③第四三集Ⅳ 37頁
		いわゆるまこも馬の分布も全域に濃い。六日に真菰・茅・稲や麦の藁などで馬や牛を作り、七日の朝その牛馬をつれて草刈に行く。	①千葉 224頁
千葉県	松戸市大橋	まこもで作った馬二匹を飾る。	② 257頁
	成田市馬場	まこもで牛・馬を作る。八月七日朝早く子供たちは七夕竹を部落の溜池に流すが、このといは素足で真菰で作った牛と藁で作った馬を引きずってゆく。馬の背には小さな俵が積んであり、これを池の中に入れて豊年になるようにと唱え、牛馬は水に浸けて、帰りに草を刈って馬につけて帰る。真菰牛や藁馬は家畜小屋に屋根に載せておく。	② 257頁 ④関東 215頁
	印旛郡八街町大関	まこもで牛・馬を作り、七日の朝早く俵を牛につけて行って川に流す。草を刈って馬につけてきて、縁側の柱の下に草を敷いてつなぎ、飯をたくときの煮立ちかけた湯を茶碗にとってあげる。馬と牛は後に屋根に上げる。	② 257頁 ④関東 215頁
	香取郡神崎町神崎本宿	まこもか藁で牛・馬を作り、朝草を刈ってきて七夕の竹の下に敷き、その上におく。竹は夕方川に流し、牛・馬は氏神に供える。また人形送り（悪神送り）といって、まこもで人形を作り竹棹の先につけたのを七日朝、次の部落へ送り、境の辺に立てる。	② 257頁 ④関東 215頁
	香取郡干潟町長部	馬と牛を作り、草刈りにつれてゆき、あと屋根に上げておく。	② 257頁
	佐原市返田	藁で牛馬を作り、朝草刈りにつれてゆく。	② 257頁
	茂原市	市周辺には七夕馬を副業に作って行商する人がいるので、車だけ作るところが多い。家によっては盥に水を汲んでお湯を使わせてから屋根に投げ上げ、また草を刈ってきたら赤飯の匂いを嗅がせ、使い終ると荒神様の棚に上げておいて、翌日川に流すところもある。	④関東 216頁
	山武郡九十九里町西野	まこもの馬と牛を車にのせて早朝から走り回った。	② 257頁
	君津郡峰上村恩田	新茅で牛馬の形を作り、赤飯を供える。	② 257頁
	君津市泉	真菰馬は真菰の莫蓙を敷いて載せ、莫蓙は盆棚に敷くとき使った。	④関東 215頁
	市原市姉崎川岸	まこもで作った馬を台車に取り付け、七夕の朝、刈り取った草を馬の背にのせて引いて帰る。	② 258頁
	市原郡加茂村高滝	子供は、朝草六把を麦からで作った馬につけて引いた。	② 258頁
	巴楽郡	この一帯では六日にマコモで「七夕様の馬」をつくる。全長一・五㍍。庭先に雄雌一対を七夕飾りを支える横竹に向かい合わせにおき、その下に赤飯、杯、灯明を供える。七日の夕方、子供が川に流す、火難除けとして屋根にあげる、魔除けとして一年軒下にとっておくなどする。	④関東 53〜54頁

群馬県	邑楽郡板倉町	カツモ（真菰）を刈ってきて、これでカツモウマを作り、家の門に飾る。新竹に色紙で短冊を作り、軒先に飾る。赤城村ではかつて子どもの着物を一緒に飾ったり、鬼石町ではこの竹にネブタの枝と大豆の枝をそえる。七日の夕刻にそれを川に捨てるのをネブタナガシ・マメナガシなどという。	①群馬239頁
	館林市足次	笹に色紙をつけ、カツモの馬二頭を作り、ごちそうして祝う。	②255頁
埼玉県		平野部では真菰の馬をつくる。両端に短冊をつけた笹竹をたて、これに差し渡した竹の中央に向い合せに雌雄二頭の馬をくくりつける。お盆に来る仏を天の川に出迎えるためだという。七日の夕方、子どもたちは笹竹の色紙を馬の首に飾りつけ、引回して川に流す（北埼玉郡大利根村）	①埼玉232頁
	熊谷市久下	六日にマコモで雌雄一対の馬を作る。笹竹とともに、マコモで作った縄で相向いに吊り下げ、軒下や庭先に飾った。七夕様が乗る馬といわれた。馬は玄関に吊るしておき、魔除けとした。昭和二〇年代までどこの家でも行っていた。	③第四三集Ⅳ 111頁
	北本市	八月六日の夕方、母屋の前の庭に杭を二本打って竹を立てる。約一㍍の高さのところに横に竹を渡し、マコモで作った馬を二匹向かい合わせにして飾る。馬は屋根の上に上げておく例もあるが軒先に吊るしておく例が多い。	③第四三集Ⅳ 138頁
	浦和市大久保領家	六日にまこもで馬の形を二匹作り、向かい合わせて棒にまたがせる。七日夕方に近くの川口に流す。	②256頁 ④関東274頁
	浦和市	六日にマコモの馬を雌雄2頭作る（全長約二㍍）。六日の晩をヨミヤ（宵宮）といい、庭先に笹竹を立て、竹竿を横に渡して二匹の馬を向かい合わせに飾る。七日の夕方、子供たちが馬を引いて歩いたり、屋根に投げ上げたりし、供物の豆類と共に川に流した。	③第四三集Ⅳ 123〜124頁
	北足立郡朝霞町膝折	まこもの馬（牝・牡）を作り、向かい合わせて竹の横棒にのせ、七夕が終わると母屋にほうり上げる。	②256頁
	大宮市深作	まこもで七夕の馬を作り、向かい合わせて屋根にのせた。	②256頁
	比企郡川島村上八ツ林	まこもの馬（牝・牡）を物干しざおに飾る。	②256頁
	比企郡川島町	飾り付けた笹竹の並びに、三叉を二組作り、笹を渡し、その上に藁で作った雄・雌二匹の馬を向かい合わせにする。昼の供物が終わると、子供たちが川に流す。	③第四三集Ⅳ 151頁
	秩父郡長瀞町	チガヤでテンマ（天馬）雄雌二頭を作って吊るす家もある。七夕様に願い事を伝えてくれるとも、里帰りの仏様を迎えに行くのだともいう。	③第四三集Ⅳ 158頁
	北埼玉郡騎西町正能	六日の晩にまこもで作った馬二頭を左右にし、中間に縄を張り、竹と竹との中間に飾る。	②257頁

埼玉県	北埼玉郡北川辺村飯積	まこもで馬を二つ作り、横にした竹竿にその馬を向き合わせに並べる。	②257頁
	北埼玉郡大利根町旗井	六日にマコモで雌雄の馬を作る。六日の夕方に二本の竹を立て、その2本の竹にもう一本渡して、その竹に二匹の馬を向い合わせになるように縛る。七日の夕方には馬も利根川に流すが、小さい子供がいる家では子供が馬を引いて遊ぶ。	③第四三集Ⅳ198頁
	南埼玉郡久喜町吉羽	まこもで馬を作り、竹竿に向かい合わせに乗せた。	②257頁
	南埼玉郡白岡町	六日の夕方にマコモで雄・雌二頭の馬を作り、母屋の庭先に笹飾りを立てその下に二頭向き合うように笹竹を横にした上に飾り付ける。雄には緑の色紙を、雌には赤の色紙を胴体の部分に巻きつけて「鞍」と呼ぶ。七夕が終わると、火災除けの為に屋根に投げ上げたり、悪魔よけや流行病を背負わないように天井の梁に結び付ける。	③第四三集Ⅳ202頁
	北葛飾郡杉戸町下高野	まこもで作った馬二頭を向い合わせて竹棒につけ、竹笹に飾りつける。	②257頁
	北葛飾郡庄和村倉常	マクモで馬を作り、縁先に供える。	②257頁
	北葛飾郡松伏町	八月六日の夕方から七日の夕方までマクモで作った七夕の馬を飾る。雄は全長一五〇チセン、メスは全長一〇〇チセン。この馬に先祖が乗って帰るといわれている。庭に青竹で簡単な第を組んで、一間の高さに渡した棒に馬をまたがせ結わえ付ける。馬は雌雄の二匹で向かい合わせに置く。七夕の期間中に限らないが、馬を作ったマクモの残りで盆茣蓙や盆縄を作る。昔から「七夕のマクモで盆茣蓙つくれや」という。	③第四三集Ⅳ209頁
東京都	保谷市上保谷	八月七日の七夕に、藁で馬を二匹作り、七夕の竹二本の間に竹を渡してこれをのせ、七夕が終わるとこの馬を屋根の上にあげる。世田谷区粕谷や下祖師谷でも以前は七月七日に茅で七夕様の馬を作って屋根に上げ、終わると川に流した。	①東京258頁
	世田谷区粕谷・祖師谷	以前は七月七日に七夕様の馬といって、ちがやで馬の形を作って屋根に上げる、終わると川に流した。	①東京259頁
山梨県	南都留郡忍野村内野	七日の七夕に、藁馬を作って畑の瓜棚（瓜架）にそれを載せて早くも祖霊を迎えようとしている。	④南中部49頁
	南都留郡河口湖町大石	この日藁馬を作って供える。迎え馬である。	④南中部49頁
静岡県		七夕馬を作る地方も多く、七夕さんはこの馬に乗って、田畑の害虫を捕ってくれるのだともいう。	④南中部133頁
	北駿	道芝で七夕馬（雄・雌）を作って飾る。七夕様はこの馬に乗って田畑の害虫をとってくれるという。	①静岡225頁

	駿東郡小山町大御神	道芝で二五〜三〇㌢の男馬・女馬を作り、鞍棚におく。馬小屋が火災にあったとき、馬が火を見てもおそれずに外へ飛び出すという。今、七夕馬はやらなくなった。	②263頁
岐阜県		七夕に大八賀川の両岸にある七夕岩という大岩に注連縄をはる。その年に男の子が生まれると藁で馬を作ってつけ、女の子が生まれた家では宝舟をつける。	④南中部222頁
岡山県	倉敷市西阿知	七月七日、なす・なんばきびで牛馬を作って供える。	②270頁
	和気郡備前町香登本	八月六日初もの食いといって、なすの馬、なんばきび、ほうずき、スイカ、瓜、また焼き餅などを供える。	②270頁
	御津郡御津町紙工ほか	八月七日、きゅうりやなすで牛や馬を作り、おまつりする。	②270頁
	新見市正田	六日の朝、若竹に短冊、枝のついた栗・柿・ホオズキ・ナンバ（トウモロコシ）などを吊るして供える。また机などを出して、その上にキュウリの馬・ナスの牛・ミョウガの鶏やぼた餅、お神酒、燈明などを供えて七夕様をまつる。	③第三三集Ⅰ134頁
広島県	比婆郡東城町塩原	旧七月六日、きゅうりで馬、なすで牛をつくる。	②273頁
高知県	高岡郡・幡多郡	奥地では藁製の牛馬を短冊や農作物と一緒に吊るしている。	①高知224頁
	高岡郡中土佐町大坂	家ごとに近くの谷川へ縄を張り渡し、これに色紙・ナス・田芋の葉茎・きびの葉・藁馬などを吊るした。	③第五八集Ⅵ72頁
	高岡郡中土佐町大川内	谷川にしめ縄を張り、これに稲穂・粟の葉・ナス・豆・藁馬などを吊るしていた。娘たちは裁縫の上達を願って白糸と田芋の葉に水を入れて供えていた。	③第五八集Ⅵ72頁
	高岡郡檮原村四万川	たなばたさま迎えに藁馬をつくる。	③277頁
熊本県	芦北地方*	川の上に七夕綱を張る。芦北町白木では六日夜、ニセ（青年）たちが公民館に集まり、各家から集めた藁で長さ一五㍍ほどの綱をない、この綱に藁で作った人形、馬、草履、卵、団子、牛の草履をぶら下げる。	④九州202〜203頁
大分県		男児は瓢箪・農具、女児は衣服の雛型などを紙で切ってつける。竹田市神原では茄子で作った馬を下げる。	④九州240頁

『日本の民俗』（表内①）一九七一〜七五年、『日本民俗地図Ⅰ』（表内②）一九六九年、『無形の民俗文化財記録』Ⅰ〜Ⅷ（盆行事、表内③）一九九〇〜二〇一九年、『東北の歳時習俗』—『九州の歳時習俗』（表内④）全8巻明玄書房一九七五年、『新潟県史資料編二二民俗・文化財1　民俗編Ⅰ』（表内⑤）などをもとに作成

＊芦北地方については本文中でふれている。

第二部　埋葬墓地の民俗と歴史

第一章　埋葬墓地とその立地

第一節　「葬制の沿革について」

埋葬墓地とその立地について早くから注目していたのは柳田國男「葬制の沿革について」であった（柳田　一九九〇〈一九二九〉）。その中で柳田は次のように述べている。「墓地を寺院に託するようになった起原は、純然たる歴史の問題として、記録の上からもほぼこれを尋ね究めることができるが、その一つ以前の状態が明らかにならぬ限りは、実はまだ風俗推移の動機を説くわけには行かぬ。それには現在の地方資料の、ほとんど無意義に保存せられていたものを、改めて整理してみるより他はないのである。屋敷と接近した控え地の片隅などに、先祖代々の石塔を守護している例は、関東奥羽の村々に多いのみならず、これとまったく隔絶した南九州の山村などにも、往々にしてこれを目撃したことがある。死穢を忌み怖れた古来の気風から推すと、何か特別の事情なり原因なりがあったと言わなければ、こういう異例は解しがたいようであるが、実際は都邑の生活が始まって以来、だんだんにこの慣行がすたれたというのみで、現にその分布は全国であるから、これをもってかつて我々の間に、一種居地を埋葬地とする風習をもつ部族が、入り交って住んでいたという証拠にすることはできない」。

つまり、柳田は歴史の上でほぼその成立が推定できる、現在各地にみられる寺の墓地という形態と比べてその一つ前の時代の墓地の状態を知るためには、地方資料をあらためて整理する必要があるということ、そのなかで屋敷と接近した控え地の片隅などに先祖代々の石塔を建ててそれを守り伝えている例が関東奥羽の村々と、南九州の山村などに見られることに注目しており、それは、死穢忌避観念との関係から推測するならば解し難い「異例」であるとのべていた。

これまでの民俗学では、たとえば両墓制をめぐる研究でも、近畿地方などにみられるサンマイやミハカなどと呼ばれる埋葬墓地は、共同利用が基本であり、その立地は集落から離れたところにあり、遺骸は棄てるようなもので、その地域の人びとの遺骸へのこだわりのなさ、死穢忌避観念の強さが特徴として指摘されてきた。それらの埋葬墓地は集落の成員による共有の原則のもとで、空いているところに次々と埋葬するかたちがとられていたが、明治期以降、家ごとの区画が設けられるようになっていった例もみられる。

そのような強い死穢忌避観念を特徴とする近畿地方村落の共有墓地と、関東奥羽、そして九州南部のような屋敷地と接近した控え地への墓地の立地は、柳田が注目したように確かに対照的である。また、関東や東北の村落では、集落によっては埋葬墓地と神社とが隣接しているような事例も少なくなく、近畿地方の宮座を伝承している村落の場合には、神社と埋葬墓地とはまったく遠い場所に立地している、そのような景観とは大きく異なっている。墓地の立地と屋敷地とだけでなく、墓地と神社についても、関東東北地方と九州南部地方とでは近畿地方の事例にみるような死穢忌避の観念の希薄さがその特徴として指摘できる。

なお、この柳田の「葬制の沿革について」という論文は、その後の民俗学の研究に大きな影響を与えてきた重要なものであったことにも触れておこう。その学史的な位置づけをここで行なっておくと以下のとおりである。第一には、昭和三〇年代に活発化した両墓制をめぐる議論に大きな影響を与えたということである。

「墓地にはかくのごとく、もと二つの種類があって、かりに区別の名を設けるとすれば一方を葬地、他の一方を祭地とでもいわなければならなかったことは、現在各地方の仕来りの中からでも、かなり明瞭にこれを実証することができるように思う」と述べている。そして、「当初人が少なく林叢のなお豊かであった時代には、オキツスタへの葬法は自然であった」、「単なる薄葬というよりも、常民はまだ今日いうがごとき土葬なるものを行わなかったのである」と述べて、古い時代には賽の河原に関連するようなカワラへの葬送や天然の岩屋を葬処とするような葬法もあった可能性について、文献や民俗のさまざまな情報を参考に指摘していた。そして、「第一次の葬地」と「第二次墓地」「第二次の葬処」という語、また「二度の葬式」などの語が柳田の知っている歴史と民俗の情報をもとに縦横に発信されていた。そして、難解な文章になっていたのであるが、さらに、第二には、その一方で「後々は祭祀の力をもって、亡魂の来たって石に憑ることを、信じ得るようになったけれども、最初は現実に骨を移しかつこれを管理しなければ、子孫は祖先と交通することができず、従って家の名を継承する資格がないものと考えていたのではあるまいか。姓をカバネといい、カバネが骨という語と関係があるらしいから、私は仮にそう想像する」と述べており、日本の古来の葬法が遺体遺棄なのか遺骨重視なのかという点について、真逆な解釈の可能性を残すような文章となっていた。

柳田の論はもちろん自分なりには筋の通ったものであったのであろうが、読者においてはその後の昭和三〇年代以降の両墓制研究の歴史の中でその点が混乱をもたらしたのであった。一方では、オキツスタへから連想される遺体遺棄葬が古い葬法であるというとらえ方がなされ、もう一方では、カバネが重視されるという指摘から改葬や洗骨という葬法が古いものであり、柳田が古い葬法としてオキツスタへとカバネという語で解説していたとして、そのために、両墓制は本土に伝えられる死穢忌避と霊肉別留の観念による墓制か（原田一九五九、一九六七）、南島に伝えられる洗骨改葬の習俗につながる遺骨祭祀の観念による墓制か（国分一九六三、一九六八）という、両者の論者の間に論争が起こったのであった（新谷　一九九一）。

その後の両墓制の研究史の展開については、本論でも解説しているところであるが、ここで確認しておくことができるのは以下の点である。日本の遺骸処理法、埋葬墓地の歴史について柳田がこの論文で、なかなか「記録にはこれという証拠がないようである。そうすると現在もなお行われている各地方の葬儀慣習の中から、あるいはその一部の消息を窺うことができないものかどうか。すなわち民俗学の今まで他の方面において試みていた方法は、何かこの問題に対しても新しい光を掲げてくれぬであろうか」と述べていたその期待には、いまの民俗学では少しでも応えることができるようになっているのではないかということである。以下の論説が僭越ながらそれに当たるのではないかと考えている。

第二節　屋敷地や畑地の埋葬墓地

そこで、あらためてここに日本各地の埋葬墓地の設営のあり方について、地方ごとのちがいを民俗の情報から整理しておくと以下のとおりである。一つのタイプは散在型である。もう一つのタイプは集中型である。そして、民俗学が注目してきた両墓制は集中型が基本であり、散在型は特別な事情によるものである。まず、散在型の事例を紹介してみる。それに注目した早い例が、高取正男「屋敷付属の墓地―死の忌みをめぐって―」であった。それは具体的な調査事例に基づくものではなく概説的な論文であるが、屋敷付属の墓地の事例が、柳田國男のいうように各地に多くみられること、そして、かつての平安京の時代にも河川敷に葬送地があったことを指摘して、「死穢を忌む習俗はけっして全国一様ではない。そのこと自身、これが歴史的産物であることの証拠といえよう」と述べている。そして、葬制といえばただちに死穢の忌みとだけ考えてきたそれまでの民俗学の研究を批判し、また両墓制との関係だけではなく、「屋敷近くに埋葬地をもつことも由来のある古い習俗」であるととらえる視点の必要性を指摘している〔高取　一九七九〈一九七六〉〕。

同じ頃、上井久義「家と墓の一考察」は、徳島県の吉野川の一支流である穴吹川流域の山間部に位置する麻植郡木屋平村などの村落では、墓地の立地は「耕地の中央にあるもの、耕地の境をなす道にそったもの、屋敷地の内にあるものなど多様である。一般的な傾向としては、山村であるために一筆当りの耕作面積が狭いので、土地利用の面からも、耕地の片すみに置かれているものが最も多く、やや広い耕地にはその内部に設けられるものが多い」と述べている。散在する墓に注目して、いわば石塔建立以前の墓の歴史の位置づけを試みている。穴吹町半平の旧家である緒方家の「先祖書」および「緒方家明暦以来系図」から、誰がどこを墓所としたかを分析し、初期は夫婦の墓所が隣接した「散墓型」だったが、享和頃から墓所が集中してきて、天明八年〔一七八八〕に他界した人物の頃から個人単位の石塔を埋葬墓の上にたてるようになった、そして明治初年にはこの一角が一畝一四歩の広さの緒方家の墓地として地籍簿に現れたことを追跡している〔上井　一九七九〈一九七六〉〕。上井はそうして、石塔建立と先祖祭祀の近世的なあり方以前の様子が、この地域の耕地や屋敷などに散在する墓に残されている、つまり中世的な墓の形態を伝えているものだと指摘している。

また、竹田聴洲は奈良県都祁郡吐山の調査から、石塔建立以前は寺が両墓制でいうところの詣り墓であったといい〔竹田　一九七二〕、上井も寺跡に古い板碑群が残されていることから、ここが一種の詣り墓的な性格を備えた両墓制の一形態とみることができると述べている。それらの論はいずれも当時注目されていた両墓制の問題との関連でその枠組みにあてはめて考えようとしているものであり、詣り墓という概念にとらわれた解釈であった点が当時の研究視角の上での限界だったといえよう。

一方、四国地方の埋葬墓地については、両墓制とは関係のない地元関係者の視点からの調査が参考になる。木屋平村については、昭和三六年（一九六一）に教育長だった三木寛人が村長に依頼されて編集した『木屋平村史』の報告がある。それによると、「江戸時代には死者の埋葬は、家々で好むところへ勝手に埋葬した。村内何処へ行っても畑の中や、家のまわりに散在している墓をみることができる。開墾した土地に対する愛着が畑の中や家の屋敷内に墓を造らせたものと思う」とある。それが、明治になって法令によって勝手に今までのように埋葬することができなくなり、共同墓地ができた。そのような墓地は村内いたる所にあり、集落からあまり遠くないところにつくられており、共同墓地の利用には家ごとに区画がなされている集落と、あいている都合のよい場所へ勝手に墓を造ることのできるのとがあるという（三木　一九七一）。

この明治期の法令というのは、明治三年（一八七〇）七月に県から村々に出されたもので、「農民共是迄自分控之良田を往々墓地ニ致候向も有之趣、右者己来厳密ニ取究候間村内在来の寺院又は三昧《さんまい》と唱候場処へ葬埋いたし可申、尤葬祭者大切之事ニ而、祖先を尊崇の義は勿論ニ候得ば、最寄隣村に三昧抔無之向、耕作障り不相成ケ処見立、合葬場可願候得ば、見分の上指許可申事　但是迄控田地ニ有之墳墓改葬いたし候義は可為勝手事」とあるもので、田畑に墓地をつくるのを禁止する、最寄の隣村に三昧などがなく、耕作に支障がないところに葬場を合わせるならば見分の上で許可する。田畑にある墳墓を改葬するのは勝手に行なってよい、とされたということであった（藤丸　一九七九）。

この木屋平村のほかにも徳島県では畑の真ん中や一番良い畑に家の主人や後継者が死亡した場合に埋葬したという事例が報告されている（『日本民俗調査報告書集成　四国の民俗　徳島県編』）。たとえば、美馬郡一宇村では、「特に江戸時代、戸主や長男が死亡したとき、財産は全部その人の物であるといって、家の前尾尻（家の前後）の一番良い畑の中央へ埋葬していた」（一宇村史編纂委員会　一九七二）。

徳島県三好郡井川町野住では、大正時代までは家屋の近くに埋葬していたが、昭和になって峠に近い山腹に埋葬するようになった。それでも若い後継者が亡くなった場合などには家屋の近くに埋葬する。また県内各地に良田畑の真ん中に墓がみられるが、家の主人または長男が若くして死亡した時、遺言や親がその子への愛情から「お前に相続させるぞ」という意味で、最良の田畑の中央に墓所を決めるなどしていたものだという（藤丸　一九七九）。

そのような徳島県の事例や東京都南檜原村の事例をもとに、加藤正春「畑の一隅に死者を葬る習俗をめぐって―葬送・墓制史の理解のために―」は、一番良い畑への埋葬という習俗は「耕地の中央への死者の埋葬が家観念と家々の土地所有観念を強く表出するもの」と指摘している（加藤　二〇一二）。

また、愛媛県伊予三島市中ノ川では、長男が年若くして死亡した場合に、家の近くにある畑に土葬するのをワケメ墓と呼ぶ。その子に対し何一つ相続させてやることができなかったのを不憫として、死者にその畑を相続させる意図から造られた墓だといわれているという（森　一九七九）。高知県でも土佐郡大川村には畑の中にヒトツバカと呼ばれる墓があり、これは畑の開拓者の墓だと伝えられているという。また、長岡郡大豊町でも軒下、背戸、庭先など家の周囲に墓がある。すでにほとんどの墓の由来がわからなくなっているというが、それでも盆や春秋の彼岸にはまつっている。全体に、山村では個人墓地や一族の墓地が多いことが注目されている（坂本　一九七九）。

また、南九州においても、鹿児島県では屋敷内に墓地がある地域が多いと報告されている（水流　一九七九）。

京都府においても、通常はそれぞれ所有の田の横や山に埋める（舞鶴市田井）、墓地は家ごとにある（北桑田郡美山町芦生。由良川の最も上流の谷間にある集落）、墓地は一カ所にまとまらず各家がめいめい別個にもっている（左京区花背原地町。大堰川の両側に僅少の耕地が開けているにすぎぬ山間の村）（大島・松崎・宮本・植木編　一九九五）。綾部市於与岐《およぎ》町字大又《おおまた》という弥仙山の西麓、伊佐津川上流の袋谷に位置する集落でも、ミバカと呼ばれる埋め墓は各自家の裏手にもっていて、多くは畑のふちにあって川原の丸石が置いてあり、畑を耕すときミバカの石に土をかけるのを忌むという（京都府教育委員会　一九六五）。そして、丹波国大山荘に位置する兵庫県篠山市大字一印谷という小さな谷に沿って家が点在する集落では、各家の背後の山に埋葬墓地がある。この調査に参加していた勝田至は、この丹波国大山荘域では、一五地区の大部分が村外れの山中にあるイケバカと株ごとに集落近くにキヨバカを有する両墓制であるのに対し、一印谷だけが埋め墓を各家の背後につくるという形態であるといい、それについて、それぞれの村落の歴史的・地理的条件が影響していることを指摘している（勝田　二〇〇六、大山荘調査団　一九八八）。

こうしてみると、たとえば山間部の谷間に形成された耕作地の狭小な集落では、共有の埋葬墓地ではなく、家ごとに屋敷や耕地に埋葬するかたちが多く報告されていることが注意される。

ただ平野部の事例でも、島根県の出雲平野では屋敷の西、北の二方あるいは、西、北、東の三方に防風林の築地松がめぐらされているが、その屋敷の入口に墓地がある例が多いことが注目される。短い報告ではあるが、島根県簸川の岡義重が「埋葬地、樹木信仰」において、「屋敷の一隅に墓をもつものが多くある。家は南面するが、上位に当る西南隅に多くあって、門を出て、垣に沿って墓詣道がある庭の一角ではあるが生垣などで仕切られてある。畑の中にも埋葬地があるが、屋敷に接してゐるのが七八割くらいはある」といい、一方、屋敷の西北隅などには荒神が樹木に幣を立て、注連を巻いてまつられているのもあると述べている（岡　一九四一）。

出雲平野の屋敷墓については「屋敷墓の研究」（『山陰民俗叢書五　葬・墓・祖霊信仰』山陰民俗学会編　島根日日新聞社一九九七）にまとめられている。屋敷地の近くに墓を設けた理由として「出水に苦しめられた歴史的背景から、その被害をさけるため」と説明され、南西に墓を設けるのは「家の上側《かしら》だから」といわれている。それは斐伊川をはじめ川の流れも西から東へ流れていることからきているという（竹内　一九九五）。

筆者の調査によれば、現在でも島根県の出雲平野を訪れるとその屋敷付属の墓地がみられるが、その島根県から広島県や岡山県の中国山地一帯でも、家屋敷に近いところに墓地が設けられている例が多い。

佐藤米司は岡山市野殿をはじめ岡山県川上郡備中町安岡、同吉備郡真備町岡田字桜や奈良県吉野郡などの事例をあげながら、家のすぐそばに墓地があるという事例は各地に、しかもかなり広い地域にみられるのではないかと述べている（佐藤　一九八一）。

図15　屋敷地にある墓地．島根県

なお、埋葬墓地の形態や景観と関連するものとしての両墓制についての民俗学の研究については、次のとおりである。昭和九年（一九三四）から一一年にかけて行なわれた「山村生活調査」の過程で、茨城県高岡村や三重県飯南郡森村などの調査地で、埋葬墓地と石塔墓地との立地が別々になっている事例が注目された。そして、それを両墓制という用語で表現したのは大間知篤三「両墓制の資料」からであった（大間知　一九三六）。その後、鈴木棠三「両墓制の一資料」では、静岡県磐田郡阿多古村東藤平の墓地について、明治以後の警察の干渉によって共同墓地として設けられた埋葬墓地と、個人の畑の隅や屋敷の中などに石だけ建てている事例を両墓制と呼ぶべきか否かは速断すべきでないと慎重な意見が述べられている（鈴木　一九三九）。佐藤米司「葬制と墓制」でも、青森県南津軽郡木造町出来島では、明治二五、六年以降、共同墓地ができることによって、埋め墓と詣り墓ができたが、それ以前は各自の屋敷のまわりに埋葬していたため、両墓制といえるのかという疑問も出されていた（佐藤　一九七〇）。

しかし、そのころ埋葬墓地を第一次墓地、石塔を第二次墓地とするとらえ方が定型化してきていたため、明治以降、共同墓地を設営することになったのを第一次墓地とみなして、両墓制を前提とした調査報告が、たとえば東京都檜原村の事例などでなされていった（大藤　一九三六、一九三七、最上　一九五〇、田中　一九七三、ほか）。

両墓制についての研究では、大間知篤三に始まる第一段階は、埋葬墓地と石塔墓地との立地が別々になっているという景観を基準に両墓制とみなして資料報告がなされていたが、なぜその地域に共有の墓地が設営されたのかという経緯の追跡の上で、柳田のいう「墓地を寺院に托するやうになった」「その一つ前の状態」を考えることを、その時点では軽視していたという点がやはり問題であった。

これについて、新谷尚紀「天竜川流域の墓制―静岡県磐田郡佐久間町―」と同「両墓制の分布についての覚書」がその経緯を追跡し確認しており、佐久間町福沢、出馬、天竜市神沢の墓地では、かついずれも家ごとの屋敷近くの畑地などに点々と埋葬し、その上に石塔を建てていたのだが、それは「墓地の六尺四方は年貢が免除になるといって各自勝手に家の近くの畑に埋め小型の石塔があちこちに建っていた」といわれており、年貢がかけられない免租地、免税地として子孫もその墓地を守りやすいのだと古老から教えられていたという話が聞かれていた。それが、明治期から大正期にかけて警察署の強い指示のもとに新たに集落から離れた山地に共同墓地が設けられたのだといい、現在のように埋葬は共同墓地へ、明治以前から家の側に墓を設営していた家はその墓もそのまま大事にしており、古い墓地が家の近くに、新しい共同墓地が遠くに作られて現在に至っているということが、実際に現地で墓地移転を行なった体験者から聞かれている。そして、それが家によっては二カ所の墓を有する例があるという現状の背景にあるのだと指摘している。そして、この一九七〇年代前半の研究状況について、もともとは単墓制であって両墓制ではなかったものが行政の関与による共同墓地の新設によって一見両墓制的な形態へと転じたそのような例については、近畿地方の一般的な両墓制とははっきりと区別すべきであると指摘されている（新谷　一九七五、一九九三など）。

以上、各地の埋葬墓地の立地についての調査と報告からは、以下のことが指摘できる。

第一に、埋葬墓地には石塔墓地とは別の歴史があるということが指摘できる。とくに、明治期の政府の政策による衛生面からの集落から遠隔地への埋葬墓地の移設と、それにともなう共同墓地の設置という動向があったこと、しかし、その一方では伝統的に旧来の家屋敷に近い場所へ埋葬墓地を設営してきていた歴史があり、その形態が維持されてきた例が少なくないことも指摘できる。

第二に、近畿地方の農村地帯に顕著な両墓制と集合的な埋葬墓地の設営の事例とは異なり、日本列島の東西南北の地域では屋敷の近くや良い田畑に跡継ぎを埋葬するなど墓を大事に保存する傾向が特徴的であったことが指摘できる。

第三節　郷　墓

次に、集中型の埋葬墓地の例についてみてみると、まず注目されるのは、近畿地方の奈良盆地などの平野部に数カ村（大字《だいじ》）から十数カ村（大字）が共同で形成している大規模墓地の郷墓である。野崎清孝によれば、奈良盆地における郷墓の数は約一一三カ所であり、その郷墓を利用する大字は小規模なもので四カ大字、大規模なものでは二二カ大字にものぼる。それらは墓郷集団と呼ばれている。野崎によれば、（1）郷墓を中心とする地域的範囲の枠組は固定的であって、近世以来、現在に至るまで変動が少ない。中世銘碑の分布から、その下限は文禄期におかれ、一五～一六世紀に形成されたものと捉えられる、（2）郷墓の利用には地域的な限定性が認められ、墓地に権利を有するものは共同体の一員でなければならない、（3）郷墓は超宗旨的、超檀家的である、などの特性が指摘されている（野崎　一九七三）。

郷墓の成立と変遷について、法隆寺の極楽寺墓地の例を分析したのは細川涼一である。『嘉元記』によれば、一四世紀には「法隆寺寺僧の葬地であると同時に、凡下身分の者の遺骸を捨てる捨て墓」であり、さらに刑場でもあった。近世中期においては『古今一葉集』によれば、極楽寺は法隆寺寺僧の廟所があったほか、近郷五カ村の「雑塚」があった。『斑鳩寺古寺便覧』によれば、文禄年間には近郷の一八カ村が利用する郷墓となり、それら一八カ村は近年まで墓郷を形成していた。極楽寺には天文一七年（一五四八）六月二三日銘「六済（斎）念仏講衆十八人」名号板碑、弘治三年（一五五七）六月銘「大念仏講衆」名号板碑、天正九年（一五八一）七月四日銘名号板碑が残されており、この一六世紀後期には極楽寺が墓寺であると同時に、近郷の村落が大念仏・六斎念仏講を行なう村堂的な機能をも果たしていたことがうかがえ、「極楽寺墓地が近郷の惣墓（共同墓地）として発展するのも、もとよりこの極楽寺の村堂としての性格と無関係ではあるまい」という（細川　一九八三）。

吉井敏幸も、奈良市古市南町共同墓地には一五世紀末から一六世紀はじめの墓石が存在すること、また永禄九年（一五六六）の念仏講衆三六人の名前がある六字名号碑の存在から、もともと武士または寺僧の墓であったのが、戦国後期には民衆墓になっていたという。その背景として、村落の惣または講のような組織の形成がなされたことを指摘している（吉井　一九九三）。

このように郷墓の成立については、一五、六世紀であり、当初は寺僧や武士層の墓地であったが、一六世紀、念仏講の結成や惣結合の展開のなかで一般の村人も利用するようになっていったという見解が示されてきた。

奈良盆地の大規模な郷墓の一つは、二二カ大字が共同利用する御所市の極楽寺墓地である。極楽寺墓地は寺の所有

図16　極楽寺の郷墓．内墓より外墓を望む（2002年）

による内墓と墓郷が入会的に利用してきた外墓とに区分されている。内墓は寺僧の墓地であると同時に寺の本堂再建（天保二年〈一八三一〉）に対して一定の貢献をした家の墓地であったことが墓石からいえる。外墓については、明和六年（一七六九）の『由緒書』に「五反斗《ばか》り此坪千五百火葬場幷廿二ケ村之自他宗惣墓ニ而《しかして》石碑等在之」とあり、外墓は墓郷二二カ村の惣墓として利用されていたことがわかる。また、「外墓はウズミバカ（埋み墓）で、内墓でおまつりをする。内墓をもっていない人は外墓に埋めるだけ」（椋田辰雄さん（明治四四年〈一九一一〉生まれ）であった。椋田さんによれば、この極楽寺墓地は、「明治の始めの頃までは大字ごとにだいたい区画が決まっており、その大字内ではどこに埋めてもいいことになっていた。古いところを掘り返して使用していた。石塔は建てないことになっていた。墓掃除は八月七日と一二月の始めに二二カ大字に居住している人で行なった。個人では墓をいらわせなかったので、大字で出て来て墓掃除をした」という話を弘化年間（一八四四―四七）生まれの祖母から聞いていたという（関沢　二〇〇五）。

ここでは、埋葬墓地は個々の家や屋敷地には設けず、居住地の大字や村から遠く離れていてもこの郷墓の利用が長く維持されてきたのが特徴である。その極楽寺墓地は比較的ながく入会的利用方式が踏襲されてきており、平成一一年（一九九九）に「大字極楽寺地内共同墓地委員会」が結成されたが、これは、外墓のいわば「清掃組合」だといわれており、大規模墓地の入会的利用においては、とくに墓地の清掃は利用者が行なうことが重視されていたことがわかる。

「奈良県風俗志」資料にみる埋葬墓地　奈良県内の墓地の所在、集合状態や利用の実際についての報告情報として貴重なのが、大正四年（一九一五）に調査が行なわれた「奈良県風俗志」資料である（質問項目は、墓域の状態、墓地の清掃、修理、墓地の所在、集合状態、檀那寺と墓地との関係など）。「奈良県風俗志」資料には郷墓という名称は書かれていないが、郷墓が展開している盆地部を中心に報告例をみてみる。

墓地の所在について、生駒郡竜田村・法隆寺村・富郷村の三カ村からの報告には、「龍田町総明墓地、法隆寺富郷極楽寺墓地」とあり、総明墓地と極楽寺墓地という郷墓の利用が確認される。また、山辺郡二階堂村では、「三十坪乃至五十坪ノ広サヲ野原内又ハ寺院内ニ設定シテ墓地トセリ。（墓地ノ所在、集合状態）堤防上又ハ田圃ノ中ニ設定シテ墓地トセリ又寺院内ノ境内ノ一隅ヲ区画シテ墓地トセルモノアリ、一大字ノミノ墓地モアレバ又十大字、五六大字集合セル墓地モアリ」とあり、野原や寺院内に三〇坪ないし五〇坪の広大な墓地が展開していたことがわかる。また、堤防の上や田圃のなか、境内の一隅にも墓地があり、その利用は一大字のものもあれば、一〇大字、五、六大字の共同利用の場合もあることがわかる。高市郡高市村・白檀村・飛鳥村では、「墓地ハ共同墓地個人墓地ノ区別アリ。個人墓地ハ稀レニ見ル所ニシテ多クハ共同墓地ナリ。墓地ニハ焼場ヲ有スルモノト有セザルモノトアリ焼場ヲ有スレドモ土葬スル事アリ。（墓地ノ所在集合状態）各村ノ二三ケ大字共同シテ墓地ヲ有スルアリ、一村集合シテ墓地ヲツクルアリ」とあり、個人墓地も稀にあるが、多くは各村の二、三カ大字による共有である。生駒郡生駒村・南生駒村では、「偶中央地ニ墓地アリテ七八大字之レニ集合スルモアリ、多ク、其部落々々ニアリテ甚ダ便ナリ」調査者の意見として、七、八大字の共同墓地よりも、集落内にある墓地がはなはだ便がよいと書かれているのが注意される。

このように明治から大正にかけては、五、六大字、七、八大字あるいは一〇大字が集合している大規模墓地と、寺院境内墓地や一大字のみの墓地が利用されていたことがわかる。

共同墓地の利用方式について、添上郡平和村の例では、墓地は「明道村大字発志院ノ北端、本村トノ境ニアリテ、平和村若槻、美濃庄、番匠田中、大江、治道村ノ中庄、発志院、白土ノ共同墓地、他ノ一ハ明治村大字西永井ニ在リテ平和村三大字明治村四大字帯解村四大字ノ共同墓地、稗田ニ在リ稗田一大字ノ墓地ナリ」とあるように、複数大字による共同墓地が二カ所と一大字の墓地が一つあった。その利用については「(墓穴の選定方) 数大字ノ共有ノ墓ナルヲ以テ適宜ニ空キ場所ヲ選ブ」とある。また、生駒郡安堵村・平端村・本多村・筒井村でも複数の大字による集合墓地の利用について、「一定ノ区域ヲ作ルガ如キコトナク極メテ雑駁タルモノナリ」とあるように、空いているところに埋めていくという入会が基本だったことがわかる。

墓郷・水郷・宮郷　極楽寺墓地は二三カ大字の利用による墓郷集団を形成してきたが、この吐田郷には、複数の大字による連帯が、水郷、宮郷においてもみられる。水郷については、水越川水系と太田川水系の二つの水系に沿って形成されており、その一つ、水越川水系では、昭和三四年（一九五九）に吉野川分水の利用が始まるが、それまでは半日ずつ上郷と下郷とで水田に水を引く水割りが行なわれていた。そして、「元禄の水論」と呼ばれる水争いの騒動に際しての功労者と語り伝えられている上田角之進の伝説とその功績を顕彰する祭りも現在まで地域で伝承されてきている。また、吐田郷には、大字ごとに氏神の神社をまつっている例もあるが、これと併行して複数の大字によって、一言主神社、高天彦神社、八幡神社、御歳神社を中心とする四つの氏子圏を形成しており、それを宮郷といっている(関沢　二〇〇五)。

そうして、墓地の共同利用は、水利の共同利用とも、氏神の宮の共同祭祀とも関連しており、一つの大字ごとでなく複数の大字との結合によって伝えられてきている点がその特徴である。先の野崎清孝は、郷墓形成の歴史的基盤について、水郷・山郷・宮郷と墓郷の地域的範囲がほぼ一致しているタイプと、水郷・山郷・宮郷と墓郷の地域的範囲に齟齬があるタイプとが存在することを指摘していたが、前者は既成の歴史的地域を踏襲しているのに対し、後者はそれとは別で中世後期の「衆徒・国民の勢力圏＝郷の遺構」であり、衆徒・国民の没落後、一般の人びとの利用するところとなったという見解を示していた（野崎　一九七三）。一方、一九七〇年代に奈良盆地の郷墓を実際に広く現地調査した民俗学の新谷は、墓寺を有さない小規模な郷墓も多く、墓郷は衆徒・国民による上からの編成ばかりではなく、農民たちの独自の連帯の一形式でもあったという、もう一つの見解を示している（新谷　一九九一）。吐田郷の水郷、宮郷と郷墓は、野崎のいう後者のタイプで構成する大字に齟齬がある、ずれている事例である。そこには、用水利用や氏神の神社祭祀をめぐっての一つずつの大字を超えて連帯する結集力が、郷墓利用にもみられることがあらためて注目される。

郷墓から大字への墓地移転　水利の共同利用による水郷、毎年神社祭祀を行なう宮郷、のように安定した集団に比べて、墓郷の場合、人為的で流動的な性格があるのがその特徴である。

極楽寺墓地の墓郷の一つ、水越峠を越えて河内から大和へ入る街道沿いに開けた名柄という町場の集落の墓地利用についてみてみる。明治一八年（一八八五）の極楽寺の郷墓の区画図によると、名柄村が利用している区画には一三名の個人名が確認できるが、すでに名柄では、大字内にある龍正寺（浄土宗）の境内墓地、本久寺（日蓮宗）の境内墓地を利用する檀家があり、ほかに少数ながら近隣集落の他の寺に墓地を有している家もあった。さらに近代以降の新しい変化としては、昭和六年（一九三一）に名柄の集落近くに新墓地が造成されたことが注目される。戦後の昭和二七年（一九五二）に墓域が拡張されている。そのため名柄では、家によって、郷墓と新墓、檀家寺の境内墓地と新墓の二カ所、または郷墓と寺の境内墓地と新墓との三カ所を利用している家もあるというのが現状である。

図17　新墓地の拡張「吐田郷村共有墓地拡張開原式記念」（1952年4月29日）
（提供：澤房之介氏）

図18　新墓地全景（2002年8月）（末吉友一氏協力）

以上、この吐田郷の墓地に関しては、墓郷に由来する郷墓利用、檀家による檀那寺の境内墓地利用、大字近くの新設の共同墓地の利用、という歴史的な三段階の変化がみられる。集落から遠く離れた極楽寺の郷墓を利用していたものが集落近くに埋葬墓地を設営するという点については、「奈良県風俗志」資料の生駒郡生駒村・南生駒村の報告にあるように、墓地の狭隘化（「多クハ狭隘ヲ告ゲ一見他人ノ墓地ト其境ヲ知ラザルガ如キ状態ニテ尤モ狭キハ埋葬ノトキ穴ノ掘リ方ニ迷惑スルモノアリ」）への対応があり、また集落近くへの墓地造成については、「甚だ便なり」と感じられていたことがわかる。そして、そのような変化の背景としては、古くから強かった死穢忌避の観念の希薄化の進行ということが指摘できる。

その後、一九九〇年代後半に国立歴史民俗博物館の基幹研究「地域社会における基層信仰の歴史的研究」（代表　白石太一郎）において、考古学、歴史学、民俗学による奈良盆地の郷墓を中心とする墓制の調査、分析が行なわれ、中山念仏寺墓地、平岡極楽寺墓地、結崎墓地、吐田極楽寺墓地などの大規模墓地の調査により、郷墓の利用形態とその変遷が追跡された（村木　二〇〇四、今尾　二〇〇四、関沢　二〇〇四、白石・村木編　二〇〇四）。石塔の悉皆調査が行なわれ、郷墓における年代ごとの石塔建立の一五、六世紀の動向が具体的に明らかにされたことはその成果の一つであった。しかし、埋葬墓地としての利用については自明のこととされ、両墓制を前提にした分析がなされただけであった（白石　二〇〇四）。

郷墓の利用も、この調査の後、公営火葬場の利用が広まり、それによって墓地の景観も、運営形態も大きく変化していったため、この共同調査は中世以来の伝統を有する郷墓の景観や状態についての実態調査としては最後の機会だったといえよう。

郷墓のような複数の集落による共同の埋葬墓地利用という例としては、他にも滋賀県の湖東に位置する竜王町における埋葬墓地も、中央の平野部ではなく、集落から遠くても薬師《くずし》の山の斜面を五集落が利用している例がある。そのような例もいわば郷墓的な利用の例といえる。ただし、そこには墓寺はみられない。竜王町の例では、氏神の苗村神社に遠慮してという言い方がされるが、聖域としての神社の存在が、死穢を遠ざけているものと観察できる（関沢　二〇〇五）。

以上のような埋葬墓地の郷墓的な利用の背景には、人びとが歴史的に共有してきた強い死穢忌避観念が反映されていると考えられる。大規模な郷墓の設営というのは、結局のところ忌避すべき死穢の遺骸を処理するいわば「捨て場」を、集落の近くで人目についてしまうような場所ではなく、遠くに離れた場所を選んで、そこに多くの大字が次々と参加して共同で設営、利用するという方式がとられてきたところにその成立の要因があったといえるであろう。そして、それが、近年では集落近くに各大字で新しい墓地を設けてきているという動きからすると、死穢忌避観念の希薄化と墓地利用の便利化という二つの変化を読み取ることができるであろう。

以上、埋葬墓地の設営のされ方の地域差について、これまでの研究から紹介してきたが、次章では、民俗学が長く研究対象としてきた両墓制の成果の確認と残された課題について検証していくこととする。

参考文献

一宇村史編纂委員会　一九七二『一宇村史』
今尾文昭　二〇〇四「墓郷形成の前提―大和・結崎墓地の周辺―」(『国立歴史民俗博物館研究報告』一一二)
上井久義　一九七九(一九七六)「家と墓の一考察」(『葬送墓制研究集成五　墓の歴史』名著出版)
大島暁夫・松崎憲三・宮本袈裟雄・植木行宣編　一九九五『日本民俗調査報告書集成　近畿の民俗　京都府編』三一書房
大島暁夫・松崎憲三・宮本袈裟雄・森本喜訓編　一九九七『日本民俗調査報告書集成　四国の民俗　徳島県編』三一書房
大藤時彦　一九三七「両墓制」(『民間伝承』二―一〇)
大間知篤三　一九三六「両墓制の資料」(山村生活調査第二回報告書)
大山荘調査団　一九八八『丹波国大山荘　現況調査報告Ⅳ』西紀・丹南町教育委員会
岡義重　一九四一「埋葬地、樹木信仰」(『民間伝承』六―一二)
勝田至　二〇〇六『日本中世の墓と葬送』吉川弘文館
加藤正春　二〇一二「畑の一隅に死者を葬る習俗をめぐって―葬送・墓制史の理解のために―」(『岡山民俗』二三三)
京都府教育委員会　一九六五『丹波地区民俗資料調査報告書』
国分直一　一九六三「日本およびわが南島における葬制上の諸問題」(『民族学研究』二七―二)
国分直一　一九六八「わが先史古代の複葬とその伝統」(『日本民俗学会報』五八)
国立歴史民俗博物館　二〇一二『葬墓制関係写真資料集一』
坂本正夫　一九七九「高知県の葬送・墓制」(市原輝士・藤丸昭・森正史・坂本正夫『四国の葬送・墓制』明玄書房)
佐藤米司　一九七〇「葬制と墓制」(和歌森太郎編『津軽の民俗』吉川弘文館)
佐藤米司　一九八一「岡山市野殿の墓制―家屋敷に隣接する墓地と死穢の忌みの問題―」(『日本民俗学』一三七)
山陰民俗学会編　一九九七「屋敷墓の研究」(『山陰民俗叢書五　葬・墓・祖霊信仰』島根日日新聞社)
白石太一郎・村木二郎編　二〇〇四『国立歴史民俗博物館研究報告』一一二(「地域社会と基層信仰」)

白石太一郎　二〇〇四「中・近世の大和における墓地景観の変遷とその意味」(『国立歴史民俗博物館研究報告』一一二)
新谷尚紀　一九七五「天竜川流域の墓制―静岡県磐田郡佐久間町―」(『社会と伝承』一四―四)
新谷尚紀　一九九一『両墓制と他界観』吉川弘文館
新谷尚紀　一九九三「両墓制の分布についての覚書」(『国立歴史民俗博物館研究報告』四九、一九九三年)
鈴木棠三　一九三九「両墓制の一資料」(『民間伝承』五―一)
関沢まゆみ　二〇〇五『宮座と墓制の歴史民俗』吉川弘文館
高取正男　一九七九(一九七六)「屋敷付属の墓地―死の忌みをめぐって―」(『葬送墓制研究集成五　墓の歴史』名著出版)
竹内正樹　一九九三「出雲平野の屋敷墓に見る祖先祭祀の形態と構造―簸川郡斐川町中洲を事例として―」(『山陰民俗』六〇)
竹田聴洲　一九七一『民俗仏教と祖先信仰』東京大学出版会
田中熊雄　一九七九「宮崎県の葬送・墓制」(市原輝士・藤丸昭・森正史・阪本正夫『四国の葬送・墓制』明玄書房)
田中正明　一九七三「東京都檜原村南檜原の両墓制」(『日本民俗学』八六)
野崎清孝　一九七三「奈良盆地における歴史的地域に関する一問題―墓郷集団をめぐって―」(『人文地理』二五―一)
原田敏明　一九七〇(一九五九)「両墓制の問題」(『宗教と民俗』東海大学出版会　一九七〇所収)
原田敏明　一九七〇(一九六七)「両墓制の問題再論」(前掲『宗教と民俗』所収)
藤丸昭　一九七九「徳島県の葬送・墓制」(市原輝士・藤丸昭・森正史・坂本正夫『四国の葬送・墓制』明玄書房)
細川涼一　一九八三「中世の法隆寺と寺辺民衆―勧進聖・三昧聖・刑吏―」(『部落問題研究』七六、のちに『中世の身分制と非人』日本エディタースクール出版部　一九九四所収)
三木寛人　一九七一『木屋平村史』
水流郁郎　一九七九「鹿児島県の葬送・墓制」(中村正夫・安田宗生・市場直次郎・田中熊雄・山口麻太郎・水流郁郎・小泊立矢『九州の葬送墓制』明玄書房)
村木二郎　二〇〇四「石塔の多様化と消長―天理市中山念仏墓地の背光五輪塔から―」(『国立歴史民俗博物館研究報告』一一二)
最上孝敬　一九五〇「多摩の民俗」(『民間伝承』一四―二)

森正史　一九七九「愛媛県の葬送・墓制」（市原輝士・藤丸昭・森正史・阪本正夫『四国の葬送・墓制』明玄書房）
柳田國男　一九九〇（一九二九）「葬制の沿革について」（『柳田國男全集』一二　ちくま文庫）
吉井敏幸　一九九三「中世群集墓遺跡からみた惣墓の成立」（『国立歴史民俗博物館研究報告』四九）

第二章　河川と災害と墓地

――逆利用の論理――

第一節　近畿地方の両墓制と埋葬墓地

近畿地方の農村では長い間、遺骸を埋葬するサンマイ（三昧）とかミハカ（身墓）あるいはステバカ（捨て墓）、ウメバカ（埋墓）などと呼ばれる埋葬墓地と、それに対応する石塔墓地とを別々に設ける両墓制が営まれてきた。この両墓制の成立と展開についてはすでに多くの民俗学の研究蓄積があり、それによれば、以下のとおりである。

（1）成立　それぞれの村落に中世末から近世前期にかけて石塔建立の習俗が成立してきた時点で、旧来の埋葬墓地に石塔が建てられた場合には単墓制に、旧来の埋葬墓地とは別の場所に石塔が建てられてそこに石塔墓地が設営された場合には両墓制に、石塔建立の習慣が定着しなかった場合には無石塔墓制に、というそれぞれの景観が現出した。

（2）立地　近畿地方で両墓制が成立した事例の場合、埋葬墓地と石塔墓地の立地については、以下のようなタイプがみられた。石塔の立地に作用した力には、ハカ・テラ・イエ（ムラ）という三種類があり、ハカの引力が優越した場合には単墓制か両墓隣接型の両墓制に、テラやイエ（ムラ）の引力が優越した場合には両墓制へとなった。その場合、石塔墓地は寺院境内や集落内の一画に設営されている（新谷　一九九一、二〇〇五）。一方、埋葬墓地の立地についてみれば、大別して、①集落から遠く外れて山の中などに設営されるタイプ。②奈良盆地のような広い平野部における、複数の大字《だいじ》が共同利用する郷墓《ごうばか》とか惣墓《そうばか》と呼ばれる大規模な墓地が設営されるタイプ。そして、③河川の側や中洲などに設営されて大洪水が起こった場合などには流失してしまうような場所に設営されるタイプ。の三つのタイプがあった。

（3）区画利用と墓参　両墓制の場合には、埋葬墓地の利用の上では家ごとの区画を設けずに墓域は完全に共同利用で死者あるごとに空いている場所に埋めていく形が基本であった。そして、両墓への墓参の仕方の上では大別して三つのタイプがあった。①埋葬墓地を極端に忌避して埋葬当日か翌日まで、また長くても四十九日までしか墓参しないであとは埋葬地点を放棄してしまうタイプ。この場合は墓参はもっぱら石塔墓地にのみとなる。②およそ三年忌か長くても七年忌くらいまで、埋葬地点が分かるうちは埋葬墓地にも参るが、曖昧になるころにはもう墓参はしなくなるタイプ。③埋葬地点を記憶し続けて埋葬墓地にも石塔墓地にも同じようにていねいに参るタイプ。この③のタイプの事例では自然に家ごとの区画が意識され、それを設けるようにと変化してきていた。

（4）死穢忌避観念　近畿地方に両墓制が顕著にみられた背景として指摘されているのは、平安時代の摂関貴族の触穢思想に由来する極端な死穢忌避の観念である。その死穢忌避の観念は、人類一般にあらゆる社会や文化で観察される死穢忌避の観念＝Aタイプのそれではなく、日本歴史の中で平安中期に形成された摂関政治というシステムとその社会と文化のなかで醸成された特別で特殊な死穢忌避の観念＝Bタイプである（新谷　二〇〇九、二〇一三）。それは歴史的に形成されたものであるから、同時に歴史的にも変遷があり、希薄化へという変化もある。埋葬墓地が、①山の中に設営されるタイプや、②の平野部の大規模な郷墓のタイプでは、近世後半から近代の明治期にかけて、次第に集落の近くに墓地を移転して設営するという傾向がみられた。そして、その背景としては、伝統的に見られた強い死穢忌避の観念の希薄化へという動向が、奈良市水間町のミハカの明治二一年（一八八八）前後における集落近くへの移転や、御所市名柄での、昭和六年（一九三一）にそれまで歴史的に長く利用してきた極楽寺の郷墓から集落外れへの墓地の造成など、具体的な事例研究をもとに指摘されている（関沢　二〇〇五〈一九九八〉、二〇〇五〈二〇〇四〉）。

（5）遺骸へのこだわり　このような近畿地方の村落に顕著であった両墓制の諸事例における、埋葬墓地の立地、家ごとの区画は設けずに空いているところに次々と埋葬していくという完全な共同利用の原則、埋葬後から長くても四十九日までしかほとんど墓参を行なわないという習慣、などから注目されてきていた点の一つが、強い死穢忌避観念と個別の遺骸への執着のなさ、であった。筆者の調査でもサンマイやミハカは村での共有であり、その利用は基本的に空いている所に次々と埋葬していくというもので、敷地が限られているため、穴掘りのときに誰かの骨がでてきたとしても、集めてミハカの隅にほかす（奈良市水間町）などと言われていた。

第二節　河川流域の埋葬墓地

両墓制の埋葬墓地の立地については、前述のように、①山間地、②平野部、③河川流域、という三つのタイプがあったが、いずれも死穢忌避と遺骸への無執着という二点が注目されてきていた。しかし、そのなかでも、③河川流域の墓地というのは数年に一度、また長い歴史の中では何度か起こる集中豪雨による洪水のたびに流失してしまうような埋葬墓地であった。早くには原田敏明が、「両墓制の問題」のなかで、遺骸を放置して顧みない例として、和歌山県紀ノ川流域の、村の埋墓が紀ノ川縁にあり、はなはだしきは夏の増水には必ず流失するような崖の木の根の間など

表4　鳥取県西伯郡東部の河原や磯の埋葬墓地

地　名	埋　葬　墓　地　の　立　地
中山町石井《いわい》垣《がき》	昔は甲《きのえ》川の河原にあったという．大水で流されたため現在のところに移転したようである．現在でも盆や彼岸などにヒヤ（埋葬墓地）に詣る時には，オハギや菓子などを橋のところに供えて，昔の河原墓を拝むふうが残っている．
中山町曲松	ステバカは甲川の東岸，国道9号線のすぐ下の河原にある．
中山町塩津	ステバカは部落の北約500 m，日本海の荒磯，通称ナダガワラのオオマエと呼ぶ石ころ浜にある．浪打ち際からは2,30 mの距離しかなく，あたりには荒れた時に打ち上げられた木屑などが散乱している．あたり一面の石ころの中に，枯れたシブ木の残っている花立てがたくさん立っているので辛じてステバカと分かるが，注意して見ると，花立ての前の石が1つだけ縦長に立てられており，それが文字通りのメアテ石になっている．ここに深さ5，6尺の穴を掘っていたいを埋けるのであるが，周囲が石ころばかりなので，掘るというよりは石ころを取り除くといった方が適切であろう．相当に大きな穴を掘らなければまわりの石が崩れてしまう．土がほとんどないところなので，穴が浅いと夏分など悪臭がしてたまったものではないという．
中山町中尾	ステバカは塩津と同様で，ナダガワラにあり，その入口に六地蔵が並んでいる．
中山町岡	ステバカは部落から7,800 mほど離れたナダガワラに，幅10 m，長さ100 mにおよぶ規模であった．明治末年頃からステバカには埋けないようになった．
大山町蔵岡	ステバカは昔阿弥陀川の河原にあったが，明治26年の洪水の時に流されてしまったので，それ以後は部落の上手の田んぼのなかに墓地を移転した．
大山町畑	ステバカは昔は部落から300 mほど離れた阿弥陀川の河原にあったが，明治26年の氾濫の時に押し流されてしまったため，当時は田んぼだった現在地に移転した．

坂田友宏「西伯郡東部の両墓制」（『山陰民俗』38　1982）の報告より抜粋して作成

への埋葬（伊都郡高野口町伏原）やひとたび埋葬したら二度とそこには足を入れないところ（那賀郡粉河町荒見）に設けられている埋墓や、京都、桂川流域でも、堤防の下の川ぶちにある、深い藪に蔽われた埋墓（京都右京区郡町）などに注目していた（原田　一九六七）。そして、野田三郎が「流葬をともなう両墓制」として和歌山県日高川流域の埋葬墓地の立地について報告をしていった（野田　一九七四ほか）。坂田友宏も鳥取県伯耆地方に多くみられる、河原（海の磧も含む）に設けられている埋め墓について調査を行ない、これは野田の「流葬」としたものと同じであると述べている。しかし、坂田の関心は、この埋葬墓地の立地とその意味ではなく、これが石塔建立に適さないため、石塔を建てるところは別に求めたとする両墓制成立についてであった（坂田　一九八二、一九八三）。

民俗学の研究史のなかでも流葬についてはあくまでも特殊な事例であろうとしてとくには注意されずに看過されてきたといえる。そして、問題は残されたままであった。

その後、火葬化が進むとともに、野田が注意を喚起し歴史的にも事実上存在した「流葬をともなう両墓制」の事例は失われていった。しかし、いまあらためてそれら、河川の流域や中洲に埋葬墓地を設営する事例が確かに存在したこと、そして、その意味について検討する必要性が浮上してきている。たとえば、大正四、五（一九一五、一九一六）年に奈良県教育会によって行なわれた調査の記録「奈良県風俗志」資料（奈良県立図書情報館蔵）の作成過程で収集された現地情報の中にも、野田が注意を促したような「流葬をともなう」埋葬墓地の事例が報告されており、そのような事例が特別視されながらも確実に存在していたことが再確認されてきているからである。

以下に、それらの事例情報を整理して紹介してみる。

〈事例1〉　奈良県吉野郡国樔村大字南大野の埋葬墓地の立地

これは、「奈良県風俗志」資料による。国樔村大字南大野の墓地は、吉野川の川中に三反歩程度を有していた。「県下独特・比類恐ラク他郷ニ見ザルベキ共同墓地ヲ我村大字南大野ニ存ス。標木標石（石塔）ヲ建ツルコトナク川中ノ丸石ヲ集メテ約円錐形ニ積ミ高サ大人ノタメニハ四尺許、小人ノタメニハ一、二尺トス。コノ共同墓地ハ吉野川ノ川中ニ在リ、平常ハ磧《かわら》トナレルモ水量増ストキハ忽《たちま》チ墓地全部水中ニ没シ積上ゲタル墓墳堆石ハ押流サレ旗立花ハ影ヲ止メズ誰ノ墓トモ区別シ難ク或ハ屍体流失ナキヲ保セズ」と記されており、独特の遺骸処理の方式を伝承しながら、それが特別視されていたことがわかる。

図 19　吉野川の川中にあった南大野の埋葬墓地跡．エノミの大木が目印（2015 年）

国樔村は、新子、野々口、南国樔、南大野、窪垣内、入野の六カ大字からなり、各大字に一カ所ずつ共同墓地がある。南大野以外は、山林内にあり、簡単な標木、標石（自然石）を立てるだけで、石塔は寺境内に建てられている例が多いといい、いわゆる両墓制の形態である。吉野川の川中につくっているのは南大野だけである。

この報告がなされた大正四年（一九一五）は、明治二二年（一八八九）八月の十津川大水害の二六年後である。『吉野郡水災史』によれば、十津川郷の被害が最も大きく、「旧形に復するは蓋《けだ》し三〇年の後にあるべし」と視察にいった役人が言い、また、被災者二六九一人が同年一〇月に北海道に移住し、新十津川村の建設を決断したことから、復興を断念するほどの被害状況だったことが推測される。そして、天川村、大塔村（現五條市の一部）、賀名生村（現五條市）、野迫川、南芳野村（現下市町の一部と黒滝村）など、吉野郡における被害も甚大であった（宇智吉野郡役所編纂　一八九一）。このような大水害を経験しても、なお、南大野では吉野川の中洲に埋葬墓地が設けられていたのであった。

二〇一五年一月の追跡調査によれば、すでにこの埋葬墓地は使用されておらず、エノミと呼ばれる大木が目印で草木の繁みとなり放置されている。また、この埋葬墓地の場所はハシドと呼ばれている。森本弥八郎さん（昭和一四年生まれ）は、父親から「河原に墓があった。台風などでしょっちゅう流されていた」と聞かされていただけで、その河原の墓に自分は行ったことはないという。その埋葬墓地は大正一四年（一九二五）に南大野の集落の南の外れにある山の上に新たな埋葬墓地を造営した後は使われなくなった。その新しい山の墓地はその後土葬から火葬への変遷を

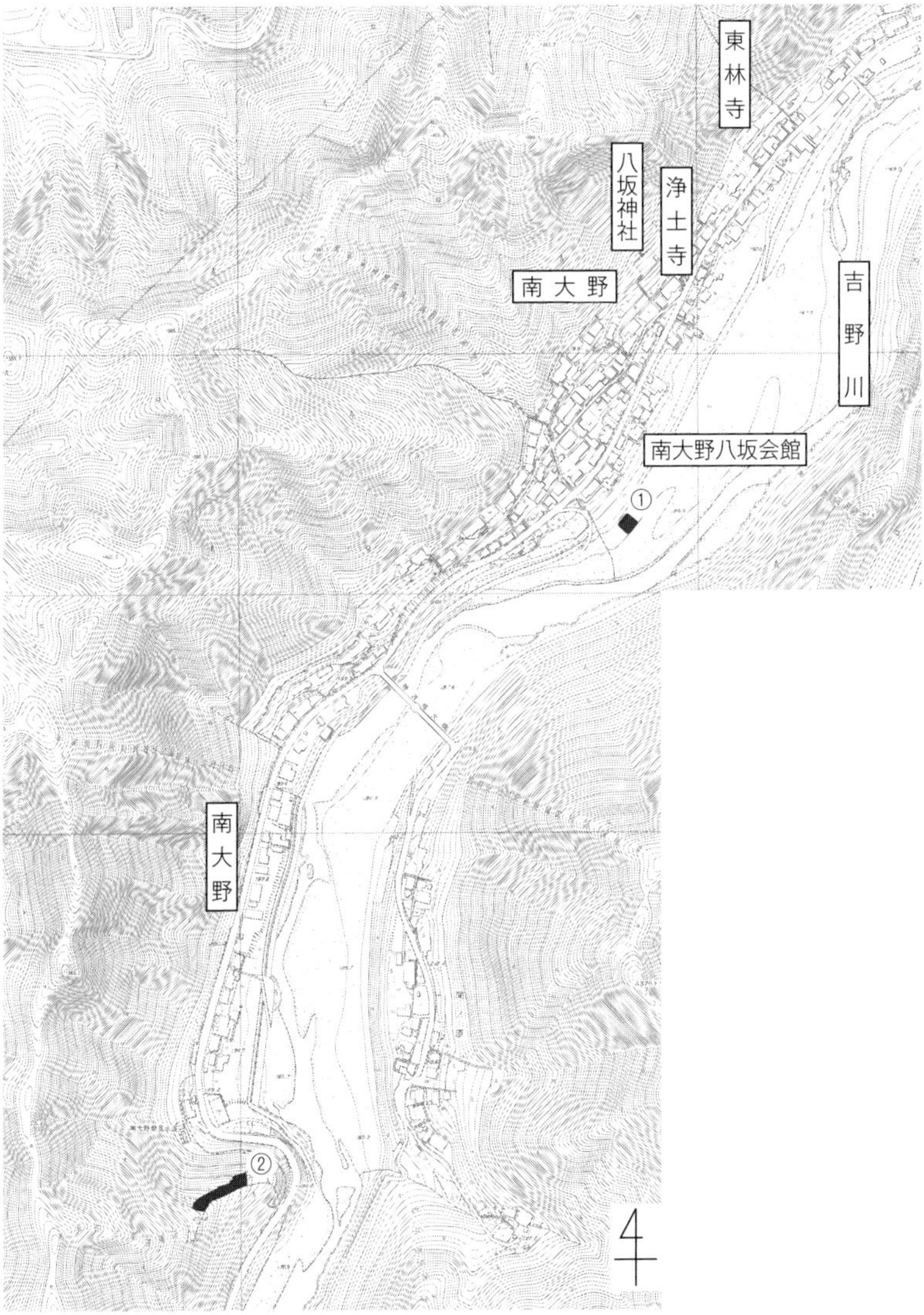

図 20　南大野の墓地　①川中の埋葬墓地　②移転後の墓地
（「吉野町全図 26，27」2500 分の 1 より）

経ながらも現在も使用されている。

〈事例2〉　和歌山県日高川流域の埋葬墓地の立地

野田三郎「流葬を伴う両墓制について—紀伊日高川を中心に—」（野田　一九七四a）、同『日本の民俗　和歌山』（野田　一九七四b）では、河岸や海岸に近く、豪雨や高潮で流失することが予想される地点であるにもかかわらず、そのような場所に埋葬墓地を設けて遺体を埋葬する習俗が、紀伊半島の日高川や紀ノ川およびその支流において広くみられることに注目してそれらの事例を紹介している。

たとえば、紀ノ川の支流である貴志川流域では、川の岸の藪の中に埋葬墓地が設営されており、昭和二八年（一九五三）の和歌山大水害では、河床からの比高二〇㍍のステバカ（埋葬墓地）がことごとく流去したにもかかわらず、その後も同じ位置をステバカとして利用しているというのである。埋葬後、墓地には木碑を立てるのみであとは参らない。『日本の民俗　和歌山』には那賀郡貴志川町における川の岸の藪の中の「埋め墓地帯」が写真で紹介されている。

紀ノ川支流の志賀野川下流の海南市椋木でも河岸の藪の中に埋め墓をもっている。『日本の民俗　和歌山』には、日高郡川辺町三百瀬の埋葬墓地の写真もあり、河岸の藪の中に位置しているのがよくわかる。「三百瀬では日高川に面した小藪に埋葬したあと、一七日《ひとなのか》間参る人もあれば三七日《みなのか》間まで参る人もあり、人それぞれであるという。川床から比高二㍍であるから新墓のほかはようやく痕跡をとどめるにすぎない」とある。また、紀ノ川筋の橋本市隅田の一部では「八朔から隅田八幡社の秋祭りが終わる八月一六日までの間の死者は村内墓地に埋葬せず、村境の谷川のほとりへ埋葬するふうが明治初年まであったという」。この事例などは、隅田八幡神社に対する死穢忌避観念が、秋祭りの時に限定されながらも残っていたものと解釈できよう。つまり、本来、村内墓地の利用がおこる前は、年中、谷川のほとりに埋葬されていたものと推測されるのである。

紀ノ川支流の切目川流域の日高郡印南町楠本、高垣では、切目川の中洲の藪中を埋め墓にしていた。昭和二八年（一九五三）の大水害で埋め墓は流去したが、その後、新堤防を築いて、川の流路を変更した。埋め墓は元の位置にあるが、新堤防の外にあるという。日高郡南部川村上南部字津殿では、ハチガワラと呼ばれる元埋め墓だったところがある。ここも、降雨のあるたびにはじき出されていたという。流路改修を行ない、その時に、土地の人は自分の所有する田の一角を埋め墓にした（野田　一九五八）。

日高川の本流筋の御坊市野口字北野口には、日高川の護岸堤防ができる前、野口橋の上流五〇〇㍍の川砂地に流葬形式の埋め墓が存在した。このように川砂地に埋葬墓地を設けるのは、川辺町上和佐や中津村などでも同様であった。そうして、降雨のたびに埋め墓は直ちに日高川本流へ流去されていたという（野田　一九七四b）。

和歌山県の埋葬墓地の立地に注目し、調査を行なった野田三郎によれば、「埋葬地は意外に早く失われるような地形をえらんでいた例が実に多い。（中略）流路の傾斜面あるいは中洲に竹藪が叢生していて比較的安全と考えられやすい場所に埋め、何十年に一度あるかないかの洪水に洗い流されている」と、その特徴をとらえている（野田　一九七四b）。

この事例2の和歌山県日高川流域の事例の記述にある昭和二八年（一九五三）の大水害とは、七月一七日から一八日にかけて、和歌山県中部を中心に山崩れ、崖崩れ、洪水をひきおこした紀州大水害で、和歌山県史上最悪の気象災害といわれているものである。『和歌山縣災害史』（和歌山県編纂発行　一九六三）によれば、山間部では二四時間に五〇〇㍉以上の雨量があり、死者六一五人、行方不明者四三一人、家屋全壊流失八千六百余、被災者約二四万人（昭和二八年九月和歌山県の資料による）で、とくに有田川、日高川、熊野川の流域の被害は大きかった。日高川の水位は最大七㍍上昇し、設置されていた橋は上流から下流までほとんど流出した。貴志川も水位が約六㍍上昇した。この大水害は特別であるが、紀ノ川や吉野川の事例では大水がおこると、そのたびに中洲や川砂地に設けられていた埋葬墓地が川に流されることが繰り返されてきた。それでも、人びとはまた同じ場所に遺骸を埋葬するのであった。

〈事例3〉　京都府船井郡日吉町（現南丹市）天若地区の埋葬墓地の立地

京都府日吉町天若は日吉ダム建設により水没した村で、昭和六二年（一九八七）三月に離村式が行なわれた。その水没前の文化財調査報告書（『日吉ダム水没地区文化財調査報告書』〈一九八八年〉）によれば、天若地区は京都市の桂川の上流にあたる大堰川の渓谷に沿って平地に南北に集落が形成されていた。大堰川の下流から、宮（二四戸）、世木林（二六戸）、沢田（一〇戸）、楽河（九戸）と、最上流部に上世木（三四戸）の、計五集落が位置していた。この天若地区の墓制はミバカと呼ばれる埋葬墓地と、コバカとかラントバと呼ばれる石塔墓地とが設けられている両墓制であった。天若の埋葬墓地の立地には特徴があり、楽河、沢田、宮の三集落の埋葬墓地は大堰川の川原にあり、そして世木林の集落の埋葬墓地は千谷川の川原にあった。これらの埋葬墓地はいずれも共有墓地で、空いているところに埋葬するかたちであった。この墓地の調査を行なった村上忠喜によれば、楽河のもと川原にあった埋葬墓地は明治期の大洪水の際に墓地が流失し山の高所へ移転しているが、そのことを人びとは今も「洪水のため墓地が流されたから」だと言い伝えているという。その後、昭和に入ってから、その山の墓地までの道がかなりの急勾配であったため再度移転している。沢田の埋め墓も、大堰川が増水すればすぐに水に浸ってしまう川原に設けられていた。しかし、楽河と同様に洪水で埋め墓が流されたため、山の中腹に移転したという。宮の埋め墓はもと大堰川の中洲にあったと伝えられている。その場所は調査当時も「宮村共有地」として残っていたという。それも、千谷川が大堰川に流入する地点に位置しており、墓地が流されてしまうことは度々あったと伝えられている。この墓地も、楽河、沢田と同じく洪水によって流失したため移転したという。宮村区有文書の「墓地新設願」（年未詳）によれば、その中洲にあった埋め墓は明治一七年（一八八四）まで使用されていたが、河川内のためそこは官有地であるということから世木林の埋め墓に埋葬することとしたという。その際葬送における遺体の運搬上の利便により現在地へ移転したことがうかがえるという（村上　一九八八）。

以上でみたような事例の内、奈良県吉野郡南大野の川の中洲に設営される埋葬墓地の事例や、和歌山県日高川流域、京都府の大堰川上流の天若地区など、川の中洲や砂地の河原に埋葬墓地が設営される背景には、遺体と死穢の充満している埋葬墓地を洪水で流されることを覚悟してもしくは予測しながら、あえてそのような中洲や川辺に埋葬墓地を設けるという考え方があったことかわかる。それは死穢や汚穢《おわい》の処理の仕方として時々おこる大水や洪水を逆利用しているとも受け取れる考え方である。一方で悲惨な洪水や氾濫という災害であるが、他方でそれを汚穢の浄化のために逆利用している事例として、これらの川原の墓地の設営の事例は位置づけられるといってよいであろう。そして、このような、川原に埋葬墓地を設けてきた集落は決して例外的なものではなく、現実の長い生活史の展開の中では日本各地に他にもあった可能性がある。たとえば、鳥取県日野郡江府町大満の例でも、捨て墓と呼ばれる埋葬墓地は集落の前を流れる大河原川の河原にあり、本墓と呼ばれる石塔墓は各戸がそれぞれ家の後ろの山裾などに墓地を持っているといい、それでも「以前はこの本墓も捨て墓と同じく河原にあったといわれており、それが洪水で流されたので現在のような場所に移したのだといわれている」という報告もある（江府町史編纂委員会　一九七五、坂田　一九七九）。そして、前述の坂田が調査をした鳥取郡西伯郡中山町塩津のステバカは日本海の荒磯、通称ナダガワラのオオマエと呼ぶ石ころ浜にある。波打ち際からの距離はせいぜい二、三〇㍍しかなく、深さ五、六尺の穴を掘って死体を埋めるのであるが、周囲が石ころばかりなので、掘るというよりは石ころを取り除くといった方が適切である。土がほとんどないところなので、穴が浅いと夏分など悪臭が漏れて近寄れないというものであった（坂田　一九八三）。

一九七〇、八〇年代以降、自治体や農協（ＪＡ）や業者による火葬場や葬祭場の建設にともない、全国的に急速に火葬が普及してきた現代史の中で、それまで歴史の長かった埋葬墓地の設営とその変遷について、現実の民俗事例としてその情報を収集し整理して追跡できるという時代が終わってきている。しかし、まだ土葬や埋葬の時代の民俗調査報告書、またその追跡調査によって明らかにできる史実は豊富にある。それは人間の死と葬送をめぐる文化史の追跡の上では未来をも見据える視点でもあるといってよい。

第三節　平安京の河原

1　河原の葬送地とその特徴

近畿地方の農村で伝えられていた両墓制の事例の中には、このようにあえて河川の流域や中洲に埋葬墓地を設営して、洪水が起これば墓地ごと流されてしまうこともあるような、いわば「流葬をともなう両墓制」の事例が確実にみられたのであるが、ではそれらの習俗は歴史的にみて、どのような文化的な文脈で理解される事象であろうか。両墓制という景観が顕在化した観念の中に一〇世紀以降の平安貴族の極端な触穢思想からの影響があったことが指摘されているが（新谷　一九九一、関沢・国立歴史民俗博物館編　二〇一五など）、そうであれば、歴史的な参考枠として注目されるのは、そのような平安貴族の触穢思想を生み出した古代から中世への平安京の歴史情報である。

古代から中世の平安京では、鴨川や桂川の河原に墓所が設けられていた。その事実についてはすでに大山喬平や網野善彦の言及がある（大山　一九七六、網野　一九七八）。『続日本後紀』の承和九年（八四二）一〇月一四日条には「勅二左右京職東西悲田一。並給二料物一。令レ焼二斂嶋田及鴨河等髑髏一。惣五千五百余頭」とあり、嶋田と鴨の河原に散乱していた髑髏五千五百余頭を、左右京職と東西の悲田に命じて料物を支給して焼骨収斂させたという。同二三日条には「太政官充二義倉物於悲田一。令レ聚二葬鴨河髑髏一」とあり、鴨河に散乱していた髑髏を悲田に命じて義倉物を支給して聚葬させたという。これらの記事により、①貞観年間には、嶋田と鴨の河原とが髑髏の集積地となっていたこと、②それらの河原は左右京職—東西悲田の管轄下にあったこと、が知られる。この時点では、③嶋田と鴨の河原が自然発生的に貧窮民たちの遺骸や髑髏の集積地となっていたことはわかるが、④まだそこが公認された葬送の地であるとの決まりはなかったものと思われる。それに対して、貞観一三年（八七一）閏八月二八日の『日本三代実録』の記事と『類聚三代格』に収める太政官符には、次のようにある。

太政官符
　定二葬送并放牧地一事
山城国葛野郡一処在二五條荒木西里六條久受原里一
四至東限二西京極大路一、西南限二大河一、北限二上件両里北畔一
紀伊郡一処在二十條下石原西外里十一條下佐比里十二條上佐比里一
四至東限二路并古河流末一、西南並限二大河一、北限二京南大路西末并悲田院南沼一
右被二右大臣宣一偁。奉　レ勅。件等河原。是百姓葬送之地。放牧之処也。而今有レ聞。愚暗之輩不レ顧二其由一。競好二占営一。専失二人便一。仍遣二勅使一。臨レ地検察。所レ定如レ件者。事須下国司屢加二巡検一。一切上レ勿二令耕営一上。若寄二事

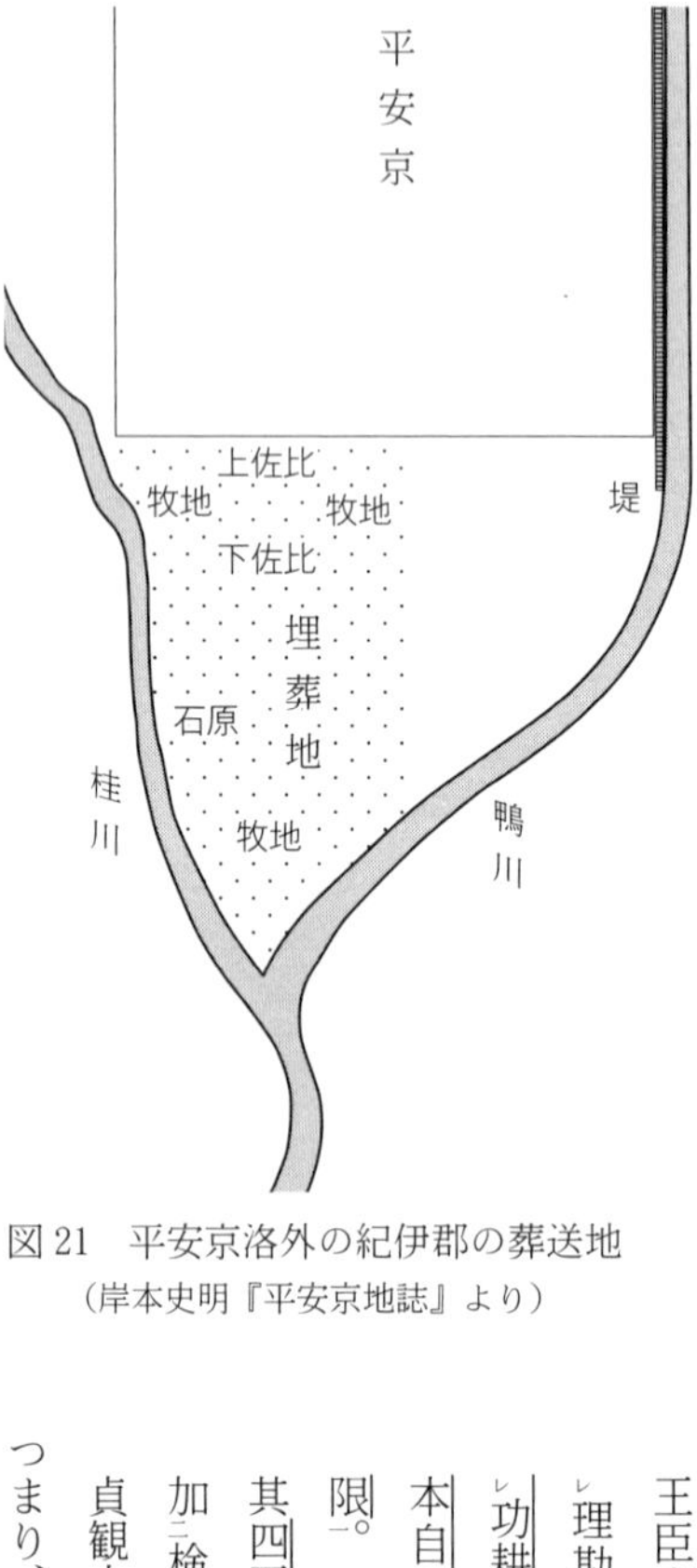

図21　平安京洛外の紀伊郡の葬送地
（岸本史明『平安京地誌』より）

王臣家一。強作者禁レ身言上。百姓者国司任レ理勘決。但葛野郡嶋田河原。今日以往加レ功耕作為二熟地一。及紀伊郡上佐比里。百姓本自居住宅地。人別二段已下者不レ在二制限一。

其四至之外若有二葬斂一者尋二所由一糺責。勤加二検校一不レ得二疎略一。

貞観十三年閏八月廿八日

つまり、以下のことがわかる。

①平安京の住民、京中百姓にとって、この貞観一三年（八七一）の時点で、洛外に大規模な葬送と放牧の地が公的に二カ所設定された。

②それは「山城国葛野郡一処在五条荒木西里六条久受原里」と「紀伊郡一処在十条下石原西外里十一条下佐比里十二条上佐比里」であった。

③しかし、この官符が発せられる以前からすでにその二カ所は「件等河原。是百姓葬送之地。放牧之処也。」となっていた。(1) この官符はそれを公的に認定したものであった。

④それは、無主の地である「件等河原」に対して、「愚暗之輩」が「不顧其由。競好占営」という状況が起こってきていたからであった。こうして、二カ所の葬送の地が公認されたのに対して、

⑤古くから自然発生的に京中百姓の葬送の地となってきていた葛野郡嶋田の河原はこれ以後は葬送地ではなく耕作

地として活用するという方針が示された。また、

⑥紀伊郡上佐比里はすでに百姓の住宅地となってきていたが、それはそのまま追認して、このときに定めた墓地の「四至」、つまり「東限路并古河流末、西南並限大河、北限京南大路西末并悲田院南沼」というその四至の範囲の外であれば、「人別二段已下者不在制限」ということとされた。

以上をまとめると、承和九年（八四二）頃、洛中に近い嶋田や鴨の河原に自然発生的にできてきてしまっていた京中百姓の葬送の地を封鎖して、貞観一三年（八七一）頃、あらためて公認の葬送の地を葛野郡の五條荒木西里六條久受原里（「東限西京極大路、西南限大河、北限上件両里北畔」の四至の範囲内）と、紀伊郡の十條下石原西外里十一條下佐比里十二條上佐比里（「東限路并古河流末、西南並限大河、北限京南大路西末并悲田院南沼」の四至の範囲内）という、その二カ所の河原の地に設定した、ということである。

ここで平安京の時代に営まれた葬送地とその立地について整理してみると、やはり第一に注目されるのは、洛中からみていずれも郊外の山間部に営まれた代表的で大規模な三つの墓地であろう。一つめが鴨川を渡った先の洛東の東山山麓の鳥部野、(2)二つめが洛北郊外の鮒岡山西麓の蓮台野、(3)三つめが洛西から遠く離れた嵯峨の小倉山西麓の化野、(4)である。平安京が強く死穢を忌避する都城であったために、いずれも洛外に遠く離れて営まれており、その立地は山間地であった。これは、近畿地方の両墓制の事例が多い農村部でみたような墓地の設営の上での、①山間地、②平野部、③河川流域、という三つのタイプのうちでは、①のタイプということができる。ただ、蓮台野や化野の場合にはその野という呼称からすれば、②のタイプということもできようが、いずれも山麓の野であり、やはり①のタイプととらえておく方が自然であろう。それに対して、②のタイプも歴史上存在していたことが知られている。それは、鎌倉時代から室町時代にかけて、つまり平安中期から後期にひじょうに強かった摂関貴族の触穢思想の絶対的な影響力

が発揮できなくなった時代の到来の中での一つの変化の結果としてであった。平安京の洛中の市街地に墓地が少しずつ設営されるようになったのである。たとえば、考古学の発掘調査によって、左京八条三坊二町では、一三世紀後葉から一四世紀後葉にかけて木棺墓、甕棺墓、土坑墓などからなる墓地が町の中央部に設営されていたことがわかってきている（定森編　一九八五）。左京七条三坊の十から十五町の付近には東本願寺前古墓群と呼ばれる二〇〇基以上の土坑墓、火葬納骨墓、河原石の石積みの集石墓からなる墓地が成立しており、一三世紀後葉から室町時代の一五世紀中葉まで、そうした状況がみられた（寺島編　一九八四）。室町時代後期の墓地遺跡として知られているのが左京三条三坊十一町跡で、東西約三〇㍍、南北約一〇㍍以上の範囲に土坑墓、火葬墓、集石墓が一〇〇基以上存在していた。その土坑墓群の一画からは、永禄元年（一五五八）銘の一石五輪塔が出土しており、その墓地の利用は一五世紀中葉から一六世紀にかけてであったことが推定される（松井編　一九八四）。それは摂関貴族の触穢思想の影響力の衰退にともなうものであり、歴史的で現実的な変化であった。そして、それが決定的になるのが近世の京都においてであった。(5) しかし、ここで注目しておきたいのは、そのような歴史的な変化のなかでの墓地設営のありかたとは別に存在した、③のタイプの存在である。前述のように九世紀から一〇世紀の平安京においては、鴨川や桂川の流域の河原が京中百姓の葬送地とされていた。それについては自然発生的なかたちの承和年間の情報もあれば、制度的な公認を行なった貞観年間の情報もあった。その③のタイプの意味について、ここで考えておきたい。

古代中世の一〇世紀から一六世紀にかけて平安京に世代をついで代々居住した天皇や貴族また武士、そして一般の京中百姓や町衆にとって、鴨川や桂川の河原の意味は現実的にも印象的にも多様であったにちがいないが、そのような中でも平安京の河原の特徴とは何であったのか、それについて早くに注目したのは大山喬平であった。大山は鴨川の河原が葬送の地とされていた実情を指摘しながら、河原に「古代国家の天皇とその都市を中心とするキヨメの構造」を読み取ろうとした。そして、「キヨメの構造の中心は天皇であった」として、承和一一年（八四四）に鴨川の上流で遊猟の徒が屠割をしているのは鴨の上下大神宮を濫りに穢しているとして禁止された事実（『類聚三代格』）などに注目する。そして、『延喜式』神祇三臨時祭条に、第一に「凡神社四至之内、不レ得下伐二樹木一、及埋中葬死人上」とあり、また第二に、「鴨御祖社南辺者、雖レ在二四至之外一、濫僧屠者等、不レ得二居住一」とあるのに対して、次のような理解を示している。第一については、庶民の間にはもともと神社の四至の内でも死者を埋葬してはばからないという習慣があったのに、それが王朝貴族の死穢の観念とはそぐわないものとして禁圧を加えられていったのだという（大山一九七六）。その大山のいう庶民感覚については、大山がこの前段で引用している『日本後紀』延暦一六年（七九七）一月二五日条の「山城国愛宕葛野郡人、毎レ有二死者一、便葬二家側一、積習為レ常、今接二近京師一、凶穢可レ避、宜下告二国郡一、厳加中禁断上、若有二犯違一、移二貫外国一」という、庶民が死穢をとくに忌避していなかったという記事からの連想が考えられる。

しかし、平安遷都以前の延暦一六年の時点でその地域社会の習俗としてみられた家族を家の側に埋葬していたという習慣に対して、死者の埋葬は住宅から離して行なうようにという指令と、それから一〇〇年以上も経過した平安京の『延喜式』が撰上される延喜年間（九〇一―九二三）において、死者一般を神社の四至の内に埋葬しているということ、すなわちまだ人びとの生活空間に埋葬が行なわれていたという事実とはまったく別のことである。穢れの観念をめぐっては時代の推移と変化そして社会的背景の相違に注意する必要がある。

第二については、鴨御祖社の南方で鴨川と高野川の合流する一帯は神社の四至から外ではあっても、その河原一帯には獣物を解体処理する屠者やその獣肉を食べる肉食妻帯の濫僧の居住を禁じるというものであり、そこに中世的な被差別身分の原型が成立していたことを指摘している。そして、大山は、そうした被差別身分の原型の成立に作用したケガレの観念について、従来の研究では「死を忌む固有神道の思想」に基づくものとしていた観点を否定して、横井清や横田健一、高取正男を参照しながら（横井　一九七五、横田　一九六九、高取・橋本　一九六八）、「王朝貴族の肥大化したケガレの観念、死穢過敏症が神と神の子である天皇に対する貴族の責任感に由来する後来的なものであったことも高取が右の著述で明瞭に指摘するほか、かかる観念の肥大化が律令制の解体過程の所産であること」と指摘している。

しかし、大山はこの「王朝貴族の肥大化したケガレの観念」という表現と同時に「律令貴族の肥大化した観念」という表現も用いており、律令貴族と王朝貴族という両者の区別について必ずしも明確ではない。

ここで重要なのは、前述のように摂関貴族の触穢思想は古代律令国家体制の下では存在しなかったものであり、それは人類一般にあらゆる社会や文化で観察される死穢忌避の観念＝Ａタイプのそれではなく、日本歴史の中で平安中期に形成された摂関政治というシステムとその社会と文化のなかで醸成された特別で特殊な死穢忌避の観念＝Ｂタイプであるという事実である。そして、それが律令制から摂関制への古代王権の転換の中で出現した新たな国家体制を支える支柱の一つであったということが、その後、歴史学や民俗学から明らかにされてきている(6)。

一方、平安京の河原の意味について、「無縁」の原理で解読していったのは周知のように網野善彦であった。網野は大山を引用しながら「河原は、まさしく賽の河原であり、「墓所」、葬送の地として、無縁非人と不可分の「無縁」の地であった。それ故にここは、古くは濫僧・屠者、中世に入ってからは斃牛の処置をする「河原人」「餌取」「穢多童子」、さらには「ぼろぼろ」など、「無縁」の人々の活動する舞台ともなったのである」と述べている（網野　一九七八）。そして、河原は交通とも深く関係があり、市の立つ場所でもあったことに注目している。大きな川の「中洲は河原、浜、境、坂などと同様」「人と縁の切れたもの――商品の交換される市の立つ場所となったのであり、やがてそこには都市が形成されてくる場合がしばしば見られたのであった」という（網野　二〇〇七〈一九九〇〉）。

一方、紀州の熊野大社の旧社地が大斎原という川中島に存在したことや、尾張の津島天王社の立地の例などに注目して、川中島や中洲がしばしば「聖地」とされてきたのも「無主」の空間としての性格に由来することを、野本寛一「熊野山海民俗抄Ⅱ」を紹介しながら指摘し、また、博多の盛り場に中洲の地名があるように、「聖地」であり無主の「葬地」ともなりえた中洲が、のちに都市の中心としての盛り場となったことを、森栗茂一「墓場と盛り場」を紹介しながら指摘している（野本　一九九〇、森栗　一九九〇）。そうして、網野は、「中洲・河原・浜」が境界的な「無主・無縁」の特質をもっており、葬送の地とされたり飢饉に際しては餓死者が遺棄されたりする場所であると同時に、賤視される「河原者」の居住地ともなり、宿河原や河原宿という名が多いように、宿や市や町となって交通の要地として経済や芸能の生産性の豊かな場所ともなるとして、河原のもつ汚穢性と聖性と豊饒性とを「無縁」の原理で読み解いたのであった。

2　平安京と水

平安京は古代以来、中世、近世、近代、現代と長い歴史を重ねてきた日本の代表的な都市であり、多数の人口がその地で継続的に生活できた上で必要であったのは何よりも恵まれた水資源でありその水利であった。洛東を流れる鴨川がその中心であったが、飲料水をはじめとする生活用水はその扇状地への立地によって供給される豊富な井戸水が利用されてきた。鈴木康久の『水が語る京都の暮らし―伝説・名水・食の文化―』は京都と水の歴史をよく整理した著作である（鈴木　二〇一〇）。また、岸元史明の「平安京内の河川」は貴重な情報が広く収集整理されている（岸元　一九七四）。いまそれらを参考に以下の叙述を提示してみる。

桓武天皇が何度も行幸した神泉苑は、南北を二条通から三条通まで、東西を大宮通と美福門通に囲まれた約八万平方㍍の広大な苑で、その中には豊かな湧水が広い池を作っていた。現在の神泉苑は約七〇〇〇平方㍍と狭くなっているが、それは、江戸時代初期に徳川家康が二条城を築いて、神泉苑の水源の湧水を城内にとり込んだためである。ただし、現在も神泉苑の法成就池の水は二条城の御堀から流れ込む水と地下水によって満たされている状態である。歴史記録で史実を確認することはできないが、平安京には古い由緒を伝える名水の井戸が多い。たとえば、御所の東の梨木神社の「染井」、丸太町通の南の下御霊神社の「御手洗水」、錦天満宮の「錦の水」、さらに南の市比売神社の「天之真名井」など、いずれも古い由緒が語り継がれている名水である。そしてそれらは多くが神社や寺院の地にあることにも注目される。平安京にはこのような豊富な泉水があったと同時に、河川も多く流れていた。大内裏の東西に開削された東西の堀川や、その他、若狭川、大宮川、有栖川、今出川、高瀬川をはじめ、大小の河川、小川が南北に流れており、それらの中には大きな堀川のように物流のための運河の機能を果したものや、小さな川で市街地内の生活用水として洗い物の水や、中にはごみや汚物を流し捨てる役目を果していた川もあった。また、平安時代の貴族の食卓で好まれた鮎も堀川にはたくさんいたことも知られている。(7) 平安京の特徴の一つとして、その扇状地としての地勢上の有利な条件からもたらされる、豊富な水資源の存在をあげることができるであろう。

一方、鴨川はといえば、平安貴族にとっては大雨の季節には洪水と氾濫をもたらす危険な川でもあった。(8)『平家物語』巻一（願立）にも、「賀茂川の水、双六の賽、山法師、是ぞわが心にかなわぬもの」という白河院の言葉が伝えられているとおりである。その院政の時代より前の摂関期の『和泉式部日記』にも、降り続く五月の大雨で大水となった鴨川におおぜいの人びとが見物に行っているなか、帥宮敦道親王（和泉式部の新たな恋人で冷泉天皇第四皇子）も、「水見になむ行きはべる」といって、その大水を見物に行き、「大水の岸つきたるにくらぶれど深き心はわれぞまされる」と詠んでいる情景が描かれている。そして、その師宮への届かぬ思いに悩む和泉式部は、「ふれば世のいとど憂さのみ知らるるに今日のながめに水まさるらむ」と詠み、「待ちとる岸や」と問いかけている。つらいことばかり次々と知らされるので、今日の長雨で水が増して、いっそ私を流してしまってほしい、私を救いあげてくれる彼岸はあるのでしょうか、というのである。また、鎌倉期の鴨長明の『方丈記』は有名な「ユク河ノナガレハ、絶エズシテ、シカモモトノ水ニアラズ」という一節から始まる。鴨川は平安京の人たちにとって流れの絶えない清流であり、かつ大水で洪水の危険をもたらす川でもあり、心情的には憂さを流してくれる川でもあったといえよう。

そしてもう一つ、鴨川の大切な役目は禊ぎの川でもあったということである。『日本紀略』の嵯峨天皇の弘仁五年（八一四）六月一九日条には「禊於鴨川、縁神祇官奏也」とあるのが早い例である。仁明天皇からその後の歴代天皇は即位に当たって二条以北の鴨川の河原で禊ぎを行なったと伝えられている。(9) 鴨川の禊ぎの伝統は、いまも伝承の多様性の中で祇園祭にも伝えられている。神輿洗いの神事である。一七日の山鉾巡行と神輿渡御に先立つ七月一〇日と、二四日の神輿の還幸祭が終わった後の二八日と、二回行なわれている。早朝、鴨川に架かる四条大橋の下流にある宮川堤で六つの桶に汲み上げた「神事用水」を八坂神社の神職が祓え清める。そして、夕方に三基の神輿を代表して担ぎ出された中御座が四条大橋の中央北側で、早朝に鴨川で汲まれた「神事用水」を榊の枝に含ませて神輿へ注いで祓え清めるのである。その周囲には飛沫を浴びて厄除けを願う人たちであふれる。これを井上頼壽の『京都民俗志』には、社家の説ではむかしは宮川町一丁目の南座の南一町ばかりの川端民家の井戸の水を用いる例になっていたとか、神輿洗いは明治時代には川端四条を下った所で南座の西で行なっていたとか、という伝承を記しており、時代による変化も多かったことが知られる（井上　一九三三）。

平安京の河原や河川が、もともと「公界」であり「無主」の地であったこと、それが次第に私的な利用の対象となっていくという変化について追跡した論考の一つに高橋康夫「水上空間に利用をめぐって」がある。享徳四年（一四五五）六月の文書で、祇園社犀鉾の神人の目安（訴状に対する返答）の記事によって、以下のことがわかるという。
（一）洛中の道路敷を流れる河川の上の空間は「公界の街道」すなわち「無主」「無縁」の場である。
（二）その「公界の街道」たる河川の上の空間に対して、個人が茶屋を建てるなどして占有使用するときには、河川の用水の利用に対して一滴たりとも迷惑をかけてはならず、その用水の利用者の了解を得る必要がある。
（三）私的に占有された河川の上の空間は「巷所」とみなされたらしい。そうした「巷所」化していった水上空間が「地利」を生む可能性のある「屋地」へと姿を変えて、河川の周辺に所領を有する権門貴族が、水上空間を自らの所領の延長として囲い込み、そこに建てられた町屋から「家賃」や「地子銭（空間利用代金）」を代償として支払うことにより、その利用が反社会的な私的占有ではなく社会的に公認された空間利用となっていったというのである（高橋　一九八八）。

ここでふたたび、鈴木康久の前掲書をも参考にしながら、鴨川と河原町の成立について整理してみよう。氾濫を繰り返し、川と人との住み分けができなかった鴨川において、堤防が明確になり「河原町通」ができたのは江戸時代初期と考えられる。戦国時代の京都を描いたとされる『中昔京師地図』には、「京極」「東朱雀」と鴨川のあいだには「川」とあり、二軒の民家が描かれているだけである。(10) それに対して、寛文年間一六六五年の『京童』（巻七）には、「荒神町のひがしの辻より南をさして町あり川原町通といふ。二條より下にては角倉通といふ。此筋に角倉が家ある故也」とあり、河原町通ができていたことがわかる（中川　一九六七）。江戸時代の鴨川の河原の賑わいぶりを示すのはたとえば「扁額軌範」に描かれた鴨川の図である。六月七日から十八日までの川床の店の風情などが描かれており、「延宝の頃ハ四條に芝居五箇所あり。後三箇所となり。寛政六年芝居消失之後南北二箇所となれる」などと記されている（野間　一九六八）。現在では、鴨川に桟敷を設けて涼をとる床は、五月から九月に行なわれているが、江戸時代前期、延宝四年（一六七六）の黒川道祐『日次記事』には、旧暦五月晦日に鴨川で神輿洗いがあり、六月七日から一八日までの祇園社の祭礼の期間中、東西の茶屋が四条河原に行灯を置いた川床を設え、これを「涼み」と称していた

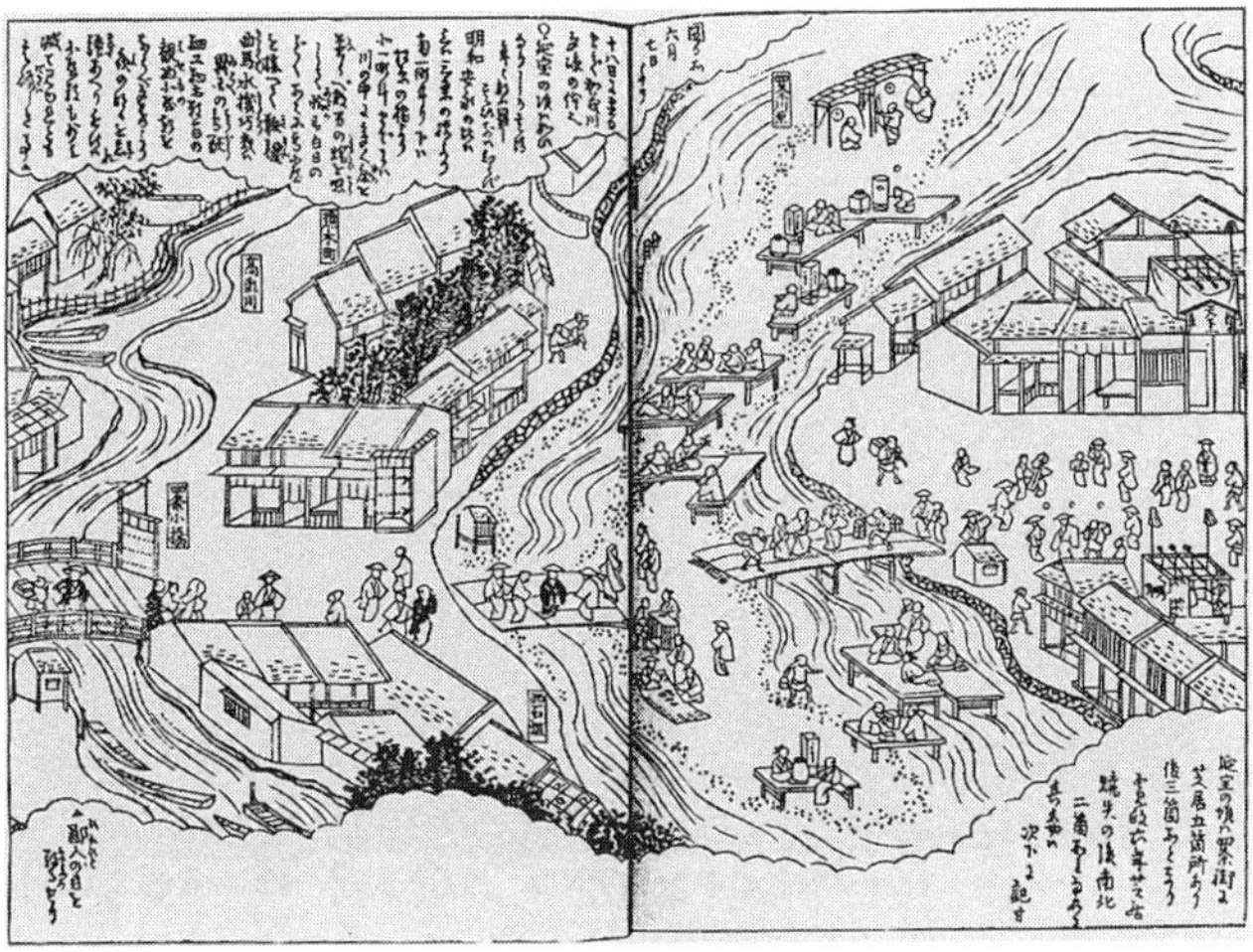

図22　「扁額軌範」鴨川の図（『新修京都叢書』8）

とある。祭りが終わる一八日には再度の神輿洗いがあり、「涼み」の終わりになっていた。江戸後期の享和二年（一八〇二）に京都を訪れた滝沢馬琴の『羇旅漫録《きりよまんろく》』には「四條には義太夫或は見せもの等いろいろとあり。二條河原には大弓・楊弓・見せ物もあれど四條尤にぎはへり」と記されている(11)。

平成二五年（二〇一三）の台風一八号にともなう豪雨によって京都では桂川沿いの嵐山地区で浸水家屋九三戸、浸水面積約一〇㌶の大被害を受けた。一般の民家はもちろんだが、渡月橋周辺の土産物店や旅館や休憩所などが大きな被害を受け、その生々しい様子がテレビや新聞、雑誌などで報道されてまだ記憶されている向きもあろう。都市の河原やその周辺は、景観的にも魅力的であり、経済的にはたいへん恵まれた立地であり、おおぜいの人たちが集まる場所であり、商売繁盛、飲食や芸能の魅惑的な繁華街、猥雑な危険と好奇の場所というさまざまな意味で活気ある場所である。しかし、いったん大雨と洪水に見舞われれば、氾濫と荒れ

狂う濁流がすべてを流してしまう危険な場所でもある。その危険を覚悟で、防水防災の対策を積み重ねながら、人びとは河川の流域に都市をつくりそこで活発な経済活動を営んできているのである。

第四節　汚穢忌避と賀茂川

現在でも、京都市北部の賀茂川の上流では、「賀茂川から御所の水を引いているから、汚さないようにしている」と言い伝えられている。賀茂川には、静原川や鞍馬川、高野川などの支流が合流するが、その賀茂川の上流に位置する、左京区静市静原（旧愛宕郡静原村）、北区雲ケ畑、そして鞍馬の現地調査をもとにその事例を紹介してみる。(12)

〈事例1〉静原川が流れる京都市左京区静市静原

静原の集落は、今は一五町《ちょう》、昔は一二町（大上《おおうえ》の上《うえ》町、大上の下町、洞の谷、西の町、大黒町、堂山《どやま》町、中村町、畑村上町、畑村下町、橋本町、奥北村町、口北村町）からなる集落であった。集落内を流れる静原川は下流で鞍馬川へそしてやがて賀茂川に合流する。西村昭信さん（昭和一二年〈一九三七〉生まれ）によれば、賀茂川から御所の水を引いているから、静原の人たちの間ではむかしから川を汚さないようにという規範が伝承されており実際にそのようにしてきたという。静原には裏の谷、寺谷、水谷の三つの谷川がありそれが集落の中を流れる静原川に流れ込む。三つの谷川には「洗い場」があった。野菜を洗ったり、カシワ（鶏肉）をさばいたりするときにその洗い場が使われた。(13)また、猪や鹿を捕ると血を流してきれいにするために三日間くらい川の水につけていたものだが、流れにそって一〇頭ぐらいつけていることもあった。水につけたほうがおいしくなると言っていた。しかし、赤ん坊のおしめを川の水で洗うことは決し

図 24　静原の墓地

図 23　静原川．人びとはこの川を汚さないようにしている．

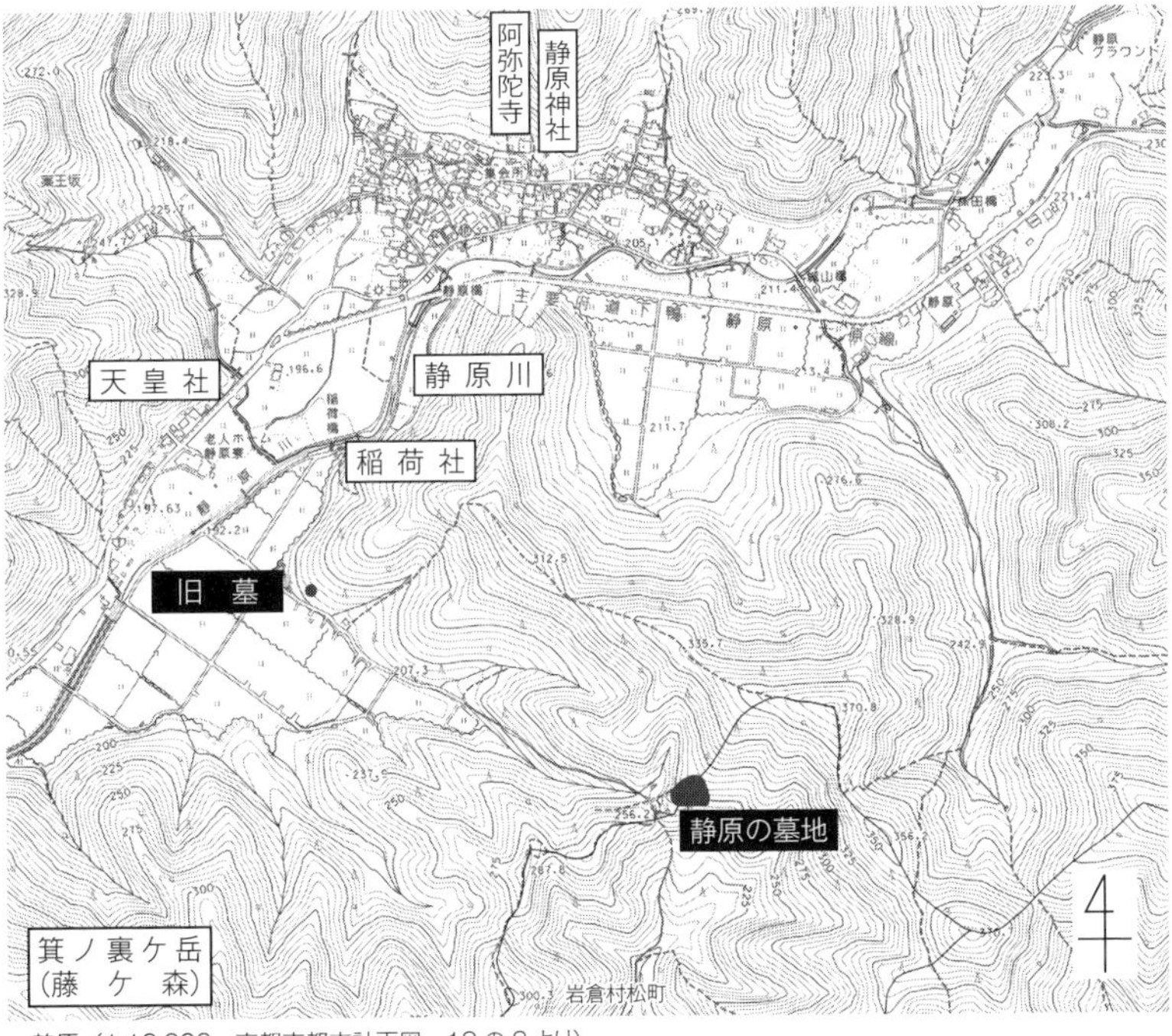

静原（1:10,000　京都市都市計画図　19の3より）

図 25　静原の墓地の位置

てなかった。昭和四一年（一九六六）に子供が生まれたときは、バケツに汲んだ水でざーっとうんこを落とし、その水は家のトイレに流したという。

この静原では墓地の立地に特徴がある。集落の外れの静原と岩倉との峠の分岐点に埋葬墓地が設けられている。斜面の岩倉寄りに墓地が設けられているため、地下水で賀茂川に流れ込む静原川の水を汚すことがない立地が選ばれているのである。昭和四〇年前後まで土葬が行なわれていた。墓にはイガキといって、割竹を円錐形にさし、縄で巻いたのを立てる。イガキはヒアケ（四十九日）まで置いておいて燃やす。イガキをめぐらすことによって「悪いものから守る」といわれていた。この墓地に上がる山のかかりのところ、トドケ谷に旧墓《きゅうばか》と呼ばれるオガミバカ（拝み墓・石塔墓地）がある。そこは地下水が賀茂川に流れるところに位置しているが、埋葬墓地ではないので地下水を汚すことはない。現在は放置されているが、かつては典型的な両墓制の景観がみられたことがわかる。

〈事例2〉賀茂川の源流域の京都市北区雲ケ畑

雲ケ畑は、出谷町《でたにちょう》一五軒、中畑町約二五軒、中津川町約三〇軒の三つに区分され、賀茂川に沿って長く伸びている集落である。それぞれの町に若中（青年団）があり、葬式は町の総出で、濃い親戚とともに協力して行なわれ、若中が坐棺を作り、オンボ役をつとめるのが特徴であった。久保常次さん（昭和一三年〈一九三八〉生まれ）によると、雲ケ畑は賀茂川の源流に位置するため早くから火葬が行なわれていた。村内に死者が出ると、自宅から集落の外れの白梅橋を渡ったところにあるお別れ地蔵（六体地蔵）まで野辺送りをし、そこで最後の別れをすると、喪主も親類縁者もそこで若中にすべてをまかせる。若中は約二〇分ほど急な坂道を登って、持越峠《もちこしとうげ》の「焼き場」まで棺を運んでいった。そこは、持越峠の分水嶺を越えた側の真弓の集落寄りに位置している。「賀茂川の水が御所に入っているので、こっちで焼くと賀茂川に流れ込む、賀茂川を汚すといけない」というので、分水嶺を越え、清滝川水系に属する真弓寄りに焼き場があるというのである。火葬用の炉には屋根があり、下に木炭（俵炭三俵）を置き、棺をのせると、その後ろと横に一㍍くらいの薪をびっしり詰める。薪や炭は喪主が用意しておく。杉の葉を二～三束持って上がって、若中が火をつける。焼いている間、若中たちは酒一升をスルメ、メザシ、白餅を肴にして飲む。ただし、焼くのは学齢以上の人の遺体であり、小学校にあがる前の子供は焼き場に隣接したところに土葬していた。午後一時頃に出棺、一時三〇分頃お別れ地蔵のところを出て、焼き場で三時間くらいかけて焼いた。最後に胴体が残る。それがかなりかさが低くなったら「もう帰ろう」と年長者がいう。もうこのまま「明日の朝まで置いとこう」「一二時くらいになったら無くなる」などと言っていた。山を降りる頃はもう日が暮れなずんでいたという。まず自宅で風呂に入って、着物を着替えて、喪主の家にご飯をよばれに行った。煮しめ、魚一切れ、菜っ葉のひたしもの、小芋の煮たもの、なすびの焚いたものなど季節のもの、白ご飯、吸い物、酒、小豆と黄粉の牡丹餅、などが出た。翌朝、喪主と若中とでコッ拾いに行く。コツを納める容器は蓋付きの湯呑の大きいのを利用していた。四十九日まで家におき、その後、コツを晒布に包んで出谷町は福蔵院（浄土宗）、中畑町は高雲寺（臨済宗）、中津川は洞谷寺（曹洞宗）の墓地に遺骨だけを納

図26　若中が柩を担いで焼き場に向かう．昭和21年頃（提供：久保常次氏）

める。

久保さんは二五歳（昭和三八年〈一九六三〉）で若中を卒業したという。その昭和三八年頃、焼き場を使わなくなった。若中や親のなかにオンボ役を忌み嫌う人がちょこちょこ出てきたからだという。また、葬儀屋の利用が始まって自動車が使われるようになり、若中のオンボ役はなくなった。葬儀屋が入って、それまでの坐棺を直接置くのから、きれいに飾る祭壇になった。蓮華谷（北区）に市の火葬場ができた。それは今はなくなって、現在では東山の公営火葬場を利用している。葬儀はかつては自宅でしていたが、約一〇年ぐらい前から会館（公益社）で行なうように変わった。久保さんは子供の頃、川の中でオシッコしたら父親にきつく叱られたという。雲ケ畑の人たちはおしめは決して川で洗わず、盥で洗っていた。雲ケ畑は御猟場だったが、ここでも先の静原と同じように猟をすると、獲物の猪を川につけて血を抜いていた。火葬場は分水嶺の向こう側に設けられており、おしめなども決して川では洗わないが、鹿や猪などの獣物の血抜きや貯蔵では川の水を利用しており、それは河川を汚すこととは考えられていなかったのである。現在でも川を汚さないように気をつけており、家の生活用水はそばを流れる賀茂川に水門《すいもん》を設けて下流にはきれいな上澄みの水だけが流れるようにしている。ただこのごろは、中にはザッと直接いってる（水を流している）家もあるが、久保さんはやはり「いったん（水を）土手に落としている」という。

図27　お別れ地蔵とその脇を流れる賀茂川

〈事例3〉 鞍馬川が流れる京都市左京区鞍馬

鞍馬は約一五〇軒の集落で、集落内の地蔵寺の檀家であるが、墓地は四キロ離れた市原野の補陀落寺（天台宗）にある。鞍馬のほか、貴船、二の瀬、野中、市原野の五つの集落の共同墓地になっており、その墓地は賀茂川に合流する鞍馬川の側ではなく、そこから分水嶺を越えて高野川に水が流れていく位置にある。岸本さん（昭和二一年〈一九四六〉生まれ）が明治四五年（一九一二）生まれの父親から聞いていた話としては、鞍馬ではもと地蔵寺に土葬（埋葬）をしていたが、その後鞍馬小学校の校庭に埋葬するようになった。さらにその後、市原の補陀落寺に埋葬するようになった。「御所に水がいってるから、墓を移した」と聞いているという。この水というのは、集落を流れている鞍馬川のことで、やがて賀茂川へと合流する水という意味である。鞍馬小学校の沿革（『鞍馬校百年誌』）によれば、「明治八年一〇月　京都府愛宕郡鞍馬尋常小学校として創立。二三年四月　町村制実施により、鞍馬・二の瀬・貴船に分校設置。三三年一一月　現在地（梶取）に校舎新築、分校を廃止」とある。鞍馬・二の瀬・貴船の三つの集落で建てる学校の敷地を探していたという話も聞かれたが、明治の墓地政策との関係で、補陀落寺へと移転した可能性が高い。鞍馬川は、二の瀬駅手前の打合橋のところで、静原川と合流し、鞍馬川として下流に向かう。そして鞍馬川は、クリーンセンターの近くの十三石橋で賀茂川と合流し、賀茂川として下流に流れていく。そのため、鞍馬では鞍馬川（やがて賀茂川になる）を汚さないように、長代川《ちようだいがわ》（やがて岩倉川になる）のほうに墓地を作っていたことになるのである。長代川は、宝ヶ池プリンスホテルのところで岩倉川と合流し、岩倉川として下流に向かい、やがて高野川へと合流する。賀茂川沿いの御所への取水口は上賀茂神社あたりにあり、そこから下流で高野川と賀茂川が合流する下鴨神社あたりはすでに洛外であるため問題ないのである。

このように京都市北部、賀茂川の源流では、複数の集落において「賀茂川から御所の水を引いているから、川を汚さないようにしている」という根強い伝承が、河川の水の利用や墓地の立地に具体的に反映されていることが注目される。民俗は歴史の投影であるという観点に立つのが民俗学、民俗伝承学である。賀茂川をめぐる浄穢観念の伝承には以上のように、平安京以来の歴史の投影をみることができるのである。そして、注目されるのは人間の死穢と汚物（おむつの洗濯や排尿など）は極力避けて堰止めた水の上澄みを下流に流すなどの配慮がなされながらも、鶏肉をさばいたり狩猟の獲物の鹿や猪を川に漬けておくことへの抵抗感はないという点である。人間の死穢や汚物と、狩猟獣物の獣肉の扱いとは意識のうえでまったく別と考えられている事例の一つといえる。近年は肉食禁忌の歴史をめぐる歴史学と民俗学の研究が進んでおり、その中でたとえば承和一一年（八四四）一一月四日付の太政官符に「応レ禁三制汚二穢鴨上下大神宮辺河一事、（中略）鴨川之流経二一神宮一、但欲二清潔一之、豈敢汚穢、而遊猟之徒就二屠割事一、濫穢二上流一、経二触穢神社一、因レ茲汚穢之祟屢出二御卜一」とある記事などが注目され、そのころ以降に、獣肉や獣血が神域を穢すものと考えられるようになるという変化が指摘されているが（平林　二〇〇七、新谷　二〇〇九、二〇一三）、この京都市北部の賀茂川の源流域に伝えられている民俗伝承は、そのような平安京の摂関貴族の間で肉食禁忌が歴史的に形成される以前まで存在していた肉食習慣の時代の獣肉感覚を伝えている歴史的情報の一つと位置づけることができる。

神祇祭祀における現在の獣肉忌避は、いわゆる平安祭祀制（岡田　一九九四、新谷　二〇〇九）が定着してくる中でみられるようになったものであり、それは歴史と民俗の伝承情報を読み取る視点からすれば、獣肉忌避の事例の方が新しいものであると位置づけることができる。それに対して獣肉を忌避せずに神饌に供している事例群が各地に存在しているという事実の方が注目される（岩井・日和　一九八一、黒田　二〇一八）。それは獣肉食を忌避していなかった天武・持統朝、さらにはそれ以前からの古代の神祇祭祀の方式であったことを伝えている可能性がある。猪や鹿の獣肉の神饌の習俗というのが、宮崎県の山間部の椎葉神楽の猪や、長野県茅野市の諏訪大社上社前宮の御頭祭《おんとうさい》での鹿肉などで現在も伝承されているという事実は、その意味でも重要なのである。つまり、死穢忌避も獣肉忌避も含めて、生活文化変遷の歴史的事実は、地域ごとに事例ごとに、時差を含みながら立体的な歴史変遷をたどっているとみることができるのである。

第五節　流されてもまた元のところに戻る

中洲の危険と活用　ここまで都市と河川の例として、平安京の事例を概観してみてきたのであるが、もう一つ、地方の町でそのような川の中洲の利用の事例をみてみよう。広島県山県郡旧加計町（現安芸太田町）の中心の町、加計は、中国山地から瀬戸内海へと流れる一級河川太田川とその支流の滝山川、丁川などが合流する地点に位置している。江戸時代から、薪炭・木材業、砂鉄を用いたたたら製鉄の流通の中心地として栄えてきた町である。加計にはたたら製鉄の鉄山師、加計家（屋号隅屋）があり、大きな経済力をもっていた。そして、明治一一年（一八七八）に郡役所が置かれるなど公共機関も設置され、広島県芸北地方における政治、商業の拠点となっていた。

平成二六年（二〇一四）の筆者の調査の時点では、もう加計の町には西北方から流入する太田川の支流の滝山川の上流に温井ダムが建設されるなどして川の水量が激減してしまっているが、その平成一三年（二〇〇一）の温井ダム完成以前には、四方を急峻な山に囲まれた加計の町では大水害が頻発していた。寛政八年（一七九六）の災害を伝える絵図（加計隅屋蔵）や、弘化元年（一八四四）の水害の記録などが残されているほか、近代以降も、明治六年（一八七三）五月の大洪水、大正一二年（一九二三）六月二一日の大豪雨、昭和一六年（一九四一）三月二七日の大嵐、昭和一八年（一九四三）九月二〇日の風水禍（七月にも）などが頻繁に加計の町を襲っていた。昭和二〇年（一九四五）の災害は殊に甚大で、加計町では津浪・上調子・鮎ケ平・上原・安中の道路や屠場橋などが大きな被害を受けたことが記憶されている。その後も昭和二五年（一九五〇）のキジア台風、二六年（一九五一）一〇月のルース台風、二九年（一九五四）の風水害も甚大であった。その後、近年では、昭和四七年（一九七二）七月、昭和六三年（一九八八）七月の集中豪雨で、加計の町は大災害にみまわれた記憶が鮮明である。

その太田川の中洲に「中の市場」があった。そして支流の滝山川の中洲、現在の町民センター（体育館と蛍の館と呼ばれる公共施設）がある中洲にはかつて牛の屠殺場と家畜保健所があった。田の耕作で使わなくなった牛を食肉用としてそこに出荷していた。昭和二〇年代から四〇年代にかけて、その中洲の屠殺場で牛の屠殺が行なわれて、その牛肉をそばの中洲の橋の横に肉屋を開いて販売していたことが記憶されている。そして、その橋は「屠場橋」と呼ばれていた。その加計町の屠殺場の歴史を追ってみると、まず明治三一年（一八九八）に加計町遅越に屠牛場が造られた。それが明治四二年（一九〇九）にこの中洲の中祖に移転した。この中洲の中祖は現在の巴町で、その後は同地において屠殺場が維持されていった。昭和四〇年（一九六五）七月に鉄筋コンクリート造りの近代的な建物に建て替えられた。『広報かけ』一七〇号（昭和四〇年九月一〇日）には、「衛生的に近代化された屠畜場が完成」とあり、従来の屠殺場は木造平屋建てで、すでに築五〇年を経過して老朽化していたこと、新たに完成した加計屠畜場は、屠畜室本館が鉄筋コンクリート造りで九五・二二平方㍍、屠場新築によりその処理能力も高くなり、大家畜は一日一〇頭が可能であることなどが記されている。

屠殺量は明治末から大正にかけて急速に増加した。ただし、この明治末以降の屠牛頭数の増加は町内の人びとの肉食の普及をそのまま示すものではなく、山県郡一円への販路の拡大や、水力発電工事関係の人びとが加計で飲食する機会の増加による販路の拡大という事情もあった。戦後は各町村に屠殺場が設けられ、加計町屠牛場の肉はその販路が町内および芸北町の一部に狭められ、昭和三〇年代になると屠殺数は月平均一〇頭くらいになった。記録によれば、明治二二年（一八八九）には加計町に牛肉の販売業者が数軒あったことがわかる。加計町の町中では農村部よりも早くから牛肉を食するようになっていたものと思われる。昭和一〇年代には加計に牛肉を売る個人商店ができたとある。農家にとって牛は大切な働き手であり、「牛は食べるもんじゃない」と言われていたというが、この頃から、牛肉を細切れで購入し、豆腐やネギといっしょに砂糖醬油で煮て食べたともいう。それを「ヘカナベ」と呼んだという（加計町 二〇〇〇ほか）。

また、加計の町に近い津浪という集落の昭和一三年（一九三八）生まれの女性は子供のころ、父親がどこかから干し肉を買ってきたのを食べたのが自分が牛肉を初めて食べた時だったといい、また西調子という集落の昭和二〇年（一九四五）生まれの女性は子供のころ鯨肉と野菜を煮たのをよく食べさせられたといい、温井という集落の佐々木さん〈昭和一二年〈一九三七〉生まれ〉は干し肉とジャガイモを炊いたのをよく食べたという。このように、加計町の町中から離れた地域では、昭和二〇年代から三〇年代には牛肉を食することはまだまだあまりなかったことがわかる。それが、高度経済成長期を経る中で、昭和五〇年代以降には、祭りや正月などお客さんがいてごちそうを作るときなどに、すきやき、カレー、肉じゃがなどを食べるようになったという。

現在では、中祖（現巴町）の中洲の敷地には屠殺場はすでになく、昭和三八年（一九六三）に建てられた「一切畜類蚕魚家禽」と記す供養碑が残されているだけである。その屠殺場は大水が出るとそのたびに洪水で流されていたことが記憶されている。「温井ダムができてからは洪水がなくなったが、それ以前はよく洪水があった。そのたびに屠殺場の周辺はよく水没した。四七災害（昭和四七年の大洪水）では、肉屋のトラックが流されたのを見た」という（佐々木克己さん〈昭和一二年生まれ〉）。その中洲の屠殺場は洪水や災害を覚悟のうえで同じところに再建されていた。屠殺の作業に豊富な水が必要であるというのはもちろんであるが、加計町ではこの中洲が一方では町のセンターでもあり、人びとがおおぜい集まる公共的な空間でもあった。現在この中洲に、体育館と蛍の館と呼ばれる公共施設の町民センターが設営されていることと、「一切畜類蚕魚家禽」の供養碑が建てられていることとは、まさに網野善彦が指摘している河川の中洲のもつ、「無縁」「公界」の性格、つまり豊饒性と危険性と併含する場としての性格を表わしている一事例と位置づけることができる。大水で流されるのがわかっていても、戻ってきてしまうのは、その地の利用が有利であり、経済的な魅力があるから、儲かるから、である。この加計の屠殺場の事例は小さな一つの事例ではあるが、

図28　供養碑
（表面）一切畜類蚕魚家禽　供養塔
（側面）昭和三十八年十二月吉日建之
　　　願主　加計町農業協同組合営農同志会
　　　願主　十方有縁者
（裏面）農林大臣赤城崇徳書

平安京の鴨川の河原の「無縁」「公界」の原理に通じる性格のものといってよかろう。

明治の三陸津波　災害の危険と経済的な魅力という点からみれば、明治二九年（一八九六）と昭和八年（一九三三）の二度にわたる三陸大津波の被害と、その復興の状況を調べた山口弥一郎の東北地方の津波被害にあった漁村の人たちの例にも通じるところがある。山口によれば、明治二九年の大津波後の村の復興様式には、第一に集団移転、第二に分散移転、第三に現地復興の三つのタイプがあったという。第一の集団移転には、私財をなげうってでも実現するという意思とリーダーシップを有する指導者の存在が不可欠であり、第二の分散移転は、そうした指導者がおらず個々

の判断に委ねられるものであった。そして、第三の現地復興は、港湾をもつ地方都市や漁業を主生業とする集落において経済と生活の便利さを基準に選択されたものであった。第三の現地復興を選択した地方都市の場合、「移動すれば金と経済的機能を失うから被害地域に復興する外ないものがある」、また漁業者の場合には、越《お》喜《き》来《らい》村《むら》下甫《しもほ》嶺《れい》（現大船渡市三陸町越喜村）の老婆の語りに象徴されるように「漁夫が浜を離れて生きられるもので無い」という現実があった。

気仙沼の黒崎半島の唯出集落では、明治二九年の津波で五六戸中、五二戸が流失し、二百余名が死亡した。その後、一部では山の上に家を建てたが、大正七、八年（一九一八、一九一九）に鮫網の豊漁が続き、景気が急激によくなった時に、続々と仮屋ではなく本建築を低地に始めた。唐丹村小白浜では、やはり明治二九年の津波の後、三人の指導者のもとで高地へ移転が行なわれたが、「一部の漁夫は浜に出る不便より仮屋に居着いてしまい」、商店も漁師を相手にするため「浜の元屋敷に別に家を建て、商業を始める人などが出来、漸次原地に戻る傾向を生じていた」という。

唐丹村本郷では、明治二九年の大津波襲来の年から、三、四年間、イカの大漁が続いて景気回復したことも影響し、明治三五年（一九〇二）頃までに海岸の原地にほぼ復興を遂げた。その本郷では「時日を経過するに従い、津浪は再々来るものでなく、浜を離れては毎日の生活が不自由であり、先祖の位牌を護るには元屋敷がよいと、原宅地を離れ難さに（高地に）単に四戸移ったのみで、他は遂に原地に落ち着いてしまった」とある。本郷では昭和八年（一九三三）の大津波で、谷奥の一戸を残して全村一〇一戸が全滅、死者一一七名、行方不明二〇八名、計三二五名の被害があった（山口　一九四三）。

このように、山口が実際に歩いて現地調査をした記録からは、明治二九年の津波の後、低地居住の危険を知りながらも、漁師たちが浜を離れられない、そしてそこに商店もできて経済的に繁栄していく、生活に便利な場所であるため、高地への移転を決断できなかった、ということなどがよくわかる。漁師にとっての浜は、経済的利益が上がると同時に津波の被害を受ける危険な場所でもあるのである。そうした危険を認識した上で、それでもやはり経済効率があがる低地に居住することが繰り返されてきたのである。

災害の実態レポートや災害予防対策が議論されるなかでは、このような動向は批判的にみられている。しかし、「流されても、また元のところに戻る」、「流せば流して、また作りかえる」という事例も確かに存在しているのであり、歴史的には鎌倉から室町時代にかけておよそ三〇〇年間存在した瀬戸内海の芦田川河口の大規模集落、草戸千軒町遺跡（現在の広島県福山市）もその一つである。(14)

このように民俗学の視点つまり伝承分析の視点から、とくに河川の氾濫や洪水への対応を追跡してみると、危険性の認識と経済的な欲望と利便性の併存との関係性という点では、加計の中洲の利用と三陸地方の山口が調査した低地に居住しようとする人びとと、それらは共通しているといってよい。

第六節　保存と記憶・放棄と忘却

河川と洪水や氾濫という災害を例に、大雨が降るたびに災害が予想されるような河原で、その危険を覚悟のうえで生活が営まれているという伝承的な事実を追跡してみた。一つめは、近畿地方の両墓制の事例の中のとくに河川流域や中洲に流失することを覚悟し予想した上で設営されていた埋葬墓地の事例である。二つめには、先行研究に学びながら平安京の河原が「無主」「無縁」の原理によって洪水と氾濫の場所でありながらも同時に、葬送地とも繁華街とも経済流通拠点とも公的場所ともなってきたという歴史を追ってみた。三つめには、地方の小さな町場でもその平安京と相似した河川の洪水と氾濫という危険性の中に流通生産と公共性の場という併存の関係性が見出せる事例が存在するということを考えてみた。そこから見えてきたのは、二つの論点である。

第一に、災害の危険と経済的魅力の矛盾しながらも継続し続ける相互関係の存在とその伝承力である。そして第二に、生活上の必然である汚穢の蓄積を氾濫と洪水という自然災害の中の掃除と浄化の機能を利用して生活世界のリセットをするという逆利用の発想の存在である。そして、その伝承力が注目されたのである。これらの事例の共通の特徴は、災害を受けても再び同じ場所に復帰していく、その繰り返しという営為にある。災害被害はできるだけ事前に予防して悲劇を繰り返さないようにする、というのが「常識」である。しかし、人間の生活欲、経済的欲求、金儲けへの欲望や、またその一方での死穢忌避や汚穢忌避の感覚世界においては、その「常識」が通用しない事例が存在しているのである。

本章で述べてきた埋葬墓地の立地には、前章で述べた屋敷や耕地に家ごとに設けられる事例とは別に、集落の共有墓地には山間地、平野部、河川流域があるが、そのなかでも屋敷や耕地に大切に保存するタイプと、この河川流域の「流されてもいい」というタイプとには遺骸の扱いや埋葬墓地の意味に大きな差があることがわかる。

埋葬墓地の立地には、屋敷や耕地に家ごとに設けられる事例があり、それとは別に集落ごとの共有墓地として山間地、平野部、河川流域、などの事例がある。そのなかでも屋敷地や耕作地に子々孫々にまで大切に保存することを志向するというタイプと、この河川流域に墓地を設営して「流されてもいい」というタイプと、この二つの対照的な墓地の立地には、それぞれの地域社会によって死者の遺骸の扱いや埋葬墓地の意味の上で大きな差異があることがわかる。そして、その両方のタイプが併存して伝承されてきているという事実に、民俗学は注目するのである。

屋敷墓の場合には、遺骸のいわば自前処理がなされている。それが近畿地方のサンマイやミハカと呼ばれる集落ごとの埋葬墓地では、集落から離れたところに共同で設けるものとなり、さらに奈良盆地の郷墓では各集落から離れた場所に、複数の集落が大規模な遺骸処理場を設けるものとなっている。このような埋葬墓地の立地の地域差という観点からすると、近畿地方から遠く離れるにしたがって、屋敷墓の場合にはその屋敷や畑地は先祖が眠っているのだから子孫は大事に守るようにという言い伝え（静岡県佐久間町など）や、畑を守ってくれるものだといった伝承（東京都西多摩郡檜原村南檜原大字上川苔ほか）、また若くして亡くなった跡取り息子として期待された長男に一番よい土地を相続させるという意識（徳島県三好郡井川町野住、愛媛県伊予三島市中ノ川など）など（田中　一九七九〈一九七三〉、藤丸　一九七九、森　一九七九など）、家の先祖を記念し記憶し伝承するという地域が各地に点在していることが注目される。そのような事例では、墓地の遺骸に対する「保存」と「記憶」という志向性が認められる。

それに対して、川原で洪水に流れるに任せる事例では、墓地の遺骸に対する「放棄」と「忘却」という志向性が認められ、両者まったく対照的に異なっている。放棄と忘却は、いわば「片付け」であり、日常生活の必然の中で生まれてくる汚穢の蓄積を河川氾濫という自然災害でもって清掃し浄化して環境をリセットするという発想に共通する。そのような葬法や墓地に対しては複雑な感想をもつ人たちも多いかもしれないが、しかし、それも民俗の伝承の一つであり、むしろ注目すべき発想ともいえる。民俗の伝承の中の古くからの言い習わしには、「死ねば土に帰る」とか、「遺骸を土にかえす」という言い方がよくなされてきたが、河川に流出させる墓地の事例というのは、「すべて川に流す」という水のもつ浄化力を最大限に活用してきていた墓制ということができる。

注

（1）　貞観一一年（八六九）一二月八日の記事には佐比大路の南極橋のところに「九原送終之輩、更留二柩於橋頭」と、遺体を納めた柩を置いている記事がある。

（2）角田文衛「鳥部山と鳥部野―平安時代を中心として―」（『角田文衛著作集四　王朝文化の諸相』法蔵館　一九八四）、山田邦和『京都都市史の研究』（吉川弘文館、二〇〇九）。「紫式部『源氏物語』葵「かひなくて、日頃になれば、いかがはせむとて鳥べ野にゐてたてまつるほど」、卜部兼好『徒然草』第七段「あだし野の露きゆるときなく、鳥部山の烟立ちさらでのみ住みはつる習ひならば、いかに、もののあはれもなからん」などが知られている。

（3）西行『山家集』中「露と消えばれんだいのにをおくりおけねがふ心を名にあらはさん」、卜部兼好『徒然草』第一三七段「鳥部野・舟岡、さらぬ野山にも、送る数多かる日はあれど、送らぬ日はなし。されば棺をひさくもの、作りてうち置くほどなし」。

（4）前掲『源氏物語』手習「あだしのの風になびくな女郎花われしめゆはん道遠くとも」、前掲『徒然草』第七段「あだし野の露きゆる時なく、鳥部山の烟立ちさらでのみ住みはつる習ひならば、いかに、もののあはれもなからん」などによって知られている。

（5）『類聚名物考』凶事四、葬所、総墓「古へ京都にては、今の如くに寺々のうちに葬る事はなくて、葬所といふ有て、そこにすべて葬せし也。そこを鳥部山、鳥べ野などとはいへり」。高田陽介「境内墓地の設営と触穢思想」（『日本歴史』四五六、一九八六）、新谷尚紀『両墓制と他界観』（吉川弘文館　一九九一）。

（6）岡田荘司『平安時代の国家と祭祀』（続群書類従完成会　一九九四）に述べられている旧来の律令制下の「律令祭祀制」の解体から新たな摂関制下の「平安祭祀制」の形成、そして新谷尚紀『伊勢神宮と出雲大社―「日本」と「天皇」の誕生―』（講談社　二〇〇九）に述べられている律令制下の天皇の「政治王と祭祀王」という王権の二重性からの脱皮と、新たな「祭祀王」への純化へという変化であったという。

（7）『日本三代実録』貞観八年（八六六）六月二十八日条には「是月、天下大旱、民多飢餓、東堀川多鮎魚、京師捕噉」とある。

（8）『日本三代実録』『類聚三代格』の貞観三年（八六一）三月十三日に「応停防鴨河葛野河両使隷国司」とあり、鴨河と葛野河の防災司が任命されていたことがわかる。『本朝世紀』天慶二年（九三九）五月二十七日条にも「自㆓賀茂下社㆒、至㆓于韓橋北辺㆒、有㆓巡検事㆒、於㆓三條末鴨川辺㆒、所司立㆑幄設㆓饗饌㆒」とあり、鴨河の巡検を行なったことが記されている。『百練抄』安貞二年（一二二七）七月二十日条には「洪水泛溢、四條、五條等末橋流了」とあり、洪水で橋が流されたことがわかる。

（9）鈴木康久『水が語る京都の暮らし―伝説・名水・食の文化―』（白川書院、二〇一〇）に同じ。

（10）『中昔京師地図』故実叢書三八　明治図書出版　一九五五。

（11）『日本随筆大成』吉川弘文館　一九二七。

（12）賀茂川水系と墓地の立地との関係については、すでに「御所用水たるにより汚穢を避くるため」（『京都府愛宕郡村志』二九四・四一四・四四〇頁）とある。また、中村治『京都洛北静原』（大阪公立大学共同出版会、二〇一四年、二二頁）においてもその指摘がなされている。

（13）『食習採集手帖』（成城大学民俗学研究所編『日本の食文化』おうふう　一九九〇）によると、「かしわを潰す時、鯛や大きな魚を焼く時は川傍でする。まないたを川傍へ持って行ってする。村中・地域的なグループごとにその場所が定まっている。調理場として使いよいようになっている。洗い場というのがあって、そこには滑らかな石を並べて敷いてある」（京都府愛宕郡静市野村静原）とあるが、この洗い場は三つの谷川に沿って三カ所あったことが確認できる（二〇一五年八月調査）。

（14）長和荘などの荘園と他の地方との物流の交流起点として繁栄し、商工業で栄えた町である。「寛文一三年（一六七三）の洪水で滅びたと」（『備陽六郡誌』元文から安永年間に福山藩士宮原直倁によって書かれた地誌）という伝承が残されているが、一九六一年からの発掘調査の結果、その遺構からは、平安時代末から鎌倉時代はじめ頃、中洲西端付近で生活が開始されたものの、何度かの洪水により集落はいったん水没したが、室町時代中期に復興し、その生活地域も中洲全域に広がった。そして芦田川の堆積作用によって港町としての機能が失われ、室町後半に急激に町が廃れたことが明らかになっている。中洲の中世都市として知られている遺跡である（広島県草戸千軒町遺跡調査研究所『草戸千軒町遺跡―発掘調査十年の成果―』一九八三）。

参考文献

網野善彦　一九七八『無縁・公界・楽―日本中世の自由と平和―』平凡社

網野善彦　一九九〇「歴史と自然・河海の役割―『そしえて21』発刊によせて」（『そしえて』一、のちに『網野善彦著作集』一二　岩波書店　二〇〇七）
井上頼壽　一九三三『京都民俗志』岡書院
岩井宏実・日和祐樹　一九八一『神饌―神と人との饗宴―』同朋舎出版（のちに『ものと人間の文化史　神饌』法政大学出版局　二〇〇七）
大山喬平　一九七六「中世の身分制と国家」（『岩波講座日本歴史』八　岩波書店）
岡田荘司　一九九四『平安時代の国家と祭祀』続群書類従完成会
加計町　二〇〇〇『加計町史　民俗編』
岸元史明　一九七四『平安京地誌』講談社
黒田一充　二〇一八「神饌」（小川直之編『日本の食文化一　食事と作法』吉川弘文館）
江府町史編纂委員会　一九七五『江府町史』
国立歴史民俗博物館　二〇一二『葬墓制関係写真資料集一』（基盤研究「高度経済成長とその前後における葬送習俗の変化に関する資料調査」）
坂田友宏　一九七九「鳥取県の葬送・墓制」（坂田友宏・新藤久人・白石昭臣・三浦秀宥・伊藤彰『中国の葬送・墓制』明玄書房）
坂田友宏　一九八二「西伯郡東部の両墓制」（『山陰民俗』三八）
坂田友宏　一九八三「屋敷墓と両墓制」（『山陰民俗』四一）
定森秀夫編　一九八五『平安京左京八條三坊二町―第二次調査―』平安京跡研究調査報告一六、京都、古代学協会
佐藤米司　一九八一「岡山市野殿の墓制」（『日本民俗学』一三七）
新谷尚紀　一九九一『両墓制と他界観』吉川弘文館
新谷尚紀　二〇〇五「分析概念と村落民俗誌―「当屋制」と「両墓制」：奈良県都祁村吐山の事例より―」（『柳田國男の民俗学の継承と発展』吉川弘文館　二〇〇五）
新谷尚紀　二〇〇九『伊勢神宮と出雲大社―「日本」と「天皇」の誕生―』講談社

新谷尚紀　二〇一三「ケガレの構造」（苅部直ほか編『岩波講座日本の思想第六巻　秩序と規範』岩波書店）
鈴木康久　二〇一〇『水が語る京都の暮らし—伝説・名水・食の文化—』白川書院
関沢まゆみ　一九九八「男女別・年齢別の墓地をめぐる問題」（のちに『宮座と墓制の歴史民俗』吉川弘文館　二〇〇五所収）
関沢まゆみ　二〇〇四「墓郷・水郷・宮郷をめぐる民俗学的考察—奈良盆地南西部・吐田郷の事例より—」（『国立歴史民俗博物館研究報告』一一二、のちに『宮座と墓制の歴史民俗』吉川弘文館　二〇〇五所収）
関沢まゆみ　二〇〇五「長老衆と葬墓制」（『宮座と墓制の歴史と民俗』吉川弘文館）
関沢まゆみ　二〇一五「火葬化とその意味—「遺骸葬」と「遺骨葬」：納骨施設の必須化—」（『国立歴史民俗博物館研究報告』一九一、本書第三部第二章所収）
関沢まゆみ・国立歴史民俗博物館編　二〇一五『盆行事と葬送墓制』吉川弘文館
高取正男・橋本峰雄　一九六八『宗教以前』日本放送出版協会
高橋康夫　一九八八『絵が語る洛中洛外』平凡社
田中正明　一九七三「東京都檜原村南檜原の両墓制」（『日本民俗学』八六、のちに『葬送墓制研究集成』四　名著出版　一九七九所収）
寺島孝一編　一九八四『平安京左京三条三坊十一町』（平安京跡研究調査報告一四、京都、古代学協会）
中川喜雲　一九六七『京童』臨川書店
野田三郎　一九五八「続・紀伊日高の両墓制」（『地方史研究』八—三）
野田三郎　一九七四a「流葬を伴う両墓制について—紀伊日高川を中心に—」（『日本民俗学』九三）
野田三郎　一九七四b『日本の民俗　和歌山』第一法規
野間光辰編　一九六八『新修京都叢書八』臨川書店
野本寛一　一九九〇「熊野山海民俗抄Ⅱ」（『民俗文化』二　近畿大学民俗学研究所）
平林章仁　二〇〇七『神々と肉食の古代史』吉川弘文館
松井忠春　一九八四「平安京押小路殿跡第二次調査」（平安京跡研究調査報告一二、『押小路殿跡・平安京左京三条三坊十一町』所収、京都、古代学協会）

森栗茂一　一九九〇「墓場と盛り場」（『民俗文化』二　近畿大学民俗学研究所）
山口弥一郎　一九三六「三陸地方に於ける津浪に依る聚落移動類型に対する若干の考察」（『地理と経済』二―三）
山口弥一郎　一九三八「三陸地方の津浪に依る聚落移動」（『斎藤報恩会時報』一四一―一四四）
山口弥一郎　一九四三『津浪と村』恒春閣書房
山口弥一郎著・石井正己・川島秀一編　二〇一一『津浪と村』三弥井書店
横井清　一九七五『中世民衆の生活文化』（Ⅲ差別と觸穢思想）東京大学出版会
横田健一　一九六九『日本古代の精神―神々の発展と没落―』講談社

第三部　高度経済成長と葬送墓制の変化

第一章　葬送儀礼の変容
――一九六〇年代と一九九〇年代、そして二〇〇〇年代へ――

第一節　葬儀の変化への注目

日本各地の葬送習俗についての民俗学の研究は柳田國男の「葬制の沿革について」から始まった（柳田　一九二九）。それは、一つには、遺骸の処理の方法としての葬制と同時に、二つには、死者の霊魂についてとその記念でもある墓制について、という人間と死をめぐる幅広い問題を、日本の歴史の中に追跡してみることに意義のあることを説いたものであった。その後、民俗学では日本各地の葬式については主に井之口章次が、墓制についてや霊魂の行方については主に最上孝敬が研究を進めてきた（井之口　一九七七、最上　一九八四）。その段階では、とくに葬送の儀礼と霊魂の処理とその歴史的な変化についての視点はまだあまりみられなかった。霊魂の処理や遺体の処置という視点からの民俗学の研究の先駆けの一つは、新谷尚紀『生と死の民俗史』『日本人の葬儀』であり（新谷　一九八六、一九九二）、その一九九〇年代初頭とは同時に、尊厳死・脳死をめぐる問題、葬式の作法や費用をめぐる疑問、墓をどうするかの問題（井上　一九九〇、二〇〇三）という三つが現実の社会的関心事となっていた時期であった。『日本人の葬儀』は、民俗伝承の大きな変化のなかにある葬儀について民俗学は柳田がつねづね述べていたようにこれまでの歴史の中に伝えられてきた年久しい慣習に学びながらこの後の方向を考えていくことが大切だとする視点から、その時点での民俗学の研究成果を提示していたものであった。
その後、民俗学では国立歴史民俗博物館が多くの研究者の参加によって一九六〇年代と一九九〇年代との葬儀の変化について全国五八地点の調査を行ない、具体的な事例追跡に基づく変化の実態についての資料情報を一定程度収集することができた（国立歴史民俗博物館　一九九九・二〇〇〇、二〇〇二）。それは現在でも当時の日本列島の葬儀の変化を論じるうえで、貴重な資料情報となっている。またこの時期以降、眼前の民俗伝承の変化が進む中で、民俗学のほかにも、宗教社会学、文化人類学などの分野の研究も多く提出され蓄積されてきているのが現状である（村上　一九九〇、森　二〇〇〇、井上　二〇〇三、山田　二〇〇七、国立歴史民俗博物館・山田・鈴木　二〇一四、新谷　二〇一五、関沢二〇一七、田中　二〇一七、越智　二〇一八、森・鈴木　二〇一八ほか）。
また、この時期は一九九一年の、葬送の自由をすすめる会による神奈川県大磯沖での散骨や、一九九九年の一関市祥雲寺の樹木葬などが社会的関心を集め、葬儀が地域社会の旧来の組や講中などと呼ばれる家々の相互扶助で担えなくなっていった部分への葬儀社の関与の増大など、一九九〇年代以降の葬儀の変化の追跡のなかで、その主な関心は、霊魂ではなく遺体処理に移っていったといえる。そして、二〇〇〇年代になって、家族葬や墓じまいなど、さらに葬儀と墓については大きな変化のなかにあることが注目されてきている（比較家族史学会　二〇一五、小谷　二〇一八ほか）。
まとめるならば、葬送儀礼の研究関心は、時代ごとの社会の動向を背景に、
Ⅰ一九八〇年代頃までの、葬送儀礼における個々の儀礼の意味と霊魂への対応とそれらの歴史への関心の段階
Ⅱ一九八〇年代、九〇年代以降の、葬祭業者委託の割合の増加と葬儀の変化の動向、それに伴う遺体処理の変化への関心という段階
Ⅲ二〇〇〇年以降の葬儀の簡略化に伴うさらなる変化の中にある現在への関心という段階

と、変化してきているといえる。

本章は、このうちⅡからⅢへの時代ごとの変化について、日本各地の地域ごとの対応の差について、具体的な事例の分析をもとに注目してみるものである。

第二節　一九六〇年代と一九九〇年代の葬儀の変化
――『死・葬送・墓制資料集成』より――

戦後、日本は一九六〇年代から農林水産業中心の産業から工業中心へ、そして重化学工業中心へと変化してそれにともなう大量の商品流通の拡大へ、という大規模な産業構造の変化の中で、農村から都市への急激な人口移動が起こり、一九六〇年の国勢調査では初めて、第一次産業従事者より第三次産業の従事者の割合が高くなった。当時の農村社会においては、次三男ばかりでなく農家の跡取りである長男までもが都会へ出ていくという「地すべり的な移動」が生じているといわれていた（並木　一九六〇）。農家の跡取り確保率は一九五五年の一〇〇％から一九六七年には五七％へと低下していた。

また、全就業人口に占める農業人口の割合は、一九五〇年に四五・二％、一九六〇年に三〇・〇％、一九七〇年に一七・九％へと急減し、農村の過疎化が進行した。その一方、人口五万人以上の都市の人口は、一九四五年には二〇〇二万人、その総人口に対する比率は二八％であったのが、一九七〇年には七五四三万人となり、総人口の七二・一％が都市に集中していった（『数字でみる日本の一〇〇年』国勢社　一九八二）。

この高度経済成長期（一九五五―七三）を境として、戦後の日本社会には大きな構造的変化が起こったのであったが、その後さらに一九九〇年代になると、生産・流通・消費のシステムの大規模な変動、さらには超高度情報化の進行の中で、過疎化と過密化、国際化と多文化社会化などの問題をはらみながら、民俗の伝承は大きな変動のなかにあった。

先祖代々の墓があり、土地付きの家と農地と農業、そして子供が家に残っていれば家も墓も守れるものとされてきたというかたちが、高度経済成長期に子供が遠隔地に就職するなど、それまでの家を支えていた生業が大きく変化していった。一九八〇年代にはお盆と正月の離郷者の故郷への帰省現象が話題になった（坪井　一九八六）。一九九〇年代になるとお盆の過ごし方が、お墓と位牌をまつってきている農村部では先祖の霊をむかえまつる従来の過ごし方が継続されていたのに対して、都市部では、高度経済成長期に都会に出てきた人びとも親が亡くなるなどすると、故郷への家族みんなでの帰省よりも、海外旅行や国内旅行をするとか、アウトドアでの夏季休暇として過ごすなど、農村部と都市部の二極化が指摘されるようになった（新谷　二〇〇三）。そして、その一九九〇年代以降、墓地の設営の上では、集合墓、散骨、樹木葬など新しい遺骨処理の方法が人びとの間から求められ、法的整備もなされていった(1)（井上　二〇〇三、森　二〇〇〇）。

そして、さらに二〇〇〇年代になると、葬儀と墓をめぐって、墓じまい、手元供養、メモリアルグッズなどが話題になっていった。厚生労働省「国民生活基礎調査」によると、高度経済成長期が終わってすぐの昭和五〇年（一九七五）に六五歳以上がいる世帯、三世代世帯の割合は五四・四％であったが、二〇一五年にはそれが一二・二％となり、一人暮らしか夫婦のみの世帯が五七・八％で、高齢者の核家族化が進んでいることがわかる。この統計上の数字からみても家はあるものの、墓を守る人が不確かな現在というのは、家々の墓の設営と先祖の祭祀や供養という旧来の民俗伝承の大きな動揺のなかにあるということがわかる。

民俗の変化は、この一九六〇年代の高度経済成長期を経て、二〇二〇年代の現在までの約六〇年間の経過の中で、時代ごとの時差をもって現在まで刻まれているというのが特徴である（浅井　二〇一一）。昭和三〇（一九五五）年代以降、それまで伝えられていた各地の集落での溝浚えや道普請などの共同労働や、結婚、出産における地域の人びとの相互扶助など、地域社会における共同慣行が日本各地で次第に消滅していったなかで、遅くまで残っていたのが葬儀における相互扶助であった。しかしそれも、一九九〇年代から二〇〇〇年以降、地域の人びとの手を離れて葬儀社職員の介助やサービスによるものとなり、まもなく葬儀の場所も自宅から葬祭ホールへと変化した。このような葬儀の業者依存へという変化、地域社会での土葬から公営火葬場利用の火葬へという遺体処理の方式の変化に、各地でどのような対応がみられたのだろうか。それを具体的に地域ごとに追跡してみたのが前述の国立歴史民俗博物館が民俗学の関係者に協力を呼びかけて実施した「死・葬送・墓制の変容についての資料調査」であった。

その時の調査はとくに一九六〇年代の死・葬送・墓の民俗の実態と一九九〇年代のそれと、同じ地域社会における具体的な事例に即してその変化の状況を把握する点にその重点があった。これは『死・葬送墓制資料集成』（以下『資料集成』と表記）全四冊として刊行され、その後の追跡調査が行なわれるなど研究者に活用されている（国立歴史民俗博物館編　二〇〇二、関沢編　二〇一五、蒲池　二〇二一ほか）。

本章では、まずその時に収集されたデータをもとに、変化の実態として注目される点を紹介し、さらにその後、二〇〇〇年以降の変化についてもみておくことにする。

1　役割分担の変化

一人の死者を送る葬送儀礼は、伝統的にその死者にとって三種類の立場の人びとによって執り行なわれてきた。死者の家族や親族などの血縁的関係者、葬式組や講中などと呼ばれる近隣の地縁的関係者、そして僧侶など葬儀の職能者である。ここで仮に、A：血縁的関係者、B：地縁的関係者、C：無縁的関係者、と表記しておく。Aは生の密着関係が死の密着関係とみなされ、死者に最も密着した存在として湯灌や入棺など直接死者に触れる仕事に携わる。Bは装具作りや台所の賄い方などの実務を執り行なう（竹内利美　一九九一〈一九四二〉）。Cは葬儀の職能者で、伝統的には僧侶という宗教的職能者であるが、近年の葬儀社や火葬場職員も貨幣が介在しているという点でこれに位置づけられる。

このA、B、Cという三者分類は、新谷尚紀『両墓制と他界観』で提案されたものである（新谷　一九九一）。そこでは、死者と生者との関係、死穢の程度、服喪を要求される側か要求する側か、またそれぞれの立場の表象としての衣服の相違などに注目しながら分析を行なっている。死者を出した血縁的立場の人びとには最も濃い死穢がかかるとみなされ、通夜の添い寝や湯灌など死者に近接し直接触れる仕事が分担されるということ、それに対し、地縁的立場の人びとはその周辺に位置して葬送儀礼の執行の上で実務的な部分を担当すること、そして、血縁的立場の者へ服喪を要求しているのは他ならぬ地縁的立場の人びとであるということ、そしてこの二者とは別に死穢を厭わず葬儀の職能者としてその専門的役割を果たす僧侶ら無縁的立場の人びとが存在すること、などを指摘している。

図29　台所をあずかる組の女性たち　栃木県芳賀郡市貝町田野辺

『資料集成』の資料に基づき、一九六〇年代と一九九〇年代の葬送儀礼の担い手の変化をA、B、Cの三者の間で具体的にみてみる。

『資料集成』のデータをもとに、一九六〇年代と一九九〇年代の葬儀における湯灌（表5）、死装束作り（表6）、入棺（表7）、葬具作りの担当者（表8）についてまとめてみると、一九六〇年代には湯灌・入棺はA、葬具作りはB、死装束作りはAとBのいずれかとする役割分担が一般的であったが、一九九〇年代に向かって、湯灌・入棺はAからC（病院・葬儀社）へ変化していった。死・葬送・墓制をめぐる伝統的な習俗の変容の始まりともいえる、家での死から病院での死へと変化していくのは統計的には一九七五年以降であった(2)。

葬具作りはBからC（葬儀社による提供）へ、死装束作りもAまたはBからC（葬儀社による提供）へ、という急激な変化がみられたことがわかる。ここで注意されるのは、一九六〇年代から一九九〇年代にむかって、死装束や葬具のような物品をC（葬儀社）から購入するかたちが進行しただけでなく、湯灌や入棺のような死者に直接触れる労力提供までもC（病院・葬儀社）から受けるかたちがみられるようになってきたことである。このようなC（病院・葬儀社）の進出はいわゆる「葬儀の商品化」の進行としてとらえることができた。

次に、遺体処理の方法についてみると、一九六〇年代には土葬が三〇例、野焼きなどの伝統的な火葬が一二例、公営火葬場の利用が一三例であったが（未記入三）、一九九〇年代には土葬が七例、公営火葬場（一部民営も含む）の利用が五一例、（未記入一）となっており、公営火葬場の利用が圧倒的多数となってきたことがわかる（表9）。

一九九〇年代には遺体処理がAやBの手からC（葬儀社・火葬場職員）の手へと急速に移行していたことが指摘できる。そして、それにともない遺体処理の迅速化という現象もおこっている。ここでも相互扶助の原則によるBの労力分担という経済外的関係からC（葬儀社・火葬場職員）の分担という経済的関係への移行、つまり「葬儀の商品化」がみられたのである。二〇〇〇年になった頃、農村の葬儀の変化を調査してきた民俗学が注目したのは、この「葬儀の商品化」ということであった（国立歴史民俗博物館　二〇〇〇）。

表6　死装束作りの担当者

	1960年代	1990年代
A	31	5
AB	2	0
B	8	5
C	10	34
本人が用意	3	7
特になし	0	5
未記入	4	2
合　計	58	58

表5　湯灌の担当者

	1960年代	1990年代
A	49	30
AB	2	0
B	0	0
AC	0	1
C	2	20
行わない	0	3
未記入	5	4
合　計	58	58

表8　葬具作りの担当者

	1960年代	1990年代
A	7	3
AB	2	0
B	36	15
BC	1	5
AC	0	3
C	9	31
未記入	3	1
合　計	58	58

表7　入棺の担当者

	1960年代	1990年代
A	48	45
AB	2	1
B	1	0
AC	1	5
C	1	4
未記入	5	3
合　計	58	58

表9　遺体処理方法の変化

	1960年代	1990年代
土　葬	30	6
火　葬(伝統的)	25(12)	51
未記入	3	1
合　計	58	58

表5～8　A：家族・親族(血縁)　B：地域共同体(地縁)　C：職能者(無縁)
国立歴史民俗博物館『死・葬送・墓制資料集成』(1999・2000),
国立歴史民俗博物館編『葬儀と墓の現在』(吉川弘文館　2002)より

その多様なCの関与によってBの画一性とAの選択との関係にも変化がおこっている。Bの相互扶助を中心とした経済外的関係において葬儀が執行されていた頃には共同体内部での画一性が指向されており、Bの担当と執行により村落内のいずれの死者にも同じような葬儀と遺体処理が行なわれていたため、Aの選択の余地はなかった。しかし、B中心からC（葬儀社）へと変化するにしたがい、Aの喪家の予算すなわち経済の負担次第で葬儀の祭壇や霊柩車の型が選べるなど、AとCとの関係において商業的な選択が求められるようになってきた。つまりB中心の共同体内の画一的な葬儀からAによるCの提供する商業主義的な多様なサービスの選択の時代へと変化していくときであったことがわかる。

この変化の背景には、給与所得による生計、家族構成の変化と高齢化、農村部における葬儀社の展開などがあったことが想定できる。

2　野辺送りと白装束（白色の根強い伝承力）

民俗学では変化・変遷の追跡とともに、変わりにくい伝承にも注目する。この資料調査のなかで、とくに野辺送りに際して、喪服の黒でなく、白色を身に着ける事例が各地に伝承されていることが注目された。

明治になって導入された西洋の黒い喪服　現在、葬儀の場にふさわしい服装は、男女とも黒い喪服と一般的には認識されているが、日本では明治一一年（一八七八）の大久保利通の葬儀（準国葬）において参列者に「上下黒色礼服」着用が通達されたのが葬儀における黒色の着用の早い例である。また陸海軍においても、明治一二年（一八七九）に陸海軍において「陸軍会葬式」「海軍会葬式」が公布され、護送および会葬の人は礼服を着用し、一片の黒布をもって左腕に巻いて喪章とすることとなった。(3)

また、明治一六年（一八八三）に岩倉具視の国葬が行なわれた後、明治二〇年（一八八七）に島津久光の国葬、明治二四年（一八九一）に三条実美の国葬、二八年（一八九五）の有栖川宮熾仁親王、同年の北白川宮能久親王、二九年（一八九六）の毛利元徳、三六年（一九〇三）の小松宮彰仁親王、そして明治四二年（一九〇九）の伊藤博文の国葬にいたるまで、計六回の国葬が行なわれ、その都度、参列者に対して服装心得が出され、礼服着用と黒喪章が定着していくこととなった。

明治三〇年（一八九七）一月一一日に亡くなった英照皇太后の大喪では、その葬列を見送る人びとの多くが西洋の礼服に黒喪章をつけた参列者たちの姿に目を奪われたといい、「西洋の礼装と黒という喪の色との結びつきを多くの国民に示すことになった」。英照皇太后の崩御の後、国民は三〇日間、喪に服することになり、内閣より喪章を付けることが告示された（『官報（明治編）』第七巻〈復刻版〉、龍溪書舎、一九九六年）が、そのなかで、やはり黒色の服の着用、礼装でない場合でも和服では左肩に黒布を付けるなどが示された。明治四五年（一九一二）七月三〇日に明治天皇が崩御すると、国民は一年間喪に服することとなった。和服の場合は左胸に蝶形結びの黒布を付け、洋服の場合は左腕に黒布を付けることが示された。

こうして、明治になって、軍人の葬儀や国葬・大喪を通して、それに参列して黒喪章を着ようした上流層の人びとだけでなく、一般の人びとの間（東京）でも明治三〇年の英照皇太后の崩御と三〇日間の服喪および明治四五年の明治天皇の崩御に伴う一年間の服喪期間に黒色の喪章を身に着けることによって、黒＝西洋の喪の色という新しい色認識と喪服の文化が浸透していくことになったのである。

一方、昭和七年（一九三二）一月の『主婦之友』の付録の「主婦のぜひ心得べき礼式作法宝典」に収録されている「服装に就ての心得一切」には、婦人の正しい喪服は「両親・夫等の近親者の場合は白無垢を用ひます」とあり、こ

図30　遺骨の野辺送り．身内の女性たちは白いカツギを被る．秋田県山本郡三種町

図31　喪主の挨拶．喪主と妻と兄弟は白装束で参列者にお礼をする．滋賀県甲賀市水口町岩坂

の読者層であった都市の中流層の女性たちの間では、A：血縁的関係者のうち両親や夫などとくに近い関係の者の死には、白無垢を着用するのが正式とされていたことがわかる。この昭和初期においては、上流層では黒紋付の無地、中流層では白無垢を正式とする二つの規範が併存していたことが指摘されている（梅谷　二〇一一）。ただ、看過できないのは、上流の葬儀における喪主の素服着用は昭和前期まで続いた（『主婦のぜひ心得べき礼式作法辞典』）という点である。死者に最も近い存在の喪主は、黒色の喪の表象ではなく伝統的な白色の「死の表象」のスタイルを維持していたと考えられるのである。

白色の根強い伝承力　この『資料集成』にみえる葬儀において、白装束を着用するという事例としては、一九六〇年代には一二事例、一九九〇年代で八事例が確認できる。いずれも白装束を身に着けるのは、基本的に、喪主および喪主の妻、そして死者の子どもや孫や甥など、A：血縁的関係者の中でも死者に近い人である点が共通している。白装束の着用が地域社会では根強く維持されている例が少なくないことが注目される。また、首に白布をはさんだり、付けたりする習俗、および白い被り物、男性が頭につける白い紙製の三角形も被り物の一種と考えられるが、それらを身に着ける習俗もあわせて、一九六〇年代では二六事例、一九九〇年代では二〇事例が報告されている。

黒色の喪服になるのと連動して、頭に三角形の印の布をつけることが廃止された事例（福井県三方郡美浜町、大阪府高槻市）もあるが、略式礼服になっても喪主は三角形の布を頭につけたり女性も白の三角布をつける（宮城県牡鹿郡女川町）、喪主は礼服になっても三角形の印の布とトンボゾウリをはく（香川県三豊郡詫間町）、など、白色をまったく排除するのではないことが注意される。また、各地域の葬儀社が白装束や頭につける三角形の布印を提供している事例（石川県七尾市、香川県三豊郡詫間町など）もある。このことから、一九九〇年代ではまだまだ、とくに死者と密接な関係にあるA：血縁的関係者には、死の表象である白色を身に着けることが根強く伝承されていたことが確認される。

第三節　家での葬儀から葬祭場の利用へ

——二〇〇〇年以降の農村部での変化とその注目点——

1　調査事例から

表10　葬儀の場所

	1960年代	1990年代
家	54	51
寺	1	1
集会所	0	1
葬祭場	0	3
未調査	3	2
合　計	58	58

国立歴史民俗博物館『死・葬送・墓制資料集成』(1999・2000)より

『資料集成』をもとに葬儀の行なわれた場所についてみると、表10のようになる。一九六〇年代には自宅が五四例で、葬祭場の利用の例はなかったが、一九九〇年代になると自宅が五一例でありながらも、葬祭場の利用が三例に増えている。福澤昭司氏の松本市の事例報告にもあるように、この調査後平成一二年（二〇〇〇）以降、葬祭場の利用の増加という動きが各地でおこっているものと思われる（福澤　二〇〇二）。この葬祭場の利用によって、かつて「葬式三日」といわれたBの手伝いがなくなり、C（葬儀社）の介入が増大したとともに、葬送儀礼にも大きな変化をもたらしている。そこで、平成一二年以降にこのような葬儀の場の変化がおこった早い時期の事例を紹介してみる。

〈事例1〉　家での葬儀から葬祭場の利用へ—栃木県芳賀郡市貝町市塙—

栃木県芳賀郡市貝町市塙では、家での葬儀の後、出立ちの儀礼としてのハキダシとカゴコロガシ、竹の仮門をくぐっての出棺、門先での花籠からの撒銭などを行なってから、墓地まで野辺送りをし、土葬が行なわれてきた。しかし、平成一二年（二〇〇〇）に天昇堂という私営の葬祭場が町内にできてからは、それを利用する家が増えてきた。その葬祭場利用の場合には、葬儀の後、出立ちの儀礼および野辺送りは一切行なわれず、すぐに霊柩車で真岡市営火葬場へと向かう。

この天昇堂ができた当初よく聞かれたのは、これまで隣り組（B）の家から夫婦二人が葬儀の手伝いに三日間続いて出ていたが、新たな葬祭場の利用によって「組の仕事がなくなった」という言葉であった。葬祭場では、女性は黒の喪服の上に白いエプロンをかけて、男性とともに控室に待機させられるようになった。女性の仕事といえば僧侶へのお茶出し程度になり、葬祭場職員からは葬儀の間はむしろその控室から出ないようにと言われていたという。葬祭場が設置されたばかりの葬儀の役割分担の変化のあり方の一例がここにはみられる。

これまでも農協（JA）や葬儀社による祭壇その他の物品の提供は受けていたが、あくまでもそれは喪家に出張してもらってのサービスであった。それが葬祭場という葬儀専門の施設へ死者ともども関係者が赴くことになったため、それまでのような葬儀社側がそれぞれの地域のやり方を尊重するかたちから利用者が葬祭場のやり方にしたがうかたちへと変わったのである。

なお、家での葬儀において必要とされた出立ちの儀礼が、葬祭場での葬儀では不要とされている点も注目される。出立ちの儀礼は基本的に死霊と死穢に対する絶縁と禊祓の意味をもつ儀礼であるが、葬祭場は死と死穢の専門領域にあるためにあらためてそれは必要ないとされているものと解釈できる。

その後、二〇〇〇年以降、農村部においても自宅葬からホール葬の利用へと葬儀の場所が変化していった。それについて、それぞれ変化を直接体験し、重要な指摘を行なっている愛知県春日井市の調査事例と静岡県裾野市の調査事例からみてみることとする。

図32　出棺．組の男性4人が縁側から棺をだす．栃木県芳賀郡市貝町田野辺

図33　ハキダシ．組の女性が2人で棺を置いていたところから，座敷をはいていく．

図34　メカゴコロガシ．組の男性がメカゴを転がして縁側から落とす．僧侶が笑いながらみている．

〈事例2〉　愛知県春日井市宗法―葬場の変遷：野墓・家・斎場―

蒲池勢至「葬送儀礼の変化―愛知県の事例を中心にして―」は、愛知県春日井市における昭和三〇年頃、公営火葬場の利用が始まった昭和四〇年代、そして葬儀の場所が自宅から葬儀会館の利用へと変わった一九九〇年代以降の約四〇年間の変化を、浄土真宗の寺院の僧侶の立場から分析を行なっている（蒲池　二〇一一）。同報告から紹介する。

一九五六年（昭和三一）の葬儀では、準備から埋葬、埋葬後の儀礼のほとんどは同行《どうぎょう》と呼ばれる葬式組（B）によって行なわれた。出棺前にオトキ（お斎）に巻き寿司と油揚げ寿司を一人ずつ皿に付けて食べてもらい、午後一時に出棺、その時、アンナイ鉦と呼ばれる鉦を叩き、二つ折りにした莚をオナゴ竹でバタバタと打つ「莚叩き」が行なわれた。死者が「帰ってこないように叩き出す」のだといわれていた。葬列が「野墓《のばか》に着くと、トムライ台の所を左回りに三回まわって棺を据え、棺の前に菓子・シカバナ・位牌をおいた。入り口にある「南無阿弥陀仏」の銘文のある石碑のところに、ロクドウ（六道）と呼ぶローソクを六本一列に並べて刺した。曲彔の後ろに荒莚を敷き、そこで一人一人焼香をした。（中略）ノバカ（野墓）でのトムライは一時間もかからず、最後に喪主は墓の出口の所に出て「ありがとう、ご苦労様でした」と会葬者に挨拶した」。それから穴掘り役の四人によって埋葬が行なわれた。トムライから帰ると喪家の入口に用意されている盥の水で片足ずつ洗い、塩を身体に振った。そして同行によるオネンブツがあげられ、夕食が振る舞われた。この時の接待は身内が行なう。この一連の葬儀のなかで、葬儀の中心はトムライ場とも呼ばれていた埋葬墓地であった野墓での儀礼であったという。

しかし、昭和四〇年代に公営火葬場の利用が始まり、村の中での火葬や埋葬が行なわれなくなるとともに、葬儀の「場」が自宅に変わったのだという。これについて蒲池氏は僧侶の立場から、「葬儀の「場」が、ノヅトメ（野勤め）というムラの火葬場や埋葬墓地から自宅に変わったということは、葬儀式からみれば出棺勤行と葬場勤行の区別がなくなっていくことでもあった。自宅がかつての火葬場や埋葬墓地という葬場になった、ということである」と述べている。そして、ちょうどこの頃葬祭業者が葬儀全般に深く関与し、それまで野墓で葬場勤行を行なっていた頃は、シカバナの花瓶、香炉、燭台、供物が置かれる程度で「野卓」の形態であったのが、この頃から業者が持ち込む祭壇が導入されるようになった。

その後、平成年間になって、葬儀の場は自宅から葬儀会館へと変化し、「葬儀は一変」していった。昭和四〇年代に公営火葬場への遺体の移送に霊柩車が用いられるようになって、葬列などが消滅しても、葬送儀礼はある程度行なわれていたのが、「葬儀会館を葬場とするようになった平成以後は、まったく変わってしまった。儀礼は消滅したり、一部に残っていても儀礼の流れと意味が変わってしまったのである」という。なかでも、とくに絶縁儀礼がなくなったことを指摘している。愛知県内においても出棺の際、出立ちの膳といって親族や手伝いの人が必ず食事をとり、酒を飲むなど、死者との食い別れとしていた習俗の消滅、前述の莚叩きや棺の蓋を閉じる時に遺族がかわるがわる石で釘を打つ習俗、棺を出すときに仮門をくぐらせる習俗や茶碗割りなどなど、多様な出立ちの儀礼、死者と生者との絶縁儀礼が伝承されてきていた。そのような「死者との絶縁儀礼は、自宅葬のときまでは地域の人によって行なわれていたが、葬儀会館になってほとんど姿を消してしまった」という指摘からは、自宅から葬儀会館へという葬儀の場の変化によって、講中の相互扶助がなくても葬儀が行なわれるようになったこと、また葬儀社職員は絶縁儀礼が必要不可欠とは認識していないことなどがわかる。

さらに、蒲池氏は死者の扱いの変化について次のように述べている。「かつての葬儀は、いかに死者を現世から来世へ送るか、ということであった。昭和一〇年代までの湯灌では、このとき死者の髪の毛を剃ることが真宗門徒では行なわれていた。コウゾリ（頭剃り）などと呼んでいた。現在ではまったく理解できなくなってしまったが、これは現世の姿である俗体から出家者の姿である法体にする剃髪の儀式であった。俗体の姿であれば往生・成仏できないと考えられていて、法体の姿にしなければならなかったのである。頭陀袋や血脈を納棺時に入れたり、葬儀で引導をわたすこと、ハバキ（脚絆）酒で別れの杯を交わしたり、莚を叩いて死霊を送り出すこと、これらは死者を「この世」から「あの世」へ送る儀礼であった。そこには仏教的な浄土や悟りの世界、あるいは民俗的な「あの世」という、死者がゆくべき世界としての他界観念が存在していたのである。しかし、葬儀会館での葬儀はほとんど世俗化してしまった」。また近年のエンバーミングや葬儀会場で死者の人生を紹介するような写真の紹介などが普及していることについても言及し、「現代の葬送儀礼にみられる遺体と死者は、もはやホトケ（仏）ではなく、「生きているかのように」化粧を美しくした死者（遺体）であり、生きている者に「見てもらう」ための姿になった」と述べ、「死者は、もはやホトケ（仏）ではないのである」という表現で、伝統的な死霊観念の希薄化・消失そして、いつまでも記念すべき死者個人へと、死者に対する観念が大きく変化したことを指摘している。

〈事例3〉　静岡県裾野市―ホール葬・ハマオリ消滅―

松田香代子「葬送習俗の変容にみる地域性―静岡県裾野市の葬儀の現状―」は、静岡県裾野市における土葬から公営火葬場の利用への変化に伴って、葬儀の前に火葬をし、火葬骨での葬儀と野辺送りの儀礼が維持されたが、二〇〇〇年頃から葬儀の場所が自宅から斎場の利用に変化すると、野辺送りが行なわれなくなり、それに伴って行なわれていた死者との絶縁儀礼も消滅したことを追跡している（松田　二〇一一）。

裾野市域では一九五〇年代まで土葬が行なわれていたが、その後公営火葬場の利用が始まるとすぐに、葬儀の前に火葬を行なう「前火葬」が行なわれるようになった。火葬骨での葬儀では、自宅での葬儀後、遺骨による墓地までの野辺送りが行なわれ、さらに墓地に埋葬した後、ハマオリと呼ばれるこの地方独自の死者の霊魂を送る儀礼を行なってキチュウバライと呼ばれる飲食が行なわれるという手順に変わりはなかった。しかし、二〇〇〇年頃から斎場利用（ホール葬）へと変わると、通夜から葬儀までの儀礼はすべて斎場で行なわれるようになり、野辺送りやハマオリ、キチュウバライの儀礼は消滅した。

ハマオリとキチュウバライは葬儀の野辺送り後に欠かせないもので、墓地から喪家に帰る途中、河原に降りてハマオリをする。ハマオリの場所はほぼ決まっていて葬式組（B）が、河原の石を数個積み上げ、その上に戒名の紙を貼った白木の野位牌を置き、蠟燭と線香を立て、団子などを供えて準備をする。その野位牌を会葬者が順に拝む。野位牌に水向けをする地域もある。お参りした人は豆腐や菓子を肴に酒を飲んで身を清める。この後、会葬者全員で土手から石を投げて、位牌を川の水に流す。

図35　河原の石に立てかけられたハマオリの野位牌．静岡県裾野市下和田（提供：松田香代子氏）

そして、喪家に帰ってくると、家に入る前に水と塩で手を清め、キチュウまたはキチュウバライという会食をする。墓地に行かなかった会葬者にも「キチュウだけはして帰ってもらう」という。キチュウには、葬式組の女性たちが手作りで、オチャハン（茶の煮汁で炊いたご飯）、豆腐、がんもどきなどの精進料理を作って振る舞い、地区によってはぼた餅やあんころ餅をだすところもある。

しかし、自宅葬からホール葬へと変化したことにより、野辺送りとハマオリが省略されたのが特徴である。また、ハマオリとセットで行なわれていた「死者との食い別れ」を意味するキチュウバライが、単なる葬儀後の食事

（精進落とし）という意味に変化したことも注目される（松田　二〇〇二）。その変化のなかでも、葬儀前に火葬をしておくほうが、斎場でていねいにキチュウができるといって「前火葬」を選択する家も少なくないという。ここには、「後火葬」による火葬中に設定される昼食兼キチュウよりも、葬儀後の斎場でのキチュウが「丁寧」だという意識がうかがえる。

昭和四〇年の葬儀から定点的に調査を行なってきた松田氏の「この一〇年ほどで葬儀の簡素化が加速的に進行した」というのが調査者としての実感であるという。ここでは一九六五年（昭和四〇）から二八年後の一九九三年（平成五）まで、ほとんど葬儀内容に変わりがなかったのが、ホール葬に移行することによって大きく旧来の葬送儀礼の省略化が進んだことがあらためて注目される。そして、「二〇一三年現在、裾野市における葬送儀礼は葬祭業者によって「形骸化」しつつある」と述べている。

この裾野市の事例でいえば、ハマオリとキチュウバライがあわせ行なわれてきた意味の欠落からもわかるように、自宅葬からホール葬へという変化によって死者と生者との絶縁儀礼の省略化が進んだことが特徴である。ホール葬の威力とは、死霊や死穢を強く意識していた旧来の葬儀から、その意識を希薄化させ故人の記憶と見送りという新たなまったく別の葬儀に変えてしまった力だということができるであろう。

2　霊送り習俗の消滅

東日本の各地には、かつて野辺送りに際して、遺体の葬送とは別に、一人の男性が米を叺《かます》や莚《むしろ》に包んで一足先に喪家を出て墓地や寺へと向かうアトミラズ、ウマヒキ、霊送りなどと呼ばれる習俗がみられた。最上孝敬『霊送り』によれば、霊送りが千葉県長生郡など千葉県、埼玉県、群馬県など関東地方の東南部から西北部へかけて伝承されていること、米が共通の要素であること、これを運ぶ人は口をきかず後ろをふりむかずに行って帰ることなどの共通点があるという。その一方、野辺送りの直前に行なうという事例ばかりではなく、死の通知とともに寺に米を送る例、埋葬が終わって帰宅後「寺送り」といって寺に米を届ける例、葬儀の翌日に寺送りが行なわれる例、四十九日に行なう例など、その行なわれる時点としてはさまざまで、それぞれ事例差があることが指摘されている〔最上一九八四〈一九五三〉〕。その後、千葉県の事例では寺に送るのが多いのに対して、秋田県の能代・山本地区に広くみられるアトミラズと呼ばれる霊送りの事例では、墓に送る方が多いことも報告されている〔嶋田　一九七四、一九七七、齋藤　二〇〇九〕。図36は二〇一〇年の調査のときの撮影で、秋田県山本郡三種町志戸橋の墓地の入口にかけられたログメンオリと呼ばれる莚と草履である。

図36　ログメンオリ．秋田県山本郡三種町志戸橋（2010年）

この莚に死者の霊魂を包んで墓地まで運んできたものと考えられる。また、青森県十和田市洞内の曹洞宗、法蓮寺の墓地に対しても、マクラショイと呼ばれる死者に近い子どもや甥が葬列よりも一足先にサンキ（長さ三尺の木三本を三脚のように組んだもの）に下駄一足、草履一足半、笠、鎌などを吊るして墓まで背負って行く。帰りは「後ろを振り向くな」「葬列に会うな」といわれた。志戸橋のログメンオリも洞内のマクラショイの運ぶサンキにも、そのように死者の霊魂の旅立ちというような考え方を表現しているような習俗が伝えられている。

伝統的な葬儀においては、死者の遺体と霊魂とは別であり、霊魂を安定的にあの世に送るためには遺体の葬送とは別に、霊魂の葬送、霊送りの儀礼が必要だと考えられていたことがよく表れている。二〇〇〇年（平成一二）から二〇一〇年（平成二二）以降、自宅葬からホール葬へと葬儀の場所が変わり、野辺送りが行なわれなくなるなかで、現在ではもうアトミラズの習俗も消滅していく流れのなかにある。このことは、ホール葬への変化によって、葬送は遺骸と霊魂の両方を送ることで完結するという伝統的な死生観からの大きな変化、変質を引き起こしているともいえるのである。

ただし、民俗の根強い伝承という点では、三重県鳥羽市の、葬儀の翌日に朝熊山に死者の頭髪と爪を納めにいく岳《だけ》参《まい》りや四国地方の、死者の霊を背負っていくという弥谷《いやだに》参り、淡路島の三十五日に先山の崖から後ろ向きに丸いおむすびを放り投げる団子ころがし（洲本市）、その他日本各地の四十九日の餅の食い別れの習俗など、葬儀の翌日の寺参りや山参り、三十五日や四十九日の儀礼は維持されているのが現状である。

3　ホール葬で何が変わったか？

一九九〇年代には全国的に土葬から火葬へという遺体処理方法の変化と、またそれに少し遅れて自宅葬から葬祭場の利用へ、ホール葬へと葬儀会場の変化が起こっていった。社会伝承と儀礼伝承との視点から、それまでの自宅葬の場合と新しいホール葬とを比較すると、その大きな違いとして次の三点が指摘できる。

第一に、葬儀の商品化と簡便化である。「葬式三日」などといって、近隣の相互扶助によって執り行なわれてきた葬儀であったが、それが維持できなくなった。葬儀社に任せれば効率的に行なえるという点は、まさに給与生活者が増えた都市型生活を送る忙しい人びとの生活に合っており、過疎化が進む農村部では組や講中など近隣の手をかりても、「お返しができない」世帯にとってはお金で解決できる点でたいへん実情にあった選択であった。

第二に、葬儀社職員の関与は、組とか講中などと呼ばれる近隣の手伝いを不要としていった。火葬になって、さらにホール葬になって、「地域の葬儀でなくなった」という体験者の言葉に象徴される変化である。これは長い葬儀の歴史からみると、近世に始まった地域社会の相互扶助の伝統が眼前で消滅していっているものと歴史的に位置づけられる現象である。

第三に、儀礼伝承の視点からは、カラオクリ（遺骸送り）とタマオクリ（霊魂送り）の両者から成っていた葬送の儀礼が、静岡県裾野市のハマオリ習俗、秋田県山本郡三種町のアトミラズやログメンオリの習俗のように野辺送りに付随していた伝統的なタマオクリ（霊魂送り）の習俗が消滅し、ホール葬の普及によって葬儀がカラオクリ（遺骸送り）のみとなったということが指摘できる。このことは、葬儀は遺骸と霊魂の両方を送ることで完結するという伝統的な死生観にも変化を与えている。

図37　初盆．座敷に祭壇をつくり，お参りに来た人には手作りの料理を食べてもらっていた．写真は2017年撮影．この頃は多くの家で飲み物と果物や菓子を出すくらいに簡略化されてきていた．栃木県芳賀郡市貝町

以上により、これまで葬儀の変化は「葬儀の商品化」という言葉で表現されてきたが、労働力提供の面は経済的に代替できるものの、霊魂の処遇や死生観という側面はいわば経済外的なものであり、経済的な代替ができないことがわかる。しかし、タマオクリ（霊魂送り）の伝承全体からみると、野辺送りと共にセットで行なわれてきていたアトミラズやハマオリ習俗のような霊魂送り・絶縁儀礼は消滅したものの、葬儀後の寺送りや山参りの習俗は従来通り行なわれていることから、やはり、遺骸の処理だけでなく霊魂送りが重要だと考える死生観がなお継承されていること

がわかる。そして、民俗伝承はそれほどかんたんに消滅したり無化するものではないことも考える必要があろう。かたちを変えて伝承される力を潜在させているのが民俗伝承の特徴である。カラオクリ（遺骸送り）の迅速化、簡便化というのが現在の奔流であるが、故人を偲びその人格を記憶し語り続けようとする関係者の心の中の衝動、タマオクリ（霊魂送り）を必要と考えている衝動は、素朴な霊魂観とも寄り添うようにして少し意識と形式とを変えながらその姿を見せてきている。葬儀（遺骸葬）とは別の日程で行なわれる都市部や著名人の「偲ぶ会」などがその伝承の延長線上にあるものと位置づけることができよう。また一般農村での初盆や一周忌なども遠隔地に住む関係者一同が参会できる機会として、タマオクリ（霊魂送り）の機会となってきていることが観察されるのである。

4　地域での葬儀から家族葬へ

自宅葬からホール葬への変化の後、都市部だけでなく農村部においても家族葬が行なわれる事例がみられるようになってきた。たとえば、栃木県芳賀郡二宮町（現真岡市）の上物井地区で最初に家族葬が行なわれたのは、平成二七年（二〇一五）四月である。その家族葬というのは、地域の住民たちが従来のしきたりのように協力したり関与したりすることを断わるという葬儀である。そのときの喪主が自治会に対して、「何分例の少ないことではありますが、私共の意思をご理解の上、御承知賜りますようお願い致します。具体的には自治会員皆様からの悔やみ、通夜、葬儀告別式への御臨席、見舞、香料、御供物等、一切辞退（後略）」と記して、回覧板を三回、回して、家族葬への理解を求めた。それに対して、組内の家々では、なにぶん初めてのことだったので戸惑ったというが、次に同年七月にも「御弔問、御香料、御供物等辞退」、翌年三月も同様の回覧が回って、家族葬を選択する家が続いた。そのように、農村部においても家族葬の受容については地域差がみられるのが現状である。たとえば、滋賀県竜王町綾戸では、二〇〇四年頃、公営火葬場の利用が定着し、石塔墓地の造成（二〇〇五年）が行なわれると、二〇一〇〜一二年の間は自宅葬が引き続き行なわれていたが、寺までの野辺送りが廃止され、自宅前から霊柩車で公営火葬場に行くようになった。その後、二〇一六年には、自宅で枕念仏をあげると葬祭場へ移動し、通夜と葬式を行なうようになっていった。短期間に自宅葬からホール葬へと変化していったが、「最後のお別れには通夜か葬式に行く」といい、地域の人たちが協力したり関与しないような「家族葬は今は考えられない」といっていた（関沢　二〇二一）。

また、羽田野の調査によれば、大分県姫島は九〇八世帯で、島で運送屋、石材店を生業としてきた家が三〇年ほど前から葬儀屋も営むようになった。この二軒の葬儀屋が島の葬儀をよくわかっているのが特徴である。近年では、故人は島に住んでいたものの葬儀を行なう親類が長く島外にいた場合などに家族葬が選択されるという。村内放送で訃報とともに家族葬であることや香典の辞退についても報じられるが、「島でともに育ち、長い間共に暮らしてきた」という感情からか葬儀に訪れたり、この島の相互扶助組織である無常講のつき合いから香典を持参する人も多く、家のなかに入りきれないほどになったこともあったという（羽田野　二〇二一）。

武井の岩手県北上市口内町の調査でも、相互扶助による葬送が残っている村落において、近年家族葬を選択する家がでてきたが、檀那寺にお願いするため、地区内に知れるので、葬儀があるとわかると地区の人たちは、お互いに行き来していた数代にわたる関係が背景にあるため、お悔やみに行かざるを得ない状況だという（二〇一七年調査時点）（武井　二〇二二）。

また、講中の結合が伝統的に強い安芸門徒と呼ばれる広島県の中山間地農村の北広島町域での調査によれば、二〇〇八年のＪＡ葬祭ホールの開設以降、徐々にホール葬へと移行して講中の家々の相互扶助の関係は葬儀においては希薄化が進みながらも保持され、通常の生活の中では依然として講中の関係が強固な地域が多いことが報告されている

（新谷　二〇二二）。そこでも現時点では家族葬は受け入れられていないのが現状である。このように、日本各地の現状についてみると、都市生活者や相互扶助の機能が喪失された農村部の事例とまだ相互扶助の機能が強固な事例とそれぞれの地域差が指摘できるであろう。

しかしながら、二〇一九年末から二〇二〇年以降の急激なコロナ禍の中でその間にも、葬儀の縮小化は進行しており、二〇二三年以降の今後の動向には注意をはらう必要がある。また、家族葬については、葬儀の担い手についての、A血縁的関係者、B地縁的関係者、C無縁的関係者という三者分類という観点でみれば、葬儀の民俗伝承の長い歴史のなかでは、A血縁的関係者とB地縁的関係者の相互扶助による葬儀が行なわれるようになったのは、村方三役や五人組また寺請制度の整備などという近世社会の成熟の中でのことであったという歴史を考慮する必要がある。それ以前の中世的な、主にA血縁的関係者が担っていた遺骸処理の時代に、葬儀のあり方としては逆に自然に戻っている、という伝承動態として把握することができるという指摘もなされている（新谷　二〇一五）。それらの問題も含めて、葬儀は誰がするのか、という基本的な問題について、今後の伝承と変遷の動態を民俗学は観察し分析を進めていく必要があろう。

第四節　葬送儀礼の変化と霊魂観の変化

1　多様な魔除けとその伝承の変化

一九六〇年代と一九九〇年代の葬送儀礼の担い手A、B、Cの役割分担の変化については、Cの関与の増大化にともなって葬送の上でいくつかの儀礼の省略化が進行していったことが明らかとなった。そのような儀礼の省略化は、死者の霊魂についての観念の変化につながっている可能性がある。

そこで、『資料集成』に報告されている魔除けの伝承に注目してみると、死と葬儀の場での魔除けには二つのタイプがあることがわかる。一つは、死者の霊魂を魔物から守る意味の習俗であり、もう一つは生者の生命力を死霊や死穢から守る意味の習俗である。死者への魔除けには、「キレモノを置いてホトケサマを守ってやらなければ魔物が（地獄などの）悪いほうへ連れてっちもうので、極楽へ行けるように刃物で守ってやるのだ」（山梨県富士吉田市東南部）、「死者の着物を上下逆において、さらにその上に、魔除けとして鎌と藁ホウキをのせる」（島根県能義郡広瀬町）。通夜には「「トギする」といって、遺族、親類が交替で死者のそばで寝ずの晩をする。その間蠟燭と線香の火を絶やしてはならない。絶やすと、魔ものが死者によりつく」（同前）などと、「魔物」という表現で死者に取りつく悪い霊が存在することが言い伝えられてきている。この死者のそばに刃物をおくという伝承は一九六〇年代にも一九九〇年代にも継続して広くみられる。また、「猫が死者の上を歩くと生き返る」など、死者の安置されている座敷に猫を入れてはいけないという猫への禁忌も一九六〇年代と一九九〇年代と変わりがない。そして、死者を一人にしてはいけない、通夜にAが死者の添い寝をする、線香と蠟燭を絶やさない、などという禁忌もよく守られている。

一方、生者の生命力を死霊や死穢から守る、生者が死霊にヒッパラレルのを防ぐ意味の習俗としては、同齢者が死亡した場合に餅やおにぎりなどで耳をふさぐ耳ふさぎや、湯灌を行なう者が藁縄などを着用する作法、墓穴掘り役の者にふるまわれる穴掘り酒や握り飯、出棺に際して力飯を食べる出立ちの膳など、米の力で生者の生命力を強化補強するものと解釈できるさまざまな習俗があった。また、出棺の時に門口で茶碗を割る儀礼やAによる引っ張り餅の儀礼など、死者がこの世に未練を残さないようにという絶縁の儀礼は一九六〇年代までは広く各地に行なわれていたことが記されている。しかし、それが一九九〇年代では葬儀の担い手の変化、土葬から火葬への変化、そして野辺送りなどの儀礼の省略に伴って急速に失われつつある傾向にあったことがわかる。

自宅葬からホール葬に変化しても、死者の祭壇に枕飯を供えることは継承されている。ご飯を山盛りにして箸を突き立てたものであるが、死者が善光寺詣りに行くときの弁当だからすぐに作らなければいけないなどといわれてきた。死者の周囲に飢えた餓鬼たち、有象無象の雑霊がよってくるという観念が背景にあるのだが、このご飯は死者の霊魂がよりつくところともされていた。野辺送りが行なわれていたころは、慎重にそしててていねいに墓地までもっていって、供えられていた。野辺送りが省略されても、やはり死者には枕飯を供えるということはまだよく守られている。

ここで注意されるのは、死者を魔物から守る儀礼は比較的よく残っているのに対して、生者を死霊から守る意味の儀礼が急速に省略化されてきていたという点である。生者を死霊から遮断し両者の絶縁を意味する諸儀礼が必要とされたのは、強く死霊を恐れる観念が存在していたからだと考えられるが、それが一九六〇年代から一九九〇年代にかけて省略化されてきているということは、その約三〇年間という時期に古くから伝えられていた死霊畏怖の観念の急激な希薄化という現象が広く静かにおこっていたことが推測される。

2　遺体葬送の実務化と霊魂感覚の希薄化

一九六〇年代から一九九〇年代までの葬送の変化として指摘できるのは、葬祭業者の関与の増大と公営火葬場の利用による遺体処理の迅速化という二点である。それは、葬儀における旧来の内部者ともいえる関係者としての、A家族親族（血縁的関係者）や、B地域社会の人びと（地縁的関係者）、C檀家寺など信仰的な職能者（無縁的関係者）、との関係が希薄化してきたこと、つまり生活感を共有してきた人たちとの関係が希薄化して、その一方で新たな外部者としての、C葬祭業者や公営と民営の火葬場の業者（無縁的関係者）、に委託しての遺体送りが中心になってきたことを意味している。そこで、注意してみると、旧来の死者を魔物から守る意味の儀礼は残っているもののそれは形式的な継承であり、実体験的な意味をもつものとはいえないようになってきている。Cの無縁的な関係者のうち、檀家寺の住職の場合には、AとBの関係者とともに死者との生活感の共有はあり、霊魂観的な葬儀への関与は重いものであった。しかし、同じCでも新たな葬祭業者や火葬場職員にとってはそれはない。したがって、A、Bの葬儀立ち合いの関係者たちの生命と健康を、それに密着していた関係者である死者（その霊魂）つまり生死の境界上にある死者の生命（霊魂）が転換していく恐るべき危険な死霊から守る、という意味が十分に理解されることはなく、そのような死霊から生きているA、Bの関係者を守ろうとする儀礼は、軽視されたり無視され行なわれなくなってきているという状態が観察される。

このような死霊畏怖の観念の希薄化の背景には、死の領域におけるもう一つのCともいうべき病院の介入という問題が考えられる。たとえば『資料集成』から一九六〇年代と一九九〇年代の死亡場所についてみると、一九六〇年代には在宅死が三九例、病院死が一二例であったが、一九九〇年代には病院死が三三例に増加している。死とは伝統的に肉体からの霊魂の遊離とみなされてきていた感覚とは異なり、個人の生命の終わりとみなされるようになってきている。つまり、死者は遺骸と霊魂ではなくまさに死体と死者、すなわち霊魂から生命へという認識の変化がおこってきているものといえる。そこでは、死者がこれまでのように注意深く死後の世界への旅立ちの儀礼を施さねば迷ったり、成仏できずに祟る死霊ともなりかねないという恐ろしい存在から、個性をもつ親愛なる個人として記憶される存在へと急激に変化してきているものと考えられるのである。

『資料集成』にみる葬儀の場所は、ほとんどが自宅葬であった（表10）。しかし、この後、二〇〇〇年以降においては、自宅での葬儀から葬祭場でのいわゆるホール葬へと大きく変化していった。そのなかで、ますます葬送儀礼の省略化、とくに霊魂送りの消滅とCの葬祭業者主導の迅速化された葬儀へと変化してきたのである。

以上のように、二〇〇〇年以降の現在は伝統的な葬送儀礼が大きく揺らいでいる時代であり、同時に霊魂観も複雑な揺らぎをみせているといってよい。それにもかかわらず、死をめぐる不安や恐怖は肥大化している。なぜか。その不安とはむしろ死後の霊魂の行方への不安というよりも、自己の死への恐怖や死に方への不安、遺体の処理の仕方についてであり、自己の存在証明、安心確認に関するものと考えられる。尊厳死や散骨や樹木葬などへの模索も、このような伝統の揺らぎの時代をよく反映しているものということができるであろう。

注

（1）平成三年（一九九一）市民団体葬送の自由をすすめる会が神奈川県大磯沖に遺灰を流し、自然葬の散骨が注目されるようになった。平成六年（一九九四）、都内の葬祭業者公益社が散骨の請負へ、平成一一年（一九九九）一関市祥雲寺の樹木葬、などがある。

（2）「死亡場所別にみた死亡率」（厚生省「人口動態統計」）によれば、昭和三〇年（一九五五）には自宅で死亡した者は七六・九％だったのが、昭和五〇年（一九七五）には自宅が四七・七％に減少し、病院で死亡した者が四六・七％になった。そして昭和五五年（一九八〇）に病院死が五七・〇％、自宅死が三八・〇％になった。自宅で最期を迎えた場合には、家での湯灌が行なわれていたが、病院で亡くなった場合には病院での清拭がそれに代わっていった。

（3）「護送及ヒ会葬ノ人ハ礼服ヲ着シ一片ノ黒布ヲ以テ左腕ヲ結束シ楽器ノ紐及ヒ革或ハ行列中ニ掲持スル旗旒モ皆ナ黒布ヲ蓋ヒ以テ喪章トス」（内閣官報局編『法令全書』第十二巻ノ一　原書房　一九七五）。

参考文献

浅井良夫　二〇一一「日本の高度経済成長の特徴」（国立歴史民俗博物館編『高度経済成長と生活革命』吉川弘文館）
井上治代　一九九〇『現代お墓事情―ゆれる家族の中で―』創元社

井上治代　二〇〇三　『墓と家族の変容』岩波書店
井之口章次　一九七七　『日本の葬式』筑摩書房
梅谷知世　二〇一一　「近代日本における葬送儀礼の装い―黒の浸透と白の継承―」（増田美子他『葬送の装いからみる文化比較
　服飾文化共同研究最終報告』）
越智郁乃　二〇一八　『動く墓―沖縄の都市移住者と祖先祭祀―』森話社
蒲池勢至　二〇一一　「葬送儀礼の変化―愛知県の事例を中心にして―」（『国立歴史民俗博物館研究報告』一九一）
蒲池勢至　二〇二一　「変わりゆく葬送」（中込睦子・中野紀和・中野泰編『現代家族のリアル―モデルなき時代の選択肢―』ミ
　ネルヴァ書房）
国立歴史民俗博物館　一九九九　『死・葬送・墓制資料集成』一・二東日本編
国立歴史民俗博物館　二〇〇〇　『死・葬送・墓制資料集成』三・四西日本編
国立歴史民俗博物館編　二〇〇二　『葬儀と墓の変化―民俗の変容―』吉川弘文館
国立歴史民俗博物館・山田慎也・鈴木岩弓編　二〇一四　『変容する死の文化―現代東アジアの葬送と墓制―』東京大学出版会
小谷みどり　二〇一八　「誰が死者を弔い、墓を守るのか」（森謙二・鈴木岩弓編『現代日本の葬送と墓制―イエ亡き時代の死者
　のゆくえ―』吉川弘文館）
齋藤壽胤　二〇〇九　「後みらずのその後―アトミラズとドウモツから霊魂の異相をめぐって―」（『秋田民俗』三五）
嶋田忠一　一九七四　「アトミラズ」（『秋田民俗通信』一）
嶋田忠一　一九七七　「山本郡南部のアトミラズ」（『秋田民俗』五）
新谷尚紀　一九八六　『生と死の民俗史』木耳社
新谷尚紀　一九九一　『両墓制と他界観』吉川弘文館
新谷尚紀　一九九二　『日本人の葬儀』紀伊国屋書店
新谷尚紀　二〇〇三　「盆」（湯川洋司編『暮らしの中の民俗学二　一年』吉川弘文館）
新谷尚紀　二〇一五　『葬式は誰がするのか―葬儀の変遷史―』吉川弘文館
新谷尚紀　二〇二二　「葬儀の変化と集落運営の継承―「壬生の花田植」を伝えている安芸門徒の集落の事例から―」（『国立歴

史民俗博物館研究報告』二三四）
関沢まゆみ編　二〇一五『国立歴史民俗博物館研究報告』一九一
関沢まゆみ編　二〇一七『民俗学が読み解く葬儀と墓の変化』国立歴史民俗博物館研究叢書二　朝倉書店
関沢まゆみ　二〇二二「葬儀の変化に対する地域ごとの対応の差」（『国立歴史民俗博物館研究報告』二三四）
武井基晃　二〇二二「葬儀における難儀の顕在化―岩手県北上市の葬式組の動揺と維持―」（『国立歴史民俗博物館研究報告』二三四）
竹内利美　一九九一（一九四二）「村落社会における葬儀の合力組織」（『ムラと年齢集団』名著出版）
田中大介　二〇一七『葬祭業のエスノグラフィ』東京大学出版会
坪井洋文　一九八六「故郷の精神史」（『日本民俗文化大系一二　現代と民俗―伝統の変容と再生―』小学館）
並木正吉　一九六〇『農村は変わる』岩波書店
羽田野京　二〇二二「島嶼部の葬儀の変化と盆行事―大分県姫島村を事例に―」（『国立歴史民俗博物館研究報告』二三四）
比較家族史学会編　二〇一五『現代家族ペディア』弘文堂
福澤昭司　二〇〇二「葬儀社の進出と葬儀の変容―松本市を事例として―」（国立歴史民俗博物館編『葬儀と墓の変化―民俗の変容―』吉川弘文館）
松田香代子　二〇〇二「食い別れの餅」（『静岡県民俗学会誌』二三）
松田香代子　二〇一一「葬送習俗の変容にみる地域性―静岡県裾野市の葬儀の現状―」（『国立歴史民俗博物館研究報告』一九一）
村上興匡　一九九〇「大正期東京における葬送儀礼の変化と近代化」（『宗教研究』六三〈一〉）
最上孝敬　一九八四（一九五三）『霊魂の行方』名著出版
森謙二　二〇〇〇『墓と葬送の現在―祖先祭祀から葬送の自由へ―』東京堂出版
森謙二・鈴木岩弓編　二〇一八『現代日本の葬送と墓制―イエ亡き時代の死者のゆくえ―』吉川弘文館
柳田國男　一九九〇（一九二九）「葬制の沿革について」（『柳田國男全集』一二　ちくま文庫）
山田慎也　二〇〇七『現代日本の死と葬儀』東京大学出版会

第二章　火葬の普及とその展開

——「遺骸葬」と「遺骨葬」——

第一節　土葬から火葬へ——「遺骨葬」と「遺骸葬」——

一九五〇、六〇年代まで日本の各地で伝統的であったのは土葬の習俗であった（井之口　一九七九）。それまで長く土葬が行なわれてきた地域が広かったのであり、一部には火葬でもノヤキ（野焼き）などと呼ばれる、地区ごとに相互扶助の関係のもとで行なわれてきた村はずれのヤキバ（焼き場）での露天や屋根掛けでの火葬の例もあった。

土葬というのは、土から生まれ土へと帰っていく人間にとって自然の循環の中にあった葬法であった。一方、ノヤキの火葬というのも自然の薪や藁などを燃料として利用するという点では自然の循環の中にあったが、遺体を焼くという特別な技術を必要とする葬法であった（川嶋　二〇一二）。ただ、いずれも近隣の人たちの相互扶助の関係の中で行なわれてきた。それが、高度経済成長期（一九五五―七三）以降に飛躍的に進んだ産業変化や燃料変化の中で普及してきた石油やガスなどの燃料を用いる、行政の職員や葬祭業の職員など一定の職能分担による公営火葬場での火葬炉による火葬へ、という大きな変化がおこった。とくに二〇〇〇年前後からはほとんど日本全国に急速に火葬が普及してきて公営火葬場などの利用が一般化し、日本の葬送習俗は大きく変化してきている。そして、かつては葬儀が行なわれてから埋葬が行なわれる、あるいは葬儀が行なわれてからノヤキなどの火葬が行なわれるという順番がふつうであったのが、近年の葬儀では儀式次第の中での火葬の位置づけに大きく二つのタイプがみられるようになってきている。それは、A：通夜↓葬儀・告別式↓火葬タイプと、B：通夜↓火葬↓葬儀・告別式タイプ、という二つのタイプである。Aタイプでは従来どおり遺骸での葬儀が行なわれるが、Bタイプでは先に遺体を火葬してからその遺骨での葬儀が行なわれる。それで「骨葬」とも呼ばれている。

長い日本の葬送の歴史を振り返ってみれば、基本的にすべて遺骸の段階で葬儀を行ない、その後に埋葬や火葬をしてきたのであり、遺骸での葬儀の方が当然であり自然であった。およそ一九六〇年代までの葬送の習俗では、僧侶によるお性根《しょうね》ぬきとか引導《いんどう》わたしなどと呼ばれる遺体から霊魂を抜き出す儀礼をともなう例が多く、霊魂を抜いたあとの遺骸はもう土に埋めたり火で焼いたりできるという感覚が伝えられていた。霊魂が中に入っているままの遺体はやはり埋めたり焼いたりするのを避けたいという考え方が強かったのである。それが近年、地域社会での生業と社会関係の変化にともないながら、とくに二〇〇〇年前後からの急速な火葬化の中で、遺骸を先に火葬して遺骨にしてから葬儀をするという方式が生まれてきているのである。そして、それが「骨葬」と呼ばれてきているのであるが、本章ではそのような印象的な呼称ではなく、論理的な対概念として「遺骸葬」と「遺骨葬」という呼称と概念を設定しておくことにする。従来は遺骸を前にして葬儀をするのが普通であり、ことさら「遺骸葬」という呼称など必要なかったのであるが、近年の火葬化の急速かつ大規模な進展とその受容の中で、あらためて「遺骸葬」と「遺骨葬」という対の語を設定して葬送習俗の変遷の動態を観察し分析していく必要が生じてきていると考えるのである。

死後、葬儀よりも先に火葬を行なうBタイプの遺骨葬の事例は、東北地方や九州地方などから多数報告されており、地域差の問題としても注目されている。また愛知県日間賀島でも、一九八〇年代の火葬以後は島外にある火葬場利用のため、通夜・葬式前に火葬にするB遺骨葬になったという（畑　二〇〇二）。

一九六〇年代と一九九〇年代の調査事例を収録している国立歴史民俗博物館編『死・葬送・墓制資料集成』の全国五八地点からの調査報告を見直すと、青森県、岩手県、宮城県、山形県、福島県、千葉県松戸市、長野市、静岡県、三重県鳥羽市、和歌山県、島根県、愛媛県西宇和郡、熊本県、大分県、鹿児島県、沖縄県など二一事例（一県に複数の調査事例あり）が火葬をしてから葬儀を行なうという順番であった（国立歴史民俗博物館　一九九九、二〇〇〇）。長野市では、通常は葬儀の後、火葬を行なうが、この調査事例については公営火葬場の予約の都合で火葬が先になったものであった。ただ長野県内でも松本地方では、時代・宗派に関わらず、通夜をしたら火葬をしてきて葬儀・告別式を行ない、その日のうちに墓に納めるのが普通であったという。今では四十九日まで遺骨を置くが、昭和三〇年代の終わりくらいまでは、その日のうちに墓に納めていたという（国立歴史民俗博物館　二〇一二）。

歴博の調査ではB遺骨葬の二一事例のうち、当日納骨は一九事例、翌日以降の納骨が二事例で、当日納骨が多く、その理由としては、葬儀・告別式の後、墓地への野辺送りの習俗が維持されていることが注目される。つまり、遺骸での葬儀であっても、焼骨・遺骨での葬儀であっても、霊魂は葬儀が終わるまではそこにとどまっているという観念の存在を指摘することができる。

一方、長く土葬が行なわれてきた関東地方や近畿地方の農村部では、葬儀よりも先に遺体を火葬にすることについては「葬式をしないで遺体を焼くのは信じられない」といい、それに対して、東北地方では「東京では遺体を焼かないで葬式をするのはなぜか」という逆の疑問をもっている人も少なくない。それだけ、AタイプとBタイプとがそれぞれの地域ではすでに違和感のない葬儀のかたちとして受容されてきていることがわかる。そしてそれと同時に自分たちの方式がふつうだと思っていることもわかる。なお、東北六県の葬儀社へのアンケートを行なった鈴木岩弓によれば、「骨葬」という言い方は必ずしも一般的ではなく、「呼称無し」や無回答が多数であったといい、そのことについて、葬儀以前に火葬を行なう習俗が通常化されている地域においては、そうした葬儀の運びが通例であり、あえて特別な名付けをする必要が生じていないためと思われると述べている（鈴木　二〇一三）。このBタイプ（遺骨葬）の採用についての地域差をめぐる問題は、死の受容の民俗のあり方についての地域差を明らかにする手がかりとなろう。厚生労働省大臣官房統計情報部『衛生行政業務報告』によれば、昭和五三年（一九七八）に全国の火葬率が九〇％となり、その後二〇〇〇年以降はほぼ一〇〇％となっているが、本章では、そのまさに二〇〇〇年以降、土葬から火葬へと変化した地域にとくに注目してみることにする。

なお、A：通夜→葬儀・告別式→火葬タイプを厳守している近畿地方の諸事例では、旧来の土葬の廃止と新たな火葬の普及のなかで、古くからの両墓制のもとでの埋葬墓地であったサンマイの利用が変化してきており、民俗学が長く研究対象としてきた両墓制がいま終焉を迎えている。このような眼前の変化を調査し記録し、列島各地のそれぞれの地域における土葬から火葬への変化に対する対応の仕方のバリエーションとその背景について検討することをここでの目的とする。

これまで述べてきたように戦後民俗学ではいわゆる地域研究法が主流となり、柳田の構想した列島規模での民俗伝承の比較によってその歴史的な変遷の過程を追跡するという視点が欠如していた。そして、その後は個別の研究課題についての調査と解釈というかたちの論考が多くなり、民俗学と隣接する文化人類学や宗教社会学などとの方法論の上での独自性のちがいが不明瞭になってきている。そうした現状に対して、民俗の伝承事実をもとに論理的に追跡しようとした柳田國男の基本に学びつつ、柳田の「葬制の沿革について」（柳田　一九九〇〈一九二九〉）からその後の葬送習俗の伝承と変遷の動態について、資料論的にも方法論的にも民俗学の視点に立ち、土葬から火葬へという列島規模での大きな変化の中にある伝承の実態について追跡整理しておきたいと考える。重要なのは何より変化の最中にある現場の事実情報の収集である。変化の中にこそ、それまで見えていなかった地域の特徴が浮かび上がってくるのではないか。そこで、本章ではあえて煩雑をいとわず収集された個々の情報を提示していくという方法をとることとする。

第二節　火葬への対応の地域差と時期差

1　東北地方の火葬化と遺骨葬

遺骨葬のアンケート調査　東北地方の遺骨葬については、鈴木岩弓「東北地方の「骨葬」習俗」に現状がまとめられている（鈴木　二〇一三）。これは東北地方で営業する葬儀社へのアンケート調査に基づくものである。おおよその傾向として把握できることは、遺骨葬は青森県、岩手県、秋田県に濃密であり、宮城県、山形県ではその数が減少し、同じ県内でも骨葬の受容には地域差が認められ、福島県では受容例が少ないということである。ただし仏教の特定宗派との関係はみられない。また、同アンケートによれば土葬から火葬への移行が昭和三〇年代から四〇年代であったという体験者の記憶と経験の上での年代数値が示されている。骨葬が採用された理由として、時間的な利便性、早期に遺体を火葬することによる衛生性、寺院の僧侶による強い死穢忌避観念などがあげられ、さらに「遺体を埋葬してはじめて葬儀は終了するという土葬時代の認識が、現在の火葬時代になっても保持されている」という指摘もなされている。しかし、鈴木の論稿は、東北地方全体の傾向性を葬儀社のアンケートや国立歴史民俗博物館『資料集成』の結果などから数値的に追跡整理したものであり、伝承現場ごとの具体的な個別事例の直接調査に基づく分析の必要性が課題として残っているといえよう。

土葬から火葬へ　昭和八年（一九三三）の『旅と伝説』六―七（誕生と葬礼号）に寄せられている東北地方の報告はほとんどが土葬である。そのなかの一部で、「埋葬はだんだん減って行く、火葬後葬儀を行ふのもある」（秋田県大曲町）という記述が注目され、火葬＝遺骨葬という方式が、早い時期から採用されていた可能性がうかがわれる。また、『東北の葬送・墓制』の「青森県の葬制・墓制」では、「通夜は一晩ばかりでなく、二晩以上のこともある。相内（市浦村）では、亡くなった晩から身内・知人・近隣の人たちによって通夜が行われ、納棺後も葬式の前の晩まで行われた。しかし土葬であったころは、死後長く置くわけにもいかず、通夜も二晩ぐらいが普通であった」とあるように、通夜が二晩以上の長期にわたって行なわれていたことも記されている（三浦　一九七八）。

以下は筆者の調査事例の一部である。岩手県北上市横川目では、一九三一年の満州事変後、土葬から露天火葬になった（小原賢也さん〈昭和二年〈一九二七〉生まれ〉、小原俊雄さん〈昭和二年生まれ〉）。炭一俵（炭俵）、藁、糠（もみ殻）、薪などをリヤカー一台にのせて行き、ヤキバに着くと、釘で打った棺の蓋を「南無阿弥陀仏」と言いながら、スコップであけて、石油を入れ、火がよくまわるようにした。穴は底の部分が丸くなっていて直径約六尺だった。親類の若い者が二人、酒を飲みながら「番兵」としてついていたが、青火がぽっぽっと出たら、帰っていいといわれていた。リンの火で仏様が焼かれ始めた証拠だといった。

ただ、翌朝、見に行って、遺体がきれいに骨だけになっていなかったら、大変だった。その日の葬式に間に合わせないといけないから、また焼いた。燃料をとりに家まで帰っている時間がないときは、塔婆を焼いたりした。骨拾いにはウツギの箸を数人分用意して、それで骨を拾った。どこの家でも屋敷の境にウツギを植えていた。骨箱も自前だった。そうして、家で、莫蓙の上に焼骨をあけて、身内から拾う。収骨するのである。その間、隠し念仏の「先生」

が枕経（正信偈）を唱えていた。葬式は仏壇を閉めて、曹洞宗の僧侶によって行なわれる。そして、葬式の後、葬式をした家に隠し念仏の講中が集まって、「先生」とお脇二人とともに正信偈をあげる。昔は葬式の翌日、仏送り（墓に納める）をしたが、今は一週間か四十九日まで家に置いて拝んでいる。横川目では、昭和四四年（一九六九）か四五年（一九七〇）頃、しみず斎苑ができるとヤキバを使わなくなった（しみず斎苑は、一九八九年三月より北上市、花巻市、旧和賀町、旧江釣子村四市町の広域組合施設として利用されている）。

横川目の事例では、満洲事変後と記憶されているが、そのころから葬儀の前に火葬が行なわれるようになった。焼骨を家に持ち帰ると、もう一度、莫蓙の上に骨を出して、正信偈が唱えられるなかで身内による収骨が行なわれるというのが注目される。

岩手県北上市稲瀬町地蔵堂では、死亡一日目に、葬儀の段取りを決め、関係者に二人で知らせに行き、祭壇を作って、線香の火を夜も絶やさないようにする。これを「線香あかし」という。二日目に、ニッカンを行なう。この時は線香をたくさん焚いて行なう。鼻などの穴に脱脂綿を詰め、死人に着物を着せ、手甲、脚絆などをつけて支度をして棺に入れる。三日目、ニッカンの次の日に火葬する。四日目は、皆疲れてきているので午前は休みをとり、午後、皆が集まり、五日目の段取りを具体的に決める。そうして五日目に葬式を出す。地蔵堂では、葬式を出す日について、皆「四日は出すな」と言っていたので、日が悪いときは、三日か五日で出すが、だいたい五日で出すことが多い。亡くなると、ていねいに「供養して、供養して、五日目に葬式を出すが、その準備が大変だった」という。また三日で出すのは薄情という感覚があるというのは、この地区で何度も葬儀を経験した女性たち（昭和九年〈一九三四〉生まれ、昭和一四年〈一九三九〉生まれ、昭和二四年〈一九四九〉生まれ）である。

お葬式をする前にお寺に米一升を晒の袋に入れて、四九個の餅（餅は重ねないで、丸いお盆に平べったくしてひろげた）

と一緒に届けた。また、出棺の時は、左手で楕円形のおにぎりを六個作って、袋に入れて、仏にもたせた。旅立ちの食べ物とされた。葬式の後、お念仏の時、そうめんをゆでて、からし醬油にからめた「カラシバット」が出される。これを食べないとお念仏をした気にならないという。それも二〇一四、一五年頃からはお菓子とお茶に簡略化された。「一週間お精進したので、団子作りも一週間した」といい、死者があると特に女性たちの料理の負担は団子作りやその他で大きかったことが語られている。

以上のような事例について、ここでまず指摘できるのは、葬儀を行なうより前に火葬を行なって遺体を遺骨にしてしまうようになった背景の一つに、この地方に伝えられてきたていねいに供養し、通夜を長い期間設けるという習俗と遺体の傷みへの対処の歴史があった可能性が考えられるということである。

そして、もう一つ、遺骨葬になっても、土葬の時と同じ葬送儀礼が維持されてきたというのも特徴である。東北地方の葬送儀礼において重要視されてきたのが、遺体の野辺送りとそれに伴うアトミラズとかログメンオリなどと呼ばれる霊魂送りの習俗であった（最上　一九八四）。それについて、次に筆者の二〇一〇年の葬送習俗についての調査事例から注目してみることとする。

秋田県山本郡三種町域の葬送の事例　三種町の火葬場は、現在は鵜川の鳳来院（曹洞宗）に近接する精華苑（昭和六二年〈一九八七〉供用開始）が利用されているが、その前身は鵜川火葬場（昭和三九年〈一九六四〉）であった。それ以前、昭和一五年から二〇年頃には、清華苑の近くに窯があって、近所の人たちが薪で一晩かけて焼いていたという。この頃はまだ土葬が多く、鵜川字萱刈沢の佐々木カネさん（昭和二年〈一九二七〉生まれ）によれば、萱刈沢では昭和二五年頃から火葬になっていったという。萱刈沢では、葬儀の二、三日前に火葬にして、それから葬儀までの間は毎日村の人が遺骨に念仏をあげにくるという。同町の志戸橋の石井靖雄さん（昭和二六年〈一九五一〉生まれ）によれば、志戸橋では死亡後二四時間以内に火葬にする。そして、「ここでは通夜（通夜式のこと）というのはないが、親戚とみんなでわいわい生仏の前でやるのがふつうの通夜であり、ローソクと線香を絶やさないようにする」という。

野辺送りとアトミラズ　この志戸橋で、平成二一年（二〇〇九）に行なわれた葬儀の野辺送りでは、火葬骨、遺影の写真、位牌、その他祭壇を飾っている道具を親戚の人が持ち、その他に龍頭などは手伝いの人が持った。葬式の行列が出る前に、ダミワカゼの一人（ある程度年がいった人で、志戸橋では七〇歳くらいの男性がながくつとめている）が、ログメンオリと呼ばれる叺《かます》に紅白の紐を縄に撚ったものをつけて、また白い晒布で作ったズンダ袋もあわせて持っていき、墓地の入口の決まった木に掛けてくる。萱刈沢では野辺送りで僧侶、喪主（位牌）を先頭に、遺影、次に親族が遺骨から渡した赤と白の紐をひっぱっていく、それと同じく紅白の紐である。そして木に掛けたら、まっすぐに誰とも口をきかないで喪家に戻ることとされている。「まっすぐ帰るもんだよ、人と話してはいけない」とかたくいわれている。葬式に使った花籠や龍頭などの仏具は三十五日の法要で墓参りをした後に焼却されるが、ログメンオリはそのまま木に掛けたままにしておかれる（写真は本章第一節参照）。

志戸橋では、平成二二年（二〇一〇）には合計六件の葬式があった。その一つ、平成二二年一二月の葬儀ではこれまで通り先に火葬がなされ、自宅で葬儀が行なわれた。野辺送りとそれに先立つアトミラズも行なわれた。墓地では石塔の前あたりに土を掘って骨を埋めた。それから森岳温泉のホテルの大広間でオトキが行なわれた。この年の葬儀の内二つは、JAの葬祭ホール「クオーレ能代」で行なわれた。これが志戸橋で初めてホールを使用したケースだった。ホールで葬儀をした場合は野辺送りをしないので、墓地にログメンオリも掛けなかった。

昔は暦をみて葬儀を行なってよい日、悪い日についてやかましくいっていたが、今は檀家寺の都合を聞き、友引以外の日ならいつでも葬式をしている。ホールで葬儀をする場合は、火葬ののち、遺骨が一度自宅に帰ってからあらためてホールに運ばれて祭壇に安置される場合と、火葬場から直接、ホールの小さい安置室に運び込まれる場合とがある。ホールを利用した場合、オトキの時も位牌と火葬骨を飾っておき、後日、納骨が行なわれる。

志戸橋、泉八日、川尻などでも二〇一〇年の調査時点ではログメンオリ・叺が掛けられ、アトミラズが行なわれていることが確認された。

なお、ログメンオリに付けられている紅白の紐については、死者の霊魂が移動するときについてくる周辺的な有象無象の雑霊たちをこれに依りつけて、祓えやるという意味があると考えられる。類似の事例としては、岐阜市の一部に伝承されている、お盆のときに、一軒一軒お墓に紅白の鮮やかな小さな提灯を飾る例や、お盆のときに、金色や赤色、緑色などのきらびやかな灯籠を墓に立てる広島県西部の例などがある。これらは葬送や盆供養の場で寄ってくる雑霊や無縁霊、魑魅魍魎のたぐい（折口　一九五五〈一九一五〉〈一九二七〉〈一九二九―三二〉、柳田　一九四六）に対する吸引鎮送の効果が期待されているいわば風流の装置の一例として注目される民俗伝承である。

遺骨葬の採用の背景　岩手県北上市や秋田県三種町域などの事例では、それまでの土葬の時代には葬儀のあとで埋葬が行なわれていたが、火葬になってからは葬儀の前に先にまず火葬を行なうようにと遺体処理の方法が変わった。衛生的な措置であることはもちろんだろうが、それだけではなく人びとにそのような変化を促した背景には、前述したように比較的長い日数をかけて行なうこの地方の通夜の習俗があったものと推測される。見送る死者への名残りを惜しんで二晩、三晩と親戚などが集まってわいわいやるという通夜の長い時間が設けられていたのがこの地域の特徴であったということが注目されるのである。昔はその間に遺体が傷むのがとても心配されていたと思われる。しかし、火葬の時代になり、そのような誰もいやとは言えないながらの古くからの死穢と屍臭の中に血の濃い身内の者は死人を送るための一定期間は過ごすものだというおそらくモガリ（殯）の習俗の伝承の延長上にあった一種の強制観念の中にあって、長い間その不快感に耐えてきた人たちが、死体の腐敗を防ぎ、きれいに死者を送るために先に火葬にすることが選ばれたのではないかと推測されるのである。(1) その結果、葬儀と野辺送り、アトミラズなどの諸儀礼は従来のようにいわゆる生仏で土葬を行なっていた時と変わらずに伝承されてきた。そして、そのアトミラズに象徴されるように、この地域では身体の処理も重要であるが、それ以上に野辺送りと霊魂送りの儀礼が重視されてきたという点も、もう一つの特徴である。

また、第一部第一章でも述べたように、この秋田県や青森県、岩手県下のお盆では、墓地に墓棚を設けて、先祖の霊と子孫が墓地で飲食をする例が多くみられ、墓地こそ死者の霊があるところという観念が強いのが特徴である。しかし、今後、自宅での葬儀から葬祭場での葬儀へと変化していくと、野辺送りが行なわれなくなるため、それにともないアトミラズも行なわれなくなり、霊魂送りの習俗もまもなく消滅していくものとも考えられる。このような葬送習俗における霊魂をめぐる民俗伝承の消滅と変容とが、盆行事にどのような影響を与えるのか、葬儀は葬儀、お盆はお盆、とそれぞれだということになるのか、死者の葬送と供養という問題をめぐる動向をていねいに観察していく必要があるといえよう。

以上のような秋田県山本郡三種町域の葬送の変化から指摘できるのは、以下の諸点であろう。

(1) この地域では古くから土葬であったが、昭和二、三〇年代から旧式の窯で薪を燃料にして一晩かけて遺体を焼く火葬が始められていた。しかし、土葬も並行して残って行なわれていた。その土葬の場合は、死亡→葬儀→野辺送り→埋葬という順番であった。

(2) 昭和四〇年代の葬儀では、先に火葬をしてその火葬骨を祭壇に据えて自宅で葬儀を行なう例が一般的となっていた。その葬儀の終了後に墓地まで葬列を組んで野辺送りをして遺骨を埋葬した。

（3）この地域では昔は死者との名残りを惜しんで二晩、三晩と親類縁者が喪家に集まってわいわいにぎやかにするような通夜に似た習俗が長く行なわれていた。それがこの地域の特徴であった。おそらく昔は遺体が傷むのが心配されたものと思われる。しかし、それにもかかわらず、血の濃い身内をていねいに送るという古くからのモガリの習俗をも連想させるような葬送が伝えられていた可能性が考えられるのである。

（4）この地域では墓地に遺体を搬送する葬列とは別に、それより五分、一〇分前に、五穀などの入った叺をかついで喪家から出て墓地に行き、決まった立木にその叺を掛けてくる習俗が伝えられている。これはアトミラズとかログメンオリと呼ばれ、遺骸の葬送と対比できるもう一つの霊魂の葬送であると考えられる。つまり、このような習俗を伝えてきた地域では葬送は遺骸と霊魂の一方だけではなく、その両方を送ることで完結するという考え方、死生観の伝承があったことが想定される。

（5）旧式の火葬窯ではなく現代的な公営火葬場「清華苑」が昭和六二年（一九八七）にできたことによってほぼ完全に火葬となったが、死亡→火葬→自宅で葬儀→野辺送り・アトミラズ→墓地に埋骨、というかたちはそのまま行なわれていた。

（6）しかし、平成二二年（二〇一〇）に、ＪＡの葬祭ホール「クオーレ能代」の利用となってからは、死亡→火葬（清華苑）→葬儀（クオーレ能代）というかたちがあらわれた。このホール葬の場合には野辺送りもアトミラズも省略されたのであった。

2　九州地方の火葬化と納骨施設の設置

一方、九州地方では、昭和四〇年代になってから土葬から火葬へと変化してきた地域が多い。それにともなって、墓地の景観が大きく変化した。土葬の時の墓地は一人に一基ずつ小型の墓石が建てられていたため小型の墓石が林立するような景観であった。そこに墓域の狭隘化問題が起こってきていた。そこで墓域の拡張が望めないなかで、火葬化にともなって遺骨の処理の方法が模索され、一つの対応策として大型納骨堂の建設が地域によっては一つのブームのようになっていった。また、墓地の衛生的な管理や草取り、埋葬のための墓穴掘りなどの重労働の担い手である若年層の県外流出の動きなども、火葬化と大型納骨堂建設とをセットで受容する背景となっていった[2]（井上 二〇〇三）。

九州地方の大型納骨堂建設が行政の関与のもとで行なわれたものか、住民の主体的な判断によって行なわれたものか、はまだ明らかになっていないが、昭和四七年（一九七二）に奄美大島本島の宇検村田検集落で共同納骨堂が建設されたときの経緯について、福ケ迫加那「奄美大島宇検村における「墓の共同化」―田検「精霊殿」創設の事例から―」が詳しく追跡している。昭和二九年（一九五四）の本土復帰後、宇検村では農業の衰退、若年層の関西方面への出稼ぎによる人口減少が著しかった。これは村全体の傾向であったが、そのなかで田検という集落でのみ共同納骨堂建設が提案された。その発端は、二人の男性の発案、思いつきによるものであったことが確認されている。その提案が集落内の話し合いで「満場一致」で合意されたが、その背景として、宇検村内のリーダーの存在、土地の無償提供、経費的に共有林の立木の売却と大阪や東京へ他出している人からの寄付金、地域の人びとの労働力提供などによって実現したことが注目された。昭和四七年の建設当時、周辺集落に比べて人口減少率は低く、墓管理の代行や継承困難が危機的状況とまでは認識されていなかったとみられるなかで、合意が得られた背景には、「すでに存在する「無縁仏」、あるいは「無縁仏」になる可能性、そしてノウコッドウ造立に要する費用の軽減であり、加えて経済的格差の顕在化を望まない一部の集落民の意向が底流にあったと思われる」と指摘されている（福ケ迫 二〇一四）。

この田検の共同納骨堂建設は、二人の男性の発案で実現したという経緯と、建設にあたって公的補助金を受けていないということが明確であり、昭和四五年（一九七〇）の国の過疎地対策法によるとか、公営火葬場の稼働率を上げるためにということで行政が関与しているのではなく、住民たちが主体的に新しい火葬化に向けて対応したケースとして注目される。

これまでの九州地方の共同納骨堂については、以上のように井上や福ケ迫による個別事例の分析や報告（香月　二〇〇〇）がなされてきた。しかし、このような動きは一定の広がりをもって分布していることもわかってきているため、ここでは、熊本県下の共同納骨堂について一定の広がりのなかでその実態をみてみることとする。

（1）熊本県荒尾市域の事例

熊本県下では、古くから土葬が行なわれてきていたが、高度経済成長期の最中、昭和四〇年（一九六五）前後から火葬が普及してきて、まず県西北部の荒尾市域で共同の大型納骨堂建設がブームになった。たとえば、昭和三九年（一九六四）に荒尾市向一部《むこういちぶ》で、昭和四〇年に荒尾市今寺で、それぞれ納骨堂が建設された。

荒尾市の火葬場は、昭和一七年（一九四二）に荒尾町、平井村、府本村、八幡村、有明村が合併して荒尾市となった後の、昭和一九年（一九四四）一一月に万田中区の万田炭鉱（昭和二六年九月廃坑）の近くに、市営火葬場が設置されたのが最初であった。(3) 設置後の昭和二一年から二六年の稼働率はまだ低く、市街地では火葬にかわったがそれ以外はほとんど土葬という状況であった。その後、昭和三六年（一九六一）一一月に、火葬炉を重油式に改築し、(4) 平成二年（一九九〇）四月に新たに再改築が行なわれて現在に至っている。

地域の経験者の話によると、向一部では旧来の家は六九戸で、大型納骨堂を建設した時には、それまで長く広がっていた墓地の墓域を縮小して共同納骨堂の周囲だけにして、納骨堂内に七〇戸分の納骨棚のスペースを作り、六九戸の利用で始まった。それまで墓地に建てられていた墓石は集めて横に倒して積み並べて舞台のようなものを作った。当時この事業に関わっていた谷口良一さん（昭和五年〈一九三〇〉生まれ）によれば、その舞台で盆踊りでもできたらいいと思ったのだが、そうはならなかったという。また、共同納骨堂を作ったとき、境内地に桜の木を植えたのだが今それが大きく育っており、「墓地だったから栄養十分で桜の木も成長が早い」などと言っている。この一帯では墓地にはよく桜を植える習慣があり、「桜切るバカ」といわれて、桜を切る者はいないともいう。桜は毎年きれいに咲いて死者への供養にもなるといっている。お盆には、サカンバチと呼ばれる陶器製の大きな鉢にお煮しめを入れて墓にもっていって、そこでお参りにきた人と飲食した。一部では、二〇一二年の調査時点でもお盆に墓地での飲食を行なっているとのことであった。

現行の「向一部納骨堂組合規約」によれば、組合の目的は、「祖先の霊を祭祀する納骨堂を円滑に運営管理し、その荘厳と先祖に対する崇拝の念を永久に保持し、以て地区民の融和と生活の向上に寄与すること」と記されている。そして、「組合は、納骨堂の補修、内外の清掃及び献花を行い、また、毎年一回、祭事を催し、先祖供養を行うものとする」とあり、具体的には、四月に先祖供養祭と総会、四月、六月、八月、一二月の納骨堂清掃、八月一四日の盆踊りほか、一二月と三月に納骨堂委員会が開かれている。現在は組合員による年間一〇〇〇円の管理費で運営がなされている。

一方、今寺地区では昭和四〇年（一九六五）に大型納骨堂が建設された。納骨堂の前に建てられている石柱の「趣意書」には、次のように刻まれている。

法心一如　吾が今寺墓地を見るに墳墓密集し、将来其の余地少し　亦個々の石碑を完立するは　却々《なかなか》多難な状況に在り　されば時代の要求流れに沿ひ　新しく共同納骨堂を建立し　以て祖先の霊を一堂に祭祀し　区民挙げて

相和し　自らは安心立命の境地を得んと欲す　斯く信じ斯く悟り　有志再三公民館に集合し　一躍建設の決断を為し　茲《ここ》に霊廟を建立す

昭和四十年八月吉日　　委員長　謹書

起工　昭和四十年五月二日　竣工　昭和四十年八月拾五日

当時この事業に関わっていた川上偉さん（昭和六〈一九三一〉年生まれ）によれば、当時の墓地は、土葬で遺体を納めた甕棺を埋めた上に木の墓標を立て、ヒオイ（日覆）と呼ばれる覆いをかぶせておくものであったが、大型納骨堂の建設にあたって各家の土葬の墓を掘り起こして古い遺体を焼いていった。その仕事は、他の地区に在住の人たちに頼んだが、「毎日しっかり焼酎を飲ませてやってもらった。土中の甕棺にたまっている死体の油（体液）や髪の毛など気味が悪くて、とても正気ではできないような仕事だった」という。

また、今寺祖廟組合の「祖廟組合規約」（昭和四一年一月制定）には、組合の目的として「祖先を崇拝し、供養を尽くし、組合員の融和・家事精励の気風に努め、御霊の平安を記念する」ことと記されている。そして、事業については、「役員会並びに総会を設け、管理・計画・執行の事業を行う」として、「1．組合の権利・義務に関する事項」、「2．組合の財産に関する事項」、「3．祖廟の管轄に関する事項」、「4．祭祀に関する事項」、「5．組合員の労仕に関する事項」、「6．境内造園に関する事項」、「7．其の他一般管理・運営に関する事項」、の七項目があげられている。

六〇戸分のスペースを設けて、昭和四〇年（一九六五年）には四五戸の利用から始まったが、現在では利用者が増えて満杯になっている。また、治安上の配慮から、現在では墓地の開放は一月一日から三日の正月三が日、春秋の彼岸、八月一三日から一六日のお盆の期間には、午前八時から午後六時、八時、九時と、季節によって時間を決めての墓参のための墓地の開放となっている。

昭和四〇年前後の共同納骨堂ブーム　このように荒尾市域は土葬が長く続いたところであるが、土地の川上さんや谷口さんらの語りによると、向一部でも今寺でも「火葬になったから納骨堂を造ったのではなく、当時（昭和三九年から四〇年頃）は納骨堂を造るのが一つのブームだった。納骨堂を造ってから火葬をすることにしたのだ」という。また、川上さんは「戦後の民主教育によって皆、平等にという意識が強くなってきたためではないか」とも述べている。納骨堂建設と火葬化との関係でいえば、この荒尾市域では、昭和四〇年前後、ちょうど高度経済成長期の真ん中の時期に共同納骨堂の建設ブームがおこっていたというのだが、そこには昭和三六年末からの市営火葬場の改装も関係しているものと推察される。行政側で火葬の受け入れ態勢が整いつつあったときに、前述の「規約」や「趣意書」が語っているように、先祖への感謝の思いを新たにし、旧来の石塔や石柱が林立する墓地の狭隘化を新たな大型納骨堂の建設によって解決しようとしたものと考えられるのである。

以上のような荒尾市域の事例情報を整理して指摘できるのは以下の諸点である。

（1）市営火葬場は昭和一九年（一九四四）に設置された。しかし、市域ではまだ土葬が伝統的かつ一般的であり、その火葬場の利用は市街地の一部の住民だけであった。

（2）その火葬場が火葬炉を重油式に改築したのは戦後の昭和三六年（一九六一）であった。

（3）火葬骨を納める大型納骨堂の建設が行なわれたのは市内の向一部では昭和三九年（一九六四）、今寺では昭和四〇年（一九六五）であった。

（4）火葬が普及したから大型納骨堂を造ったというのではなく、納骨堂建設が当時なぜかブームだったというのであり、納骨堂ができるにともなって火葬が普及していったと関係者には記憶されている。

（5）火葬場が新たに再改築されて現在のかたちになったのは平成二年（一九九〇）のことである。

つまり、昭和三六年（一九六一）の火葬場改築によりそれまで低かった火葬場の稼働率の上昇をはかる行政的な働きかけがあって納骨堂の建設が進められた可能性がある。

（2）熊本県菊池郡大津町域の事例

①土葬から火葬へ

熊本県大津町は、平成二四年（二〇一二年）現在で、世帯数一万二五五五戸、人口三万二五三七人の町で、熊本市街と阿蘇山との中間に位置し、町の中心部は江戸時代から肥後熊本と豊後大分とを結ぶ豊後街道の宿場町として栄えてきた。町域の北部は阿蘇外輪山西部に連なる森林原野地帯から緩やかな傾斜の広がる畑作地帯が広がり、南部は阿蘇山を水源として東から西へと貫流する白川の流域に広がる水田地帯からなっている。近年では、国道五七号線（長崎―雲仙―大分）と国道三二五号線（久留米―阿蘇―延岡）が横・縦断し、九州縦貫自動車道の熊本ICにも近い立地条件から、製造業部門を中心とする産業発展とともに、牧畜を中心とする農業経営と耕地面積の維持も比較的実現して、田園産業都市を標榜している町である。

この大津町域では、墓地は基本的に集落ごとに山の斜面側や白川近くの平地などに設けられている。もともと土葬が行なわれていたが、そのころは埋葬すると土饅頭を作り、その上に、ヤギュウ（家形・屋形、ヤギョウのことか）と呼ばれる小さな山車のかたちをしたもので、上に宝珠をつけたものが置かれていた。土葬のころの墓地の景観とはそのヤギュウと呼ばれる小型の家のようなものが一面に広がる景観であった。それが風雨にさらされ朽ちて傾いたりして見苦しくなると、五年くらいして片付けて、一人ひとりに小さい石塔を建てることが多かった。これは俗名が書かれた墓標であり、墓地にはこれが林立していたという。たとえば、錦野地区に住む高本さん（昭和一八年〈一九四三〉生まれ）によれば、個々の墓は故人を偲ぶ大切なしるしであり、昔は、遠方に住んでいる人など、お盆にお墓参りにくると故人の石塔に抱きついて泣いている人もいたという。

現在、大津町営火葬場は町の西の、室地区にある。昭和六〇年（一九八五）に新築されて菊池市なども共同利用する菊池広域連合大津火葬場になっている（『広報おおづまち』四一一　昭和六〇年五月一日参照）。また大津町域では、隣接している熊本市戸島の火葬場もよく利用されている。土葬のころの墓石、石塔には納骨のためのカロートはもちろんなかった。火葬になってもカロート式石塔でない場合は、土中に埋めて土葬の時のように上にヤギュウを置いていた。遅い例では、昭和六三年（一九八八）の葬儀のときもまだそのように地面に穴を掘って火葬骨を埋めていた例もあったという。土葬から火葬への移行については、昭和四七、八年頃でそのころから火葬が大々的に行なわれるようになったと多くの人が記憶している。

錦野地区で葬式の時の野辺送りの道具やヤギュウ作りなども扱っていた地元の雑貨店の経営者、野田さんの家では、火葬への変化をいち早く感じ取り、昭和四二年（一九六七年）に錦野地区の御的《おまた》集落では一番早くに納骨式の新しい大型石塔を建てたという。このような新しい納骨スペースを下部に供えた巨大な石塔が、現在ではこの大津町をはじめ、熊本県下の各地に見られる。

新しい石塔を墓地に建てるにあたっては、それまでの遺体の埋められている土葬の墓地を掘り起こさなければならなかった。熊本市の石材店が手配した人が家ごとに土葬されていた墓を掘り上げて、出てきた遺体を焼いて、甕にまとめて入れて納骨式の墓石に納めていった。甕に遺体を入れる土葬がこの地域では広く行なわれていたため、新しい遺体の場合は、腐敗が進んでいる途中の場合もあり、甕の底には流れ出た体液や雨水なども貯まっていたり、髪の毛も腐らずにそのまま出たりして、気味が悪く、その処理は並大抵のものではなかった、それは大変な仕事だった、とその世話などを体験した方は当時を回顧している。誰にでもできる仕事ではないということで、普通の日当一〇〇〇円くらいのところ、三〇〇〇円で働いてもらい、毎日一緒に酒を飲んだという。

②墓地と石塔の変化

三つのタイプ　それまで土葬で行なわれていた方式というのは、遺体を甕に入れて土中に埋葬し、その上にヤギュウを据えて、数年後に墓石、石塔を建てる、というものであったが、土葬から火葬への変化に対応して、それが失われていき、新しい火葬では、火葬場から持ち帰られた遺骨が墓地に納められるに際して、その納骨される場所の確保の必要性が生じた。そこで、この大津町域の諸事例ではどのような方式が採られたのか、ということで調査した結果、大別して次の三つのタイプが採られたことが指摘できる。

（A）家ごとの単体の石塔の大型化であり、通常の大型の先祖代々墓の下部の台座部分に納骨設備を加えたきわめて大型の石塔を建ててそこに納骨するというもの（図38）。

（B）家ごとの先祖代々墓の石塔が、それぞれ下部の台座部分に納骨設備を備えながら横に一繋がりになっている、いわば連結式のかたちを採ったもの（図39）。

（C）家ごとの先祖代々墓の石塔は建てずに、従来の集落ごとの墓地利用関係者が一つになって、きわめて大型で外見では寺院と思われるような大型納骨堂を建設して、その内部に個々の家の納骨棚を設けるというかたちにしたもの（図40）。

次に、それぞれの地区の事例をみておくと以下のとおりである。

（A）家ごとの納骨施設付き大型石塔の事例

土葬の時に使用していた自分の家の区画の墓域を掘り起こして、遺骨をまとめて焼き、それをカロート式の納骨施設付きの大型石塔を建立して納めたものである。台座部分が極端に大型化している点が特徴である。

錦野地区の事例 大津町南部の錦野地区は御的、中栗、中良《なから》地《じ》、上揚《かみあげ》の四つの集落からなり、家数は一〇〇戸に少し足りないくらいである。いずれも集落ごとに共同墓地があり、土葬から火葬へと変化するなかで、家ごとにカロート式の大型石塔の建立や、横並びの連結式石塔の建設が選択されていった。

図 38　大型石塔　熊本県菊池郡大津町御的

図 39　連結式石塔　熊本県菊池郡大津町上町

図 40　大型納骨堂　熊本県菊池郡大津町下町

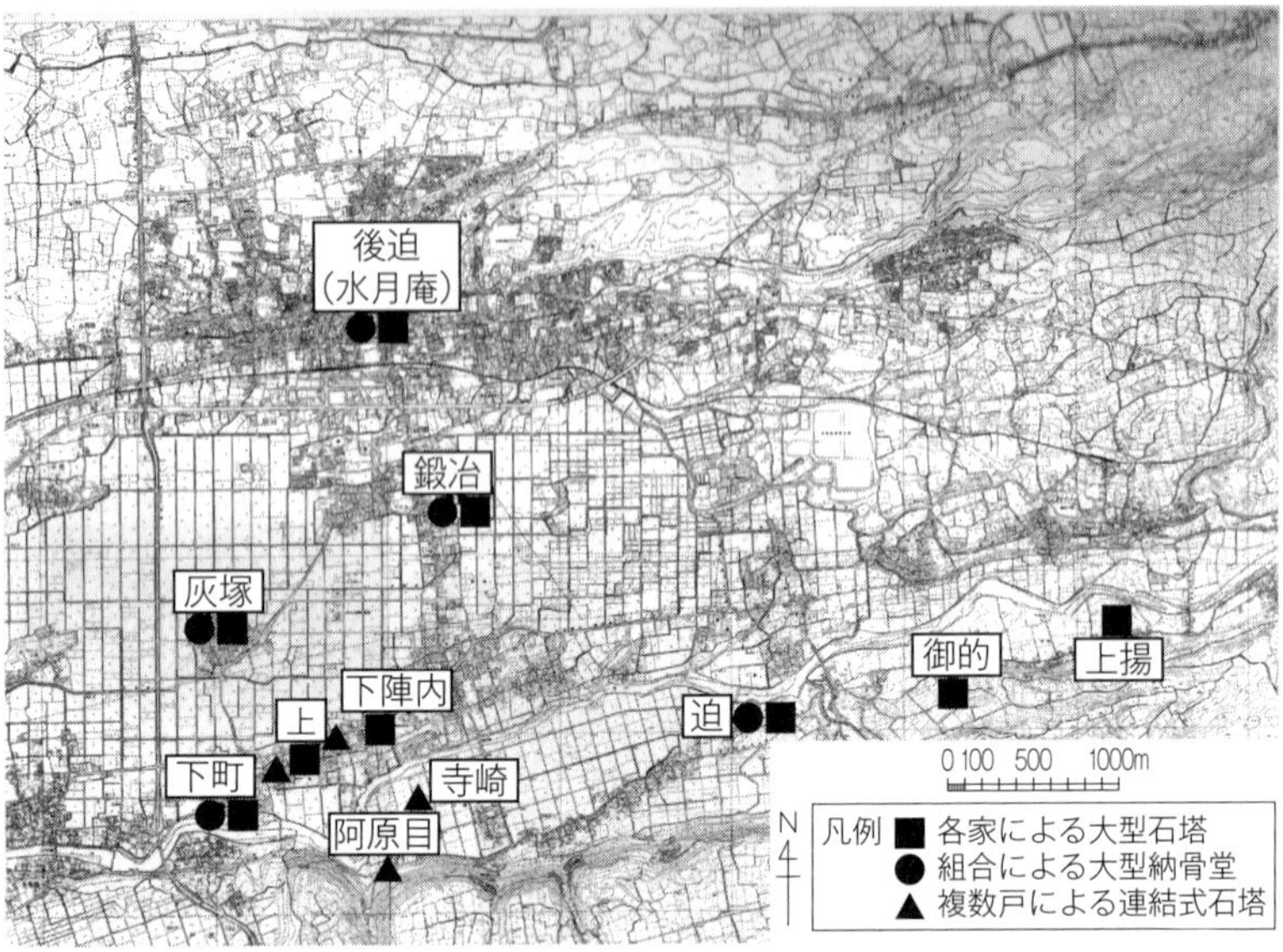

図41　大津町における火葬に対応した3種類の納骨施設（「大津町管内図（2）」平成10年3月をもとに作成）

岩坂地区中島の北組、中組、南組の事例　中尾精一さん（昭和三〇〈一九五五〉年生まれ）によれば、大津町南部の岩坂地区の中島集落は、北組、中組、南組、寺崎組の四つの組からなり、計五〇戸前後である。中組と南組、北組は共同で昭和五二年（一九七七）八月に中島霊園を整備した。景観的には、上の墓と下の墓があり、上は北組が、下は中組と南組が利用している。家ごとに区画されており、それぞれ新しく納骨式の大型石塔を建立している。

この他、大津町陣内地区の中陣内、下陣内、森の事例でも、家ごとに納骨式の石塔を建てている。下陣内の墓地では、比較的早くこのような納骨式の大型石塔にしたのは昭和四七年（一九七二年）、昭和四九年（一九七四）、昭和五〇年（一九七五）の事例で、この頃に火葬に変わっていったという。また、このような新しい大型石塔の建立にあたっては、父親一人の名前で建てると悪いことがあるというので、息子と連名にしているという例が多い。父親から息子への家の継承を願う考えの表れのようである。

（B）連結式の石塔の事例

これは岩坂地区寺崎、同阿原目、上町などにみられる例であるが、火葬になったとき、各家でそれぞれ納骨式の石塔を建てるのではなく、その墓地を利用している家々が一緒になって、それぞれが納骨スペースを備えた連結式の横並びの石塔を共同で建てたものである。

岩坂地区中島の寺崎組の事例　中島地区の寺崎組は、水田の広がる中の字西津の一画に共同墓地があり、中村家、中尾家各一戸と荒木家三戸の計五戸で現在利用している。土葬の頃は、それぞれに木の墓標や石塔を建てていたが、火葬になったとき、その墓地を掘り起こして納骨式の同じ形の連結式の石塔にした。昭和五八年（一九八三）七月の建立であった。五戸は阿原目の浄仙寺（浄土真宗）の門徒と他の地区の寺の檀家もあるが、それぞれの檀家寺の別に関係なく共通の連結式の石塔にしている。また、墓域内には、昔の墓地にあった個人ごと家ごとの石塔も片隅にまとめられている。

岩坂地区阿原目の事例　阿原目は一八戸の集落で、すべて浄仙寺（浄土真宗）の門徒で、道路沿いの山際に阿原目の墓地がある。地元の片山敬一さん（昭和二四年〈一九四九〉生まれ）によれば、昔は個人墓地がバラバラにあったが、昭和五〇年代になってから整理し、農協（ＪＡ）の紹介によって現在のような同じ形の納骨式の連結式石塔が建てられた。

上町の事例　上町は西方、中方、東方の三つに分かれており、墓地は、中方と東方は尾の上墓地、西方は西の墓地を使っている。また東方の田中姓だけのいわゆる田《た》中墓《なかばか》がある。

上町西の霊園は、昭和五一年（一九七六）五月六日に改装されて、いわゆる連結式の納骨形式の石塔が建てられた墓地である。浄土真宗門徒がよく用いる「倶会一処」と記された記念碑には、「上町地区の霊場尾の上墓地も絶佳《ぜっか》の地に在りながらも　愈々《いよいよ》狭隘となり更に擴張の余地もなく　将来之を如何にすべきかにつき　私共地区民は幾回となく協議の結果　納骨堂建設の運びとなり　本年正月を期して着工今日茲《ここ》にその竣工を見るに至った事は誠に喜びに堪えません。累代先祖の御霊よ、極めて質素な納骨堂でわ《（ママ）》ありますが、どうか心安らかに永久にお眠り下さい」とあり、「尾の上墓地加入者」三五名の名前が連記されている。

　また、尾の上霊園は、昭和五二年（一九七七）四月一〇日に建設され、西と同様に、連結式の納骨形式の石塔が建てられている墓地である。「尾ノ上霊園」と記された記念碑には、「先祖代々安住の郷として上町に生を受け不幸にして一度逝き□　此処尾の上墓地に郷民相集いて眠り来たるも次第に霊地狭くなり　墓石は点在乱立して御霊を安らかに供養することが不可能となりましたので、関係者協議を重ねて漸やく納骨堂を建立する事が決定しました。本年正月九日起工式を挙行し二月十九日から着工して四月十日茲にめでたく竣工致しましたことを心から喜びにたえません。お見かけの通り極めて質素なものですが、美化も考へました次第です。先祖の霊園として永遠に安泰を祈念するものであります。願わくば祖先の御霊よ永久に安らかに眠り給ひ吾等子々孫々に加護あらんことを　合掌」とあり、「霊園加入者」として三四名の名前が連記されている。

　この二つの改装された霊園では、新たな納骨形式の連結式の石塔の周辺には、それに参加しなかった個人の家の納骨式大型石塔もある。それは、前記（A）の家ごとの納骨施設付き大型石塔と同類のものである。土葬の時代から同じ墓地を利用してきた家々であっても、この事例のように、家によっては新たな連結式の石塔に参加することをせずに、自分の家ごとの大型石塔を建立した例もあるのである。

（C）大型共同納骨堂の建設の事例

これは迫の前、後迫（水月院境内）、灰塚、下町などにみられる例であるが、火葬になったとき、前記（A）のように、各家でそれぞれ納骨式の石塔を建てるのではなく、また前記（B）のように、その墓地を利用している家々が一緒になってそれぞれ納骨スペースを備えた連結式の横並びの石塔を共同して建てるのではなく、個人ごと家ごとの石塔は建てないこととして、一見すると寺院に見まちがえるほどの大型の納骨堂を建設してその内部に家ごとの納骨棚を設けている例である。

後迫地区の事例　大津町後迫には、水月院（水月庵）という真言宗の古い寺院があり、昭和四二年（一九六七）二月に総工費五四〇万円をかけて大型納骨堂の建設が行なわれた。これは、大津町内では最も早い例である。その記念碑には次のようにある。

この祖廟は、祖先の忠愛と遺徳を偲び、その霊を弔い、高恩に報いるとともに、子々孫々永久に礼拝の霊塔を築かんため昭和四十年四月発案、賛同者を募り、昭和四十一年四月六十五名の会員による全員協議会を開催し、会則を定め建設の議を決す。其の後この趣旨に賛同する会員は日々に増加し百十七名となり、同年十二月四日総会を開催、建設構想を決定、同月十八日工事契約を締結、翌四十二年一月敷地内の改葬を行い同年二月十七日着工十二月十七日竣工したものである。当時の賛同者百三十四名、総工費五百四拾萬圓

御仏の　慈愛の御手に　導かれ　御霊は永久に　安らかならん。

住職によれば、この大型納骨堂の建てられている場所から上方に広がっている山の斜面の墓地に立てて置かれた竹筒から蚊が発生するなどして衛生面その他いろいろと問題があったため、役場づとめをしていた先代住職が各地の事例を視察して、このような納骨堂を建てる計画を提案し実現したのだという。現在では、「墓地組合」と「後迫納骨堂組合」（区長が筆頭になっている）との両方で管理をしている。「納骨堂組合」は約二五六軒が参加しているが、この

後迫の地区の人だけに限定しているというのではなく、「おいでになる方はどうぞ、どうぞ」というかたちで利用者を受け入れているという。

灰塚地区の事例　灰塚地区は約七四、五軒の集落で、昭和五〇年（一九七五）に土葬から火葬へと変わり、昭和五〇年一一月に「灰塚納骨堂」を建設した。その工事では、家ごとの石塔を掘り上げて、遺体や遺骨は焼いて新たに建設した大型納骨堂に収容した。総工費は一四〇〇万円であったという。この灰塚の納骨堂は農協（ＪＡ）がまだ墓地関係の営業をしていない、比較的早い時代に作られたものといわれているが、納骨堂建設にあたっては、なかには「死んでからまで一緒になりたくないという人もいた」という。そうして納骨堂建設に反対した家々では、自分の家の納骨式大型石塔をそれぞれで建てており、納骨堂には参加していない。いわば家ごとの自主性があった事例といえる。

鍛治集落の事例　陣内地区の一画にある鍛治集落の大型共同納骨堂は、灰塚より数カ月早く、昭和五〇年（一九七五）七月に建てられた（総工費九九六万円）。

下町集落の事例　下町集落の大型共同納骨堂は昭和五一年（一九七六）三月に建てられた（総工費一七一〇万円）。その経緯については、納骨堂の「祖廟之記」に次のように記されている。

「戦後三十余年著しき時代の進展と大企業等の進出による情勢の変容を見、期せずして環境の美化に迫らる、よって区民均しく要望する所に依り分散せる墓地及び雑然たる墓石を整理すると共に共同納骨堂を建立して祖先の霊を安置し、これを永久に供養せんことを願ふ。爾来《じらい》各地の納骨堂を視察検討し、此処に位置を定め、約一ヶ年の歳月を費し、共同納骨堂を建設するに至る」。大津町下町の納骨堂組合の例では、昭和五一年（一九七六）に建設されてから約四〇年が経つ。下町は現在七六戸で、納骨堂を利用しているのはそのうちの五〇戸と区外在住者三六戸の合計八六戸である。とくに区外在住者には年間五〇〇〇円の維持管理費を滞納しないように集金を行なうのが組合長の重要な仕事となっている。現在、共同納骨堂の壁が落ちる危険があるなど改築の必要性の問題や、名義人本人の死亡や高齢化による管理費未納などの問題が起きている。坂本晋一さん（昭和二二年〈一九四七〉生まれ）によれば、建設当時は、ただ「これから火葬が増えていくという時代の雰囲気のなかで自然と納骨堂を建設した」のだといい、過疎化や高齢化の中でまつり手がいなくなってもずっと供養してもらえるようにという考え方で共同納骨堂を選択したというのではなかったという。

迫の前集落の事例　迫の前納骨堂も昭和五一年（一九七六）八月に建てられた。建設の記念碑には「祖霊廟之記」として次のようにある。「戦後三十余年著しき時代の進展と共に情勢の変容を見、期せずして環境の美化に迫らる。よって同志均しく要望する所に依り、分散せる墓地及、雑然たる墓石を整理すると共に、共同納骨堂を建立して、祖先の霊を安置し、これを永久に供養せんことを願い、爾来各地の納骨堂を視察検討し、此処に位置を定め、約一ケ年の歳月を費し、共同納骨堂を建設するに至る」。

そして灰塚、鍛冶、下町、迫の前いずれの場合も、大型納骨堂の建てられている周辺の旧来の土葬時代からの墓域には、納骨堂に参加していない家々の、自分の家ごとの納骨式の大型墓石がいくつか建てられている。

この大津町域では、古くからお盆には墓に参り、そこで飲食をする習俗が伝えられてきていたが、大型納骨堂ができるとその習俗は消滅し、また、親戚の墓参りに行っても「それまでは個人の墓を対象としていたから亡くなった人と直接話しをしている気持ちになったのが、共同納骨堂に参るようになってからは、故人への気持ちが伝わりにくく、誰と話したらよいのかわからなくなった」という人もいる。

納骨装置の設営における地域社会の選択と家ごとの選択　大津町内ではこのように、後迫地区の水月院の大型納骨堂が昭和四二年（一九六七）に建設されて以来、昭和五〇年（一九七五）に鍛冶、灰塚に、昭和五一年（一九七六）に下町、迫の前で、同様の納骨堂が次々と建設されていったことが確認できる。

基本的には集落ごとに従来通り墓地の共同利用が原則ではあるが、個別の家の墓地や石塔を廃止して納骨堂に一括してしまうというまったく新しい方式が提案されたのであり、それに賛同しなかった家々が存在したことも確認できる。そして、それらの家の場合には、他の集落で前述の（A）のタイプと位置づけられた家ごとの納骨式大型石塔と同じ形式の石塔を建立していったことも確認できる。ただし、「死んでからまで同じところに入りたくない」という語りが残されていることからすれば、この地域の人たちにとって、それまでの調和のとれていた土葬の習俗からまったく新たな未知の火葬の採用と納骨装置の選択と確保という問題がどれだけ大きな事件であったかがわかる。また、それが集落生活にどのように影響を与えていくか、それは今後の調査を待たねばならない問題であるが、土葬から火葬へという変化は、単に葬法の変化にとどまらない大きな変化であったことがわかる。高度経済成長期（一九五五―七三）以降の産業構造の変化とそれにともなう地域社会の生活変化や世代交代などさまざまな問題を追跡していく必要があることをこれらは教えている。

火葬の定着からホール葬へ　一方、ここで前述の大津町岩坂地区の火葬と納骨の定着からホール葬へという動きの中にあった変化の一つを整理しておくことにする。地元の中尾精一さん（昭和三〇年〈一九五五〉生まれ）によれば、岩坂地区の寺崎では、お通夜の時に死者とお別れをすると、翌朝八時か八時半頃出棺して、まず火葬をしてしまい、昼一二時か一三時頃から葬儀を行なっているという。とくに夏は暑いため遺体が傷むのが早いので、早めの火葬が奨励されている。そして翌日、「樽持ち」と呼ばれる、土葬のころに棺担ぎをしていた当番の役の者が、納骨できるように石塔の扉の開閉を行なうことになっている。つまりここでは、火葬の採用が遺骨葬となったのである。また、これまでは自宅葬で、地域の人びとが四日から五日間、手伝いに行ったものであったが、近年、ホール葬が定着するにしたがって、葬儀がクミ（組）の手伝いによる「地域での葬儀」でなくなっていったことが、初盆の墓参りの習俗の変化にもあらわれてきており、死者の存在を遠いものにしていっているともいう。

その火葬の定着、ホール葬の定着の実態について参考になるのが、中尾さんの記憶と中組の葬儀で穴掘り人の名前を記録している帳面「昭和二十九年五月再起　埋掘帳　中組」である。中組の人の死亡年月日、氏名、年齢、墓当番の名前（昭和五〇年〈一九七五〉一月五日までは三名ずつ、同年三月二日からは二名ずつ）の順に記載がなされている。それによれば、昭和五一年（一九七六）七月一九日に死亡した男性（七九歳）の時点までは土葬であったことが確認される。そして、その後は昭和六二年（一九八七）八月二九日に亡くなったのが中尾さんの祖母ヌイさんで、その時には、「通夜　八月三〇日午後八時、葬儀　八月三一日午後三時、墓地へ納骨　九月一日午前一〇時半（墓当番二名）」とあり、この帳面で初めて「納骨」の記載がみられる。この時、樽持ちと呼ばれる土葬の頃の棺を運ぶ役割の者二人が石塔の背後の扉を開けて納骨を行なった。中尾さんによればこのヌイさんの葬儀の時が土葬から火葬への変化の時だったという。そしてこれ以降、死亡→通夜→火葬→葬儀→翌日納骨、の形が定着してきている。この組で葬祭場の利用は、平成一二年（二〇〇〇）六月に女性が亡くなった時が最初であった。それから平成一五年（二〇〇三）まではまだ自宅葬で農協（ＪＡ）が手伝うかたちも残っていたが、平成一六年（二〇〇四）以降はホール葬が定着した。その火葬が定着した昭和六二年（一九八七）以後、自宅葬からホール葬の定着へ（平成一六年〈二〇〇四〉以降）と向かう過渡期の一七年間の記録は表11の通りである。

この岩坂地区の中組の、表にみるような動向と同様に、大津町上揚でも葬儀は「火葬になってコロンと変わった」と地元の人たちはいう。錦野晋也さん（昭和一〇年〈一九三五〉生まれ）は、祭壇も上揚の人たちが作って、葬儀社の関与がない葬儀が行なわれていたため、やはり組の人が三日も四日も葬式の手伝いに行っていたのが、火葬になり、葬祭場を利用するようになると、組の手伝いをそれほど必要としなくなったため、「地域で葬儀を出しているという実感がなくなった」という。

この地域では、お盆はもちろん、正月一六日の先祖祭り、春の桜の季節の墓掃除とお花見、春秋の彼岸など、その折々にていねいに墓参りがなされ、「先祖様にもちょっと食べてもらおう」ということで、墓地で飲食をするという習俗が今も行なわれている。死者の霊魂は遺骸を埋葬した墓地にあり、その墓地こそが先祖と子孫との交流の場であるという感覚が強い。そのような死者と生者との墓地を媒介とした密着感、親近感という関係性が強く伝承されてきていた背景には、土葬という葬法と、ヤギュウ、霊屋などの墓上装置と、死者ごとの個別の小型墓石という三者をもって死者を特定できたことが重要であったと推測される。しかし、それが今、火葬となって必然的に大型共同納骨堂などへの納骨というかたちへと変化していることによって、「誰に話しかけていいかわからない」という違和感を語る人たちがいる。この地域における土葬から火葬へという変化は、地元の人たちにとってしらずしらずのうちに、死者との親近感や密接感という目に見えない感覚や観念をも根底から変えつつある大きな変化としてとらえることができる。

表11　葬儀の場所と遺体処理の変化
（熊本県大津町岩坂地区中組の事例）

死亡年月	性別	葬儀の場所	土葬・火葬
1987. 8	女	自宅	火葬
2000. 6	女	葬祭場	火葬
2000.10	女	葬祭場(熊本市)	火葬
2003. 4	男	自宅	火葬
2003. 8	女	自宅	火葬
2004.12	男	大津斎場	火葬
2006. 3	男	大津斎場	火葬
2007. 2	女	大津斎場	火葬
2008. 2	男	虹のホール杉並(JA)	火葬

大津町域の土葬から火葬への変化から指摘できること　以上のような大津町の事例情報を整理すると、以下の点が指摘できる。

(1) 古くから土葬であったこの町域で火葬が大々的に行なわれるようになったのは、昭和四七、八年頃であったと記憶されている。

(2) 大津町営火葬場は大津町室に建設されていたが、熊本市戸島の火葬場を利用する家々もあった。室の火葬場は昭和六〇年(一九八五)に改築されて菊池広域連合火葬場となって今日に至っている。

(3) 火葬骨を納める大型納骨堂の建設が町内の後迫の真言宗の寺院水月院の境内に建設されたのは昭和四二年(一九六七)であった。その後、灰塚と鍛冶に昭和五〇年(一九七五)、下町と迫の前に昭和五一年(一九七六)にそれぞれ大型納骨堂が建設された。これから火葬が増えていくという当時の時代の雰囲気の中で納骨堂建設が行なわれていったと記憶されている。それは荒尾市域の例とも共通しており公文書は存在しないものの、関係者の記憶談からは行政的な働きかけが背後にあった可能性も推定される。

(4) 火葬の普及にともない墓地の変化に三つのタイプがみられた。第一は個家別石塔の下部に大型の納骨施設を備えた大型石塔の建立、第二はそれぞれの下部に納骨空間を備えて横に一つながりになった連結式石塔の建立、第三は共同利用の大型納骨堂の建設、である。第二は戸数の比較的少ない集落で選択されている傾向を指摘できる。

(5) 火葬を採用して以上の三つの納骨方式を実現させていく過程で、墓地ではそれまでの土葬の遺体を掘り返して火葬にし直す作業が行なわれた。荒尾市の場合も大津町の場合も土甕の中に遺体を納める埋葬方法であったため、下部に水が溜まって遺骸がまだ骨化しないで腐乱した状態のケースなども少なくなく、大変気味の悪い作業であり、専門の人に頼んで行なうなどしたという強烈な記憶が伝えられている。そこまですることから逆に考えさせられるのは、これら地域では遺体の処理ということが大きな意味をもっていることである。遺体を非常に重視する死生観念である。

（6）寺崎地区の中組の例では古くから長い間土葬であったが、最初に火葬が行なわれたのは昭和六二年（一九八七）の高齢女性で、死亡→火葬→葬儀→翌日納骨とされており、そのとき葬儀より先に火葬が行なわれている。この寺崎中組では先の第二のタイプの納骨空間付き連結式石塔である。また平成一五年（二〇〇三）の葬儀までは自宅葬で農協（JA）のサービス利用というかたちであった。それが平成一六年（二〇〇四）の葬儀から大津斎場という斎場利用が始まり、平成二〇年（二〇〇八）の葬儀ではJAの「虹のホール杉並」の利用が始まっている。

（7）土葬の時代には、第一章第一節で述べたように、お盆や彼岸などの墓参の機会に死者を個別に意識して供養し交流することができたが、特に大型納骨堂への火葬納骨方式になってからは個別の死者を意識する供養ができないなどの違和感が大きいということが語られている。

3　地域の土葬から地域の火葬へ、その後に新型公営火葬場へ、という三段階変化

次に、日本各地の土葬から火葬へという変化の中には、地域ごとにそれまでの土葬から新たな火葬へと変化して、その後に広域の公営火葬場の利用へ、という三段階の変化を経ているという事例が注目される。そのような変化があった事例について、以下その一部を追跡しておくことにする。

（1）鹿児島県薩摩郡上甑村平良（現薩摩川内市）の事例

鹿児島県の上甑島の平良という約一七〇戸の半農半漁の集落では、今でも葬儀社の関与がなく、地域の人たちによる自前の、いわゆる自治会葬が行なわれている。平成一五年（二〇〇三）から自治会長をつとめている梶原孝信さん

（昭和一五年〈一九四〇〉生まれ）が、杉板で棺桶を常に二つ作っておき、死者の着物にする晒布も倉庫に用意している。梶原さんによると以下のとおりである。棺桶は、横一七八×三七・五㌢二枚、底一七八×五一・五㌢一枚、蓋一八二×五二・五㌢一枚、褄五一・五×三八・五㌢二枚で作り、窓三八×三八㌢をもうける。葬儀の手伝いは身内が主で、すぐ隣りの人と友人が手伝うかたちである。柩を作って、寺に祭壇を作って、何時から葬式をやるか皆に知らせて、ということはすべて自治会が準備する。終わってから喪主に費用をいうが、かかる費用は一一万円くらいで経済的である。今は寝棺だが、土葬のころは坐棺だった。また、この平良では葬儀の後、皆で飲食をする習慣はない。

　平良ではもともと土葬が行なわれていた。誰かが亡くなったという連絡を受けると、墓地の埋葬する場所に、鍬とテギ（「ヘソ」という木の枠）を置いて、寺に米を持って報告に行った。お寺では、この米で、オッパン（ご飯）を炊いて、お寺の仏様にあげる。墓地の土地は、海岸の小石を積んで高くしてあるので、墓穴は崩れないように仮枠を入れて掘っていく。地域の人たちが一〇人くらい大勢やってきて掘ってくれる。坐棺で、その周りに浜の小さい黒い石を敷き詰め、上には墓標の代わりにマサゴと呼ばれるサンゴ礁からとってきたサンゴが置かれた。一週間も経たないうちに埋葬した場所が沈むので、そうすると杉の木で作ったタマヤ（霊屋）をその上に置いた。かつて土葬の時の墓地は、空いているところを次々と使用するようにしていて遺体の埋葬は入り混じっていた。しかし、墓地が狭隘なのが問題となってきて、墓穴を掘っている時に遺骨が出てしまったりしていさかいになることもあった。そこで、昭和四九年（一九七四）七月に村外れに火葬場を造って、自分たちで火葬を行なうことにした。そのとき、焼く係の人を地元で募集したが誰もやりたがらなかったため、自治会長と五人の常会長がそれをすることとなった。しかし、火葬をするのがいやだという理由で常会長の役を断る人もいた。梶原さんたちは最初に他所の人に頼んで焼き方を教えてもらったが、素人が火葬をするのは難しかったという。遺体がよく焼けるように鉄の棒でつつかなければならない。火

図42　平良火葬場跡．昭和49年7月〜平成16年2月まで30年使用された．

葬の独特ないやな臭いが服について困ったという。

昭和五一年（一九七六）六月に墓地を整備して、家ごとの区画を設けた。墓地の石塔はそのときの昭和五一年に建てられたものが多い。その時には三一五軒が墓地を利用していた。しかし、三〇年余りたった二〇一〇年以降、その三分の一程度しか墓地を使用しておらず、高齢化と過疎化が進み、島を離れて都会に移住した人などは墓地の権利を返すようになってきている。墓地を使用しなくなった区画は、石塔を撤去されてコンクリートの土台だけになっている。梶原さんは、平成一六年（二〇〇四）八月にはあらためて「共同墓地区画図」を作成し、使われなくなった区画の確認を続けている。また、墓地に近接する正浄寺（浄土真宗）境内に納骨堂が建設されると、墓地の維持、管理がたいへんなため、簡便なその納骨棚を購入する高齢の人も増えてきている。

平成一六年二月からは上甑町の里集落の後背の山の中に完成した町営上甑火葬場を利用するようになって、それまでの古い村はずれの火葬場は廃止した。現在その跡地には「平良火葬場跡　昭和四九年七月〜平成一六年二月まで使用」と書かれた記念碑が建てられている。

この平良では土葬から火葬に変わったときからすぐ葬儀の前に火葬を行なうかたちにした。そのため、土葬の頃と同じように、家で出棺経をあげて遺骨が出棺すると、まず寺へ行き本葬を行なう。そしてそれから墓地へと野辺送りをしている。寺から墓地へは、子供たちが花をもって野辺送りの列につく。棺は親戚の力のある若い人が持つ。年寄りたちは、親戚の子供たちや隣りの子供たちに、お盆や正月にはお菓子などをあげて、「花持ってもらうぞ」と言っている。自分の野辺送りの時に花をもつ子供がいないような葬列は淋しいし、よくない人だった印象を与えてしまうからだという。

以上、この平良の事例でも火葬の採用は遺骨葬の採用でもあったことがわかる。ただし、葬儀より先に火葬をして遺骨にはするが、従来通りの家から寺へ行きそこで本葬をしてから野辺送りで墓地に行くという葬儀を維持しているのが特徴である。そして、土葬から火葬へという大きな変化の中でこのような対応がなされてきている背景として、昭和四九年（一九七四）の地区の火葬場の設営と自治会による火葬、昭和五一年（一九七六）の墓地の整備と家ごとの区画設定などを率先して進めた自治会長の梶原孝信さんという個人の存在と努力とが特筆されるところである。

（2）三重県鳥羽市神島の事例

鳥羽市には、堅神（昭和四五年〈一九七〇〉建設）と神島（昭和四五年〈一九七〇〉建設）との二カ所に市営火葬場がある。伊勢湾の島々のうちでも神島は坂出島、答志島、菅島に比べてずっと遠いのと海も荒いので、神島に建設したのではないかといわれている。坂出島などは鳥羽市内の火葬場を使用している。昭和六二年（一九八七）～平成二三年（二〇一一）の堅神と神島の火葬場の稼働実績は表12の通りである。神島の火葬場は炉も古く職員もいない。火葬場の鍵は町内会長が保管している。神島では、死亡後二四時間経つと、親戚の人が火葬場に遺体を運んで火葬をする。昼から焼き始めて、夕方までかかる。火葬後、冷めるまでいったん喪家に帰って待ち、骨拾いをして、葬式の通夜を行なう。火葬場の使用後、窯の掃除も親戚でする。

この神島では、火葬場ができる以前は、土葬が行なわれていた。ただ伝染病で亡くなった人の場合には、島の北側にある旧中学校の浜側の松林の中で石を組んで下から火をたいて火葬にしていたという。神島では、昭和四五年（一

図43　土葬の最後の頃．三重県鳥羽市神島（撮影：萩原秀三郎氏）

表12　堅神・神島火葬場火葬体数実績

	堅神	神島	合計(件)
1987年度	129	1	130
1988年度	197	5	202
1989年度	202	12	214
1990年度	241	5	246
1991年度	233	8	241
1992年度	210	9	219
1993年度	226	14	240
1994年度	204	9	213
1995年度	188	6	194
1996年度	201	9	210
1997年度	190	2	192
1998年度	219	6	225
1999年度	222	5	227
2000年度	208	2	210
2001年度	226	6	232
2002年度	233	5	238
2003年度	235	6	241
2004年度	251	6	257
2005年度	255	6	261
2006年度	240	5	245
2007年度	276	6	282
2008年度	272	4	276
2009年度	292	1	293
2010年度	317	1	318
2011年度	316	0	316

九七〇）頃が土葬の最後だったと記憶されている。土葬の墓穴堀りはツボホリと呼ばれており、その役は親類とトナリと一人ずつで、大根漬け二切れと酒を飲んで穴を掘りにいく。葬式は一時か一時半から行なわれるので、昼までに墓穴を掘ることになっていた。ツボホリが終わって帰ってくると、御酒と湯豆腐、それに五品か七品の野菜を炊いたものなどを出した。刺身もあったという。かつては、石塔を横にどけて墓穴を掘った。ナマナマとした遺体が隣りからでてきたり、歯

がでてきたりして気持ちが悪かったという。

火葬場ができてすぐ、一番最初の火葬の時に故人の子供たちは「火葬はいらん」（いらんはこの地域ではいやだという意味）と言ったが、「せっかく作ったのだから」といって火葬にしたという。火葬の場合も通夜の翌日、野辺送りの行列をして寺に行く。寺では焼香があり、その後、墓に埋める。自宅に帰り、シアゲとよばれる飲食を行なう。輿がないだけで土葬の頃と同じ順序で同じ野辺送りの行列である。鳥羽市や伊勢市の病院で死亡した場合、鳥羽市堅神の火葬場で火葬して、かつては島に帰って来てから葬儀をしていたが、近年では、神島で死亡しても、親戚に若い人が少ない時はシキビを立てたり、世話をする人が足りないから船で鳥羽市に行って、堅神の火葬場で火葬し、市内のホール（鳥羽会館もしくは光）で葬儀を行なう例がでてきた。「（葬式で会館を利用するのは）お金を出せば全部できるからいい。今は、料理を作ったり手伝ってくれる人がいない」といわれている。

島のリーダー的存在である藤原喜代造さん（昭和一一年〈一九三六〉生まれ）が関わった神島の平成二〇年（二〇〇八）から平成二六年（二〇一四）に死亡した五人の事例で、死亡場所（a：島内死　b：島外死）、火葬場所（c：島内火葬　d：島外火葬）、遺体安置場所（e：島内安置　f：島外安置）、葬儀場所（g：自宅葬　h：ホール葬）についてみると、次の通りである。

平成二〇年―1　b→c→e→g

平成二〇年―2　a→d→f→h

図44　神島の火葬場

平成二〇年―3　a↓c↓e↓g
平成二六年―1　a↓e↓d↓h
平成二六年―2　b↓d↓e↓h

平成二〇年―1の池田さんは島で老人会会長を長くつとめられた方で、伊勢病院で死亡した後、島に帰って、神島火葬場で火葬された。

平成二〇年―2の方は、島で死亡後、鳥羽市の親戚の家に安置され、ホールがあく順番を待っていたという。

平成二六年―2の方は、若い女性で、長く入院していたため、病院で死亡後、火葬し、その焼骨を一度神島に連れて帰った。病気が長かったので島に帰りたかっただろうという遺族の気持ちがあった。そうして、一日家で過ごした後、午後の船で鳥羽市内のホールでの通夜のために戻っていった。

神島は、一九七〇～七五年以降人口が激減し、平成二六年（二〇一四）時点で一七三世帯、三九九人が住み、そのうち六五歳以上が一八八人、高齢化率四七・一％であった。このようなことを背景に、死亡したときの対応については、家ごとに現実的な選択がなされていることがわかる。

以上、この神島でも昭和四五年（一九七〇）の火葬の採用は同時に遺骨葬の採用でもあったことがわかる。ただし、葬儀より先に火葬をして遺骨にはするが、土葬の頃と同じように自宅から出棺、寺での葬儀、そして墓地への野辺送りというかたちを維持していたのが特徴である。

（3）三重県志摩市阿児町の事例

いま紹介した神島の事例は志摩半島から少し離れた島嶼部の事例であるが、それに対して志摩半島の事例はどうか、その事例に注目してみる。

志摩市域では、平成一六年（二〇〇四）六月に阿児町神明に、平成一七年（二〇〇五）には堅田に、平成一九年（二〇〇七）には磯部町恵利原に次々と葬祭場セレモがオープンした。それによって、いっせいに、自宅葬からホール葬へ、土葬から火葬へと変化し、その結果、野辺送りなどの葬送儀礼も省略されてきている。このことは、鳥羽市神島などの島嶼部においては、鳥羽市または伊勢市などの病院で亡くなって堅神の火葬場を利用した場合でも、地元の神島の火葬場を利用する場合でも、どちらの場合も、葬儀より先に火葬を行なうが、野辺送りなどの葬送儀礼は維持伝承されている、という事例と比べると対照的である。

現在では志摩市域には阿児町と浜島町に火葬場が設営されているが、阿児町の旧黒潮火葬場の場合は、行政側に先行するかたちで、昭和三六年（一九六一）に三重県立志摩病院院長の「清水さんが、不衛生やし、火葬場設けんといかんわ」と言うのを受けて、城代常男さん（一九二二年〈大正一一〉生まれ）という個人によって作られた民営の火葬場であったという稀有な例である。火葬炉は小さい小屋に一基だけ作り、重油を用いた。昭和五三年（一九七八）頃、火葬が増えてきたので二基にした。この頃、火葬にするのは、悪い病気で亡くなった人や知名度の高い人であった。霊柩車も購入していたので、遺族の注文で夜中に遺体を引き取りに行って、火葬にした。二四時間対応した。大王町の例では、夜七時に通夜をすると、夜、火葬をし、深夜一二時か一時に骨上げであった。朝になって骨上げに来る人もいた。また、安乗では昭和六四年（一九八九）ぐらいから埋葬墓地を改装していたので、墓地を掘り起こして出てきた白骨化している遺体を黒潮火葬場に持ってきて火葬にした。それぞれ家の人が持ってきたが、合計三〇体分くらい焼いたという。

古い小さい小屋の火葬場の横には「納骨堂」がつくられており、収骨しきれなかった骨がまとめて納められている。

図45　黒島火葬場の納骨堂

表13　関係町の人口と死亡者調（1993年3月末）

	人口（人）	死亡者	火葬者	火葬割合（%）
磯部町	9,736	105	60	57.1
阿児町	21,887	179	156	87.2
大王町	9,556	93	41	44.1
志摩町	16,380	138	46	33.3
合計	57,559	515	303	58.8

『新版阿児町史』2000年より

城代さんの経験では、一番多い時は一日に四体焼いた。二、三体焼く日はよくあったという。

それが平成六年（一九九四）四月一日からあらためて行政に移管されて、磯部町、阿児町、大王町、志摩町の四町が利用する公営の火葬場「志摩広域斎場」として業務を行なうこととなったのである。その平成五年（一九九三）頃の火葬の割合をみてみると、阿児町、磯部町では火葬が多いが、大王町や志摩町ではまだ土葬が多かったことがわかる（表13）。その後、志摩市域には二〇一四年四月から磯部町三カ所に最新型の志摩広域斎場（志摩市斎場「悠久苑」）が開設されている。

浜島町では昭和三七年（一九六二）一〇月に目戸地区にあった墓地を移転することにより、浜島墓苑の建設と火葬場の建設が行なわれた。それまで土葬が行なわれていたが、昭和五〇年代に入ると火葬が増加してきたという（『浜島町史』一九八九年）。

以上、ここでみてきた鹿児島県甑島や三重県神島、志摩市域の事例の情報を整理してみると、指摘できる点としては以下のとおりである。

（1）古くからの土葬から新たに地域での火葬の採用へと変化したこの二つの島嶼部の事例でも、火葬の採用はそのまま遺骨葬の採用であった。しかし、土葬の頃と同じように遺骨は自宅から出棺して寺へ行って葬儀が行なわれ、そのあと墓地まで野辺送りが行なわれるという方式は継続している。

(2)甑島の平良では経済的な負担の少ない自治会葬が継続されており、今後も継続される可能性が高い。神島は鳥羽市や伊勢市での病院死の増加と葬祭ホールの利用が進む中で大きな変化の前にある状態と観察される。

(3)志摩市域では一九九〇年代半ば頃まで土葬の例が少なくなかったが、平成六年(一九九四)に民間の火葬場を市が譲り受け公営火葬場として運営を始めたのをきっかけに二〇〇〇年代に入るころからほとんどが火葬へと変わった。そして、平成一六年(二〇〇四)から続々と葬祭場セレモがオープンしたことによって、いっせいに自宅葬からホール葬へと変化し急速に葬送儀礼の省略化が進んだ。

(4)現在、葬儀社職員が喪主に「前火葬にしますか、後火葬にしますか」と聞くと、ほとんどの家では時間の節約を考えて「前火葬」を選択しているという。長い間土葬で両墓制が伝承されてきていたこの志摩地域における火葬への変化は、一九九〇年代後半から急速に進み、それは同時に遺骨葬への変化でもあった。

4　二〇〇〇年以降の急速な火葬化

これまで葬送習俗の追跡調査を行なっている中で注目されるのが、ちょうど二〇〇〇年あたりが大きな変化の時期ではないかということである。そこで、それについて具体的な事例を追跡してみることにする。

(1)栃木県芳賀郡市貝町の事例

一九九七年の調査時点ではまだ火葬が行なわれていなかった栃木県の農村部でも土葬から火葬へと変化したのは二

〇〇〇年以降のことであった。表14は、その過渡期の二〇〇一年から二〇〇三年の栃木県芳賀郡市貝町田野辺の慈眼寺（曹洞宗）の住職国井義慧さんの協力のもと、檀徒の葬儀例を記録したものであるが、一四事例のうち、土葬が八事例、火葬が六事例であり、火葬の場合でも野辺送りをして、まだ納骨式の石塔が造られていなかったため葬儀当日に組の手伝いによって火葬骨を埋葬している事例（二、一二、一三）が確認される。また、この頃、市貝町内では事例六のように、子供が県外に出ていて、高齢の夫婦だけが地元に残っている場合、組のお手伝いを遠慮してホール葬で行うケースがみられた。また一事例ではあるが、斎場での葬儀の後、遺体は本人の遺言によって土葬されたのもある。これらには土葬から火葬への移行期の諸相があらわれているものと思われる。

また、二〇〇六年三月の田野辺の岩村フサさんの葬儀では、喪主によって岩村家としては初めて火葬が選択された。自宅に葬儀社職員が祭壇を作るなど組の人たちと役割を分担しながら、葬儀が行なわれた。岩村家は隣接する茂木町の曹洞宗長安寺の檀家であり、その僧侶が葬儀に参加した。読経、焼香、そして出棺となり、組の男性たちが作った野辺送りの道具をもって庭に並んで喪主が挨拶を行ない、門を出るときに花籠が振られお金が撒かれた。その後、霊柩車まで畑の中の道を野辺送りの行列がなされるはずであったが、組の人にも僧侶にも事前に知らせることなく葬儀社職員のとっさの指示で、門を出たところで全員、道具を道の脇に置いて、何ももたずに霊柩車まで歩いた。野辺送りの頃と同じだったのは、棺に結ばれた縁の綱を引く血縁的関係者の女性の姿だけであった。そして、真岡市営火葬場にマイクロバスに分乗していき、火葬が終わると焼骨を骨箱に納めて、喪家に帰ってきた。そこでは、組の人が待機しており、もう一度行列を組んで、屋敷の山寄りにある岩村家の墓地まで野辺送りをして、火葬骨を小さい穴に埋め、枕飯のお膳や花が供えられた。その後、喪主と親戚の男性が檀家の長安寺へ向かい、米一升と棺を引く時に使った縁の綱の晒布一反をもって寺送りに行き、本堂で僧侶にお経をあげてもらって、帰宅した。家では祭壇の前に組の

表14　慈眼寺檀徒の葬儀例（2001～03年）

	死亡年月	性別	年齢	葬儀の場所		葬法		埋葬・埋納骨	野辺送り	備考
				自宅	斎場	土葬	火葬			
1	2001. 1	女	87	○		○		当日	有	
2	2001. 2	女	90	○			○	当日	有	葬儀当日朝火葬
3	2001. 6	男	60	○			○	49日	無	千葉県在住．田野辺で納骨式
4	2001.10	女	100	○		○		当日	有	
5	2001.11	女	100	○		○		当日	有	
6	2001.11	女	89		○		○	当日	無	通夜から芳賀町の斎場利用．老夫婦だけのため組の手伝い辞退
7	2001.12	女	90	○		○		当日	有	
8	2002. 1	女	83		○	○		当日	不明	宇都宮市在住．葬儀のみ芳賀町の斎場利用．本人の遺言で土葬
9	2002. 2	男	74	○		○		当日	有	
10	2002. 5	男	81	○		○		当日	有	
11	2002. 6	女	89	○		○		当日	有	
12	2002. 8	女	61	○			○	当日	有	
13	2002.12	女	78	○			○	当日	有	
14	2003. 9	男	46		○		○	49日	無	鹿沼市在住．益子町の斎場利用

＊1, 8, 9, 14は田野辺以外の檀徒だが田野辺とほとんど同様の葬儀が行われている．
＊8の野辺送りの有無については，慈眼寺僧侶自身は関与しないため不明とのこと．
協力：慈眼寺

人が中心となって、三日七日のお念仏を唱え、その後、組の人への慰労の会食が行なわれた。

以上のような岩村家の葬儀の場合、葬儀後、火葬場に行って火葬をしてくるまでの間、組の人たちは喪家で待機しており、焼骨が帰ってきてから、土葬の時と同じように葬送の儀礼が執り行なわれたのが特徴である。この田野辺では自宅で葬儀をしてから火葬してくる場合には、このような順番で組の人たちは焼骨が帰るのを待って、葬送儀礼の「続き」を行なっていた。実際、見学していて、組の人たちにとっては時間の無駄が多いように思われた。こののち納骨式の石塔が建立されたなら、穴掘りの手伝いを要する当日納骨から家族親族だけの四十九日納骨に変化していく可能性もあると思われたが、慣れていた土葬からまだ慣れていない火葬への変化のまさにその移行期の実際が観察された。

このような栃木県内の土葬から火葬への変化と

図46　葬儀の朝の穴掘り．六尺は白い晒を肩にかけている．喪主が「火葬だから」といって青いバケツが入る大きさに掘るように依頼しているところ．（2006年3月）

図47　家の近くの山にある墓地に身内と組の人で焼骨を埋めるところ

あわせて注目されるのは、やはり二〇〇八年頃から、それまでの自宅葬から新たな葬祭場利用という方式が一般的となり、それに伴って、これまで組の手伝いは夫婦二人とされていたのが一人でよいことになった点である。かつては「組に入れてもらわないと葬式ができない」といわれたが、今は自宅から斎場に変わったので、その心配はなくなった。そこで転入者の場合にはとくに組に入る必要性がなくなっているという。「斎場ができてから、自治会の存在が変わってきている」というのが多くの人たちの実感である。

その頃、市貝町では斎場の利用が急速に広がっているなかで、農家のなかには、今まで通り組の手伝いで家での葬儀をしたいという希望をもっている人もいた。それは、「組でやればただだが、斎場を使うとお金がかかる」という理由からである。当初は経済的負担が小さくてすむ従来のやり方を望む声もあったが、この市貝町でも多くは民間の斎場利用と火葬へと急速に変化していき、組の手伝いや野辺送りなどの葬送儀礼は消滅していった。それでも、死者が出るとまず「お寺さん」（檀家寺）に知らせに行き、家で枕念仏をあげてもらい、葬儀で引導渡しをしてから土葬を行なってきていた地元の人は、葬儀より先に火葬にする遺骨葬については「聞いたことがない」という。このような市貝町の現状も列島規模での葬儀の大きな変化の中の過渡的な状況の一例ということができよう。

（2）滋賀県甲賀市水口町の事例

古くから両墓制の習俗を伝承してきた近畿地方の滋賀県下や奈良県下の村落などでは近年まで土葬が行なわれてきていたが、一九九〇年代後半から急速に土葬から火葬へと変化してきている。前述したように、近畿地方の村落では、出棺は午後と決まっており、火葬場も午前中は稼働しない例が多い。そして葬儀は遺骸で行なわれ、葬儀の後に身体から「お性根」などという霊魂を抜いて文字どおり遺骸にしてから埋葬されるのが長い間の方式であった。土葬から火葬への変化がどのように起こっているか、滋賀県の村落を中心にその実態をみてみる。

滋賀県甲賀市では、平成一三年（二〇〇一）四月一日より甲賀広域斎場「甲賀斎苑」が設置された。その甲賀斎苑の設置とその利用対象となる旧甲賀郡水口町、信楽町、土山町、甲賀町、甲南町の五町の動向についてみてみる。

旧甲賀郡内には石部町、甲西町を加えて七町がある。ただ石部町と甲西町は大津市や草津市方面への指向性が強いため、甲賀広域斎場建設促進協議会には入らなかった。また、火葬場がなかった土山町、甲賀町、甲南町はとくに土葬率が高い地域だったという（米田　二〇〇二）。水口町（大正七年火葬場建設）、信楽町（昭和三八年火葬場建設）に古い火葬場があったが老朽化しており、甲賀広域斎場ができるとそれらは廃止された。

昭和六一年（一九八六）一〇月に、甲賀広域斎場建設促進協議会が関係五町によって設立されてから、平成九年（一九九七）九月に甲賀広域斎場事務組合が設立されるまでの動きは表15の通りであるが、平成一三年（二〇〇一）四月に開業するまでの時間が非常に長かったことがわかる。

それはいわゆる迷惑施設としての葬儀場付き火葬場をどこに建てるか、関係者の了解がなかなか得られなかったか

表15　甲賀広域斎場事務組合設立まで

1986年10月8日	甲賀広域斎場建設促進協議会が関係5町によって設立
1987年1月13日	斎場建設候補地の決定(甲南町大字葛木地先)
1987年1月～1995年12月	関係自治区および地権者への斎場建設の協力依頼
1995年12月20日	広域斎場に関わる関係自治区との合同会議
1996年4月18日	広域斎場対策連絡協議会が関係4自治区で設立
1997年7月4日	甲賀広域斎場基本計画の策定
7月～8月	関係5町において事務組合規約の議会議決
9月8日	甲賀広域斎場事務組合設立

らだという。構成五町の人口は、計画当初人口（平成八年）九万一八五八人、供用開始当初人口（平成一三年四月）九万一九〇八人、将来計画人口（平成二六年）一一万二七一〇人と想定されていた。その五町では、平成一三年（二〇〇一）四月一日からそれまで行なわれていた土葬を一斉に完全に中止し、全戸が火葬へと変わった。この年、水口町杣中地区では一年に六名が死亡したが、全員が自宅で葬儀を行なった後、甲賀斎苑で火葬に付された。この滋賀県旧甲賀郡の五町の事例では、土葬の中止と甲賀斎苑の利用という取り決めにしたがって、五町全戸が火葬へいっせいに変化したのが、他の地域にみられない特徴であった。

甲賀市水口町杣中　水口町杣中に住む芥川ひろさん（昭和四年〈一九二九〉生まれ）によると以下の通りである。平成一三年（二〇〇一）になって公営火葬場「甲賀斎苑」の利用が始まると、その当初、それまでの自宅からサンマイと呼ばれる埋葬墓地までの野辺送りが、自宅から寺までの野辺送りとなり、寺の葬儀で引導を渡すと、待たせてあった霊柩車で甲賀斎苑に移送されることになった。また、霊膳持ちと輿かきは白装束に藁草履を着用していたが、それも寺までで、車で約二〇分かかる甲賀斎苑に行くときには黒の喪服に着替え、履物も履き替えていくようになった。そうして、火葬をして帰ってきてからサンマイに焼骨を埋めにいく。そして、その翌朝、身内がサンマイに行き、死者に「オーイ、オーイ、オーイ」と声をかけ、木の墓標の上に生前使用していた帽子をかぶせ、杖をおいてくるハイソウ参りの儀礼も行なわれていた。

火葬に変化して石塔墓地の整備が進められた。芥川さんの家の場合、檀家となっている集落内の福量寺の裏の茶畑を整地してつくられた新しい墓地区画に納骨式の新しい石塔を建て、サンマイの山寄りのあたりに建てられていた旧い石塔も移転した。この杣中の場合、平成一三年にいっせいに火葬に変化した当初、火葬骨の処理については、サンマイに埋めて石塔には何も入れていない家や、サンマイと石塔の両方に入れる家、石塔に入れるだけの家など、納骨式の石塔の有無によって家ごとにいろいろな方法がとられたという。土葬の中止と火葬の実施は、町役場が決定したが、火葬骨の処理の仕方や墓地の整備については家ごとに決めることとされていたことがわかる。

芥川さんは、杣中で生まれ育った女性であり、両親や祖父母、親戚そして近所の人など何人もの死者を送ってきた。この土葬から火葬への変化のなかで、自身の死装束の腰に巻くための麻ひもや、死後、胸元に置く刃物のほか、女性の場合棺桶に入れることになっている自分が生んだ二人の子どものへその緒が入った桐箱、六文銭など棺桶に入れるものを袋に入れて用意していた。死に支度というと、都会の高齢者がするもののように思われるが、農村部でも葬送儀礼の大きな変化のなかにあって、これまでの慣習通りの支度を自分でしていた。長年、土葬が行なわれていた地域の場合、火葬への急な変化には不安があったことがうかがえる。

図48　自分が死んだときの用意をし，「あちゃらセット」といっていた芥川さん

甲賀市水口町岩坂　この水口町内で火葬を行なったのが一番遅かったのは岩坂地区（一八戸）である。土葬の最後は、平成一〇年（一九九八）に亡くなった人で、その後平成二〇年（二〇〇八）までの一〇年間この岩坂では亡くなる人がいなかった。平成二〇年に一年に四人が

図49　水口町岩坂のサンマイ．2010年当時はここに焼骨が埋められていた

亡くなり、いずれも甲賀斎苑で火葬にされた。村内の閑宝寺（浄土宗）に家々の石塔があるが、納骨式になっていないので焼骨は四人ともそれまでの埋葬墓地サンマイに埋めた。その後、平成二四年（二〇一二）に亡くなった人も焼骨を土葬の時と同じようにサンマイに埋め、墓上装置もそれまでと同じようにツカダケと呼ばれる竹を伐ったものをヤライのように数本立てる設えを施していた。その後、平成二八年（二〇一六）に閑宝寺の庫裏の改築が行なわれるのとあわせて、「墓もつくり直そう」ということになり、寺の境内に隣接する山側を墓域として造成し、全戸が納骨式の思い思いの形の石塔を建立してサンマイから持ってきた土を納めた。この事業を推進した区長によれば、「サンマイはもう行く必要がないところ」ということであった。

二〇一三年四月一日をもって土葬から火葬へと一気に変化したこの甲賀郡の五町のなかでも、火葬骨の処理の仕方は家ごとあるいは集落ごとの課題であり、サンマイを維持するケースと、新たに納骨式の石塔を建立するケースなどがみられるのが現状である。

以上のような、一九九〇年代までは土葬であったのが、二〇〇〇年代になって急速に火葬へと変化した事例について指摘できることは以下のとおりである。

（1）栃木県芳賀郡市貝町田野辺の例では、平成一八年（二〇〇六）三月にその家で初めての火葬で、旧来の葬儀を継承しながらも、出棺後、火葬場への往復の時間を待って野辺送りが行なわれるという過渡的なかたちが観察された。

（2）滋賀県甲賀市水口町では町内に旧式の火葬場があったが、それは市街地の住民以外にはほとんど利用されずに長い間土葬が続けられてきていた。それが平成一三年（二〇〇一）四月一日から行政の指導によりいっせいに新しく設立された甲賀広域斎場「甲賀斎苑」を利用する火葬へとかわった。それにともない葬儀も墓も事例ごと家ごとに多様な選択と変化がみられる過渡期にある。

5 小括

以上、各地の土葬から火葬へという変化について、一つは戦後の昭和三〇年代から昭和四〇年代という画期、もう一つは最近の平成の二〇〇〇年代に入ってからという画期、という二つの大きな変化の時期に注目して、地域的には東北地方から九州地方まで関東や近畿も含めて、それぞれの地域社会での公営や私設火葬場の設置とそれへの対応について整理してみた。

ここで、旧来の土葬と火葬に対する新たな火葬の採用による変化のあり方について整理してみると、次のようになる。

Ⅰ　旧来の土葬→新たな火葬（公営火葬場や私設火葬場の火葬炉の使用）

A：遺骸葬　栃木県や滋賀県などの例

B：遺骨葬　東北地方や九州地方、志摩地方などの例

Ⅱ　旧来の火葬→新たな火葬（公営火葬場や私設火葬場の火葬炉の使用）

A：遺骸葬　石川県、愛知県、広島県などの例

B：遺骨葬　なし

つまり、新しい火葬の採用と普及によって、遺骸葬と遺骨葬という二つの選択肢が現れてきたのであった。そして、遺骨葬というのはⅠの場合にのみみられたのであり、Ⅱのもともと野焼きなどと呼ばれる村での伝統的な火葬が行なわれてきていた地域では、遺骨葬は現れていなかったことが注目される。葬儀は遺骸で行ない、引導をわたすなどの宗教的儀礼を経てからでなければ火葬にできないという考え方が根強く伝えられていたのである。それらは石川県、愛知県尾張地方、広島県安芸地方などの例である。

そして、Ⅰの遺骨葬の事例からは、旧来の土葬のときには見えなかったことであるが、新たな火葬と遺骨葬の採用という民俗の変遷という現実の前では、むしろ檀家寺の住職による葬儀（読経・お性根ぬき・引導わたしなど）が形式的な儀礼であるということが浮き上がってきたのである。

さて、本章において、それぞれの地域で指摘できたことは、先に箇条書きで示しておいた通りであるが、そのような中でも比較的注目された点をあげれば、以下のとおりである。

（1）東北地方の秋田県下でも九州地方の熊本県下でも共通していたのは、昭和二〇年代から三〇年代にはすでに旧式の火葬場が建設されていたということ、しかし当時はまだあまり稼働率は高くはなく旧来の土葬が広く継続されていたということである。そうした状態を一気に変えてすべて火葬へと移行したのは新式の公営火葬場が改築整備されたことによる。その新式火葬場の改築や建設は、秋田県三種町域では昭和三九年（一九六四）頃重油式の後、昭和六二年（一九八七）に新しい火葬場が建設され、熊本県大津町域では昭和六〇年（一九八五）、熊本県荒尾市域では昭和三六年（一九六一）に重油式になった後、平成二年（一九九一）に新しい火葬場となった。三重県鳥羽市でも昭和四五年（一九七〇）の後、新しい火葬場が建設されたのは昭和六二年（一九八七）であった。これらは一九八〇年代の動きであった。

（2）その一九八〇年代から一九九〇年代までまだ土葬が継続されていた地域が日本各地に存在したが、それらもすべて二〇〇〇年代になるといっせいに火葬化が進んだ。それはたとえば、三重県鳥羽市域から志摩市域にわたるエリアで平成一六年（二〇〇四）から続々とオープンした葬祭場セレモの利用、滋賀県下での平成一三年（二〇〇一）開業の甲賀広域斎場「甲賀斎苑」の利用、栃木県市貝町域での平成二〇年（二〇〇八）頃から始まった葬儀社の会館の利用、秋田県三種町の平成二二年（二〇一〇）開業のJA葬祭ホールの利用など、全国的に起こってきた葬祭ホールを利用する葬儀の広まりによるものである。それは野辺送りやアトミラズなどかつて地域ごとにさまざまな伝承がみられた多種多様な葬送習俗の多くを廃絶させるものとなり、それと同時に葬儀の簡便化と画一化を進めるものであった。

（3）東北地方の秋田県三種町域や九州地方の熊本県荒尾市や大津町、鹿児島県上甑島平良の事例、また三重県鳥羽市神島の例などを追跡してみると、昭和四〇年代に火葬化が進んだ地域（三種町域、荒尾市、大津町など）も、昭和五〇年代に火葬化が進んだ地域（平良、神島など）も火葬化は同時に遺骨葬につながるものであったことが明らかとなった。一方、二〇〇〇年以降火葬化が進んだ関東地方の栃木県市貝町の事例では遺骸葬が二〇二三年現在も維持されており、誰に聞いても「葬式しないで焼くなんてことはない」といい、遺骸葬へのこだわりは強い。また、滋賀県下の事例など近畿地方では遺骨葬はみられないという傾向性が指摘できる。浄土真宗地帯でもある北陸地方の福井県や石川県、また中国地方の広島県など伝統的な地域ごとの自前の火葬を行なっていた地方では旧来の「葬儀の後の火葬」という方式がかたく維持されている。

遺骨葬を選択した事例では、よく観察してみると従来の野辺送りを維持してきているということもその特徴である。そこには、遺骸であっても焼骨であっても、その遺体の形状に関わらず、葬儀を行なうまでは霊魂は遺体や遺骨の近くにまだあるものという意識が強いことが指摘できる。それに対して、遺骸葬を維持している事例では、栃木県市貝町のような火葬化の初期の事例を除いて多くの場合、野辺送りは省略されている。ただし葬儀での僧侶による引導渡しやお性根抜きの儀式をしなければ遺骸を埋葬できないという意識のもとに、先に遺骸を火葬することはできないという、遺骸からの霊魂の分離の儀礼を重視しているのが特徴である。

（4）土葬から火葬へという大きな変化の中では、それぞれの地域社会で伝承されていた死生観や遺体・霊魂観が顕在化する、とみることができる。たとえば、熊本県荒尾市域や大津町域の事例でみられたような、腐乱した遺体をわざわざ掘り起こしてでも火葬してそれらを新しい納骨空間に移し安置しなければならないという遺体への強いこだわりである。また、秋田県三種町域などのアトミラズの伝承の中に潜在していた遺体送りと霊魂送りの両者が必要であるという遺体と霊魂の両者への強いこだわりである。土葬から火葬への大変化の中で、それらがいわば伝承の果てのいわば「燃え尽き前の一光り」のように顕在化しているのをみることができる。

（5）遺体重視の伝承的観念が存在した熊本県荒尾市域や大津町域の事例では、火葬の普及にともない墓地の変化に三つのタイプがみられた。第一は個家別石塔の下部に大型の納骨施設を備えた大型石塔の建立、第二はそれぞれの下部に納骨空間を備えて横に一つながりになった連結式石塔の建立、第三は共同利用の大型納骨堂の建設、である。第二は戸数の比較的少ない集落で選択されている傾向を指摘できる。そうした遺体重視の社会では、土葬の時代にはお盆や彼岸などの墓参の機会に死者を個別に意識して供養し交流することができたが、火葬納骨方式になって個別の死者を意識する供養ができないなどの違和感が大きいということが語られている。

（6）古くからの土葬から、地域での主体的な選択による火葬の採用へ、そして広域での新たな公営火葬場の利用へと変化した上甑島の平良の事例でも、火葬の採用は遺骨葬の採用であったが、土葬のころと同じように遺骨は自宅から出棺して寺へ行って葬儀が行なわれ、そのあと墓地まで野辺送りが行なわれるという方式は継続している。その平良では経済的な負担の少ない自治会葬が継続されていた。ただし、地域力という観点からすれば、先に指摘しておいたようにこの平良の事例では自治会長の梶原氏のような個人の力量が集落自治の中で大きな意義をもっているという点も指摘しておく必要がある。

(7) 日本各地で一九八〇年代半ば以降一九九〇年代に先行した新型火葬場の建設、二〇〇〇年代にそれに続いた新たな葬祭ホール利用の普及、それが現代日本の葬送習俗の変化の現状である。伝統的であった土葬や火葬から新たな効率的な公営火葬場などの利用による火葬への変化の中で、個々の葬儀の現場では過渡的な試行錯誤的な事象が現実化しているのが現状である。遺骨葬を選択したか、しないか、についてみると、読経念仏という仏教的な儀式を遺体と霊魂の処理において必須としていたか、いないか、という点が浮かび上がってくる。つまり、葬儀をめぐる民俗のなかで遺骨葬が採用された事例では仏教的な読経念仏とお性根抜きや引導渡しの儀礼がなくても遺骸を焼くことができる、焼骨にしてからでも読経念仏の仏教儀式をすればそれでよいと考えられていることがわかる。

二〇一九年からの新型コロナウイルス感染症の拡大の影響を受け、農村部における葬儀は簡素化されていった。今後も簡便化と画一化の葬儀の普及へと向かうことと思われるが、その場合でも日本各地で存在していた個性的で伝承的な葬送をめぐる習俗と観念とがどのようにかたちを変えながらも伝承されていくのか、民俗学はその動態を追跡しつづけていく必要がある。

第三節　火葬の普及と両墓制の終焉

近畿地方の村落では、それまでサンマイと呼ばれる埋葬墓地を利用していてとくに石塔を建てる習慣がなかった、いわゆる無石塔墓制であった地域も少なくなかった。そのような無石塔墓制であった地域でも、土葬から火葬への変化に伴い、最近では集落近くに新たに石塔を建立するようになってきている。両墓制や単墓制についてのこれまでの民俗学研究は、その墓地景観、石塔という要素の付着の仕方など、石塔の存在を前提になされてきた。しかし、実際には石塔を建立していなかった村落も少なくなかったのであり、それがいま急激な火葬の普及の中であらためてそれに対応するための一つとして石塔墓地を造成する大きな変化が起こっているのである。これは死穢忌避観念の希薄化もしくは消滅化とも関連する大きな変化である。

1　火葬の普及と石塔墓地の新設―滋賀県蒲生郡竜王町の事例より―

滋賀県蒲生郡竜王町は、日野川の西側に水田が広がり、町の周囲をなだらかな丘陵で囲われた地形をなしている。町の中心に位置する綾戸に、苗村神社という「苗村荘」と呼ばれてきたこの地域一帯の総鎮守社がまつられており、この苗村神社の祭礼への奉仕は、綾戸、田中、島、駕輿丁、川守、岩井、薬師、七里、鵜川、橋本、須恵、弓削、川上、信濃、林、庄、浄土寺、倉橋部、山中、小口、上畑ほか、合計三十余郷が宮郷を形成して行なわれてきた（関沢二〇〇五）。

その一方、墓地についてみると、やはり複数の村落が古くからサンマイと呼ばれる共有の埋葬墓地を利用しており、奈良盆地にみられる郷墓に比べれば小規模ではあるが、やはり墓郷的な形態をとっているといえる。（表16・図50　各集落のサンマイと石塔墓地）

竜王町の場合、比較的長く土葬が行なわれてきた。昭和五六年（一九八一）に、八日市市と日野町で開苑した火葬施設をもつ布引斎苑を竜王町が利用するようになったのは、昭和六三年（一九八八）からであった。近隣の市町のなかでは一番遅かった。布引斎苑管内における埋葬率、土葬の残存率は、この一九八八年に三九・〇二%だった。一九九六年に一二・六六%、その後は二〇〇一年に一%台となり、二〇一〇年に〇%になっている。

昭和六二年（一九八七）に布引斎苑を利用するようになった永源寺町に住む男性（昭和二九年〈一九五四〉生まれ）は、「埋葬は近所の手を煩わすし負担が大きい。葬列で傘など掲げて遠くの辺鄙なところにあるサンマイまで行くのが大変だった。喪家の近所の者は二日間休暇をとることになっていた」、「永源寺町は冬は雪かきもしなければならなかった。火葬場があるなら使おうということになって、布引斎苑を使ってみたら圧倒的に楽になった」という。このように「あるなら使おう」といってすぐに土葬から火葬へ変化した例がある一方、竜王町では、布引斎苑を利用するようになってから、十年余り経った二〇〇〇年から二〇一〇年にかけてその利用が定着し、町内の各村落では土葬から火葬へという変化が起こってきた。表17のように、布引斎苑を利用する市町村の場合、平成二一年（二〇〇九）年度は一二九三人の死者のうち一件が土葬で、その他は火葬であった。こうして、その後はほぼ一〇〇%火葬の状態となっている。

この土葬から火葬へという変化にともない、竜王町内の各村落における墓地の利用がどのように変化してきているか、それについて、これまで苗村神社の地元の集落として死穢を避ける意味での聖域として墓地の建設がタブーとされてきた綾戸地区の事例、また、薬師地区にあるいわゆる山のサンマイを共同利用することで墓郷的なつながりを保

表16　各集落のサンマイと石塔墓地(地図と対応)

地名	集落内の寺	サンマイ	石　塔　墓　地
綾戸	正覚院(浄土宗)	A	サンマイの北側に田地を購入して造成．平成17年5月
田中	浄満寺(浄土真宗)	A	サンマイの西側を造成．昭和57，58年の耕地整理を機に
薬師	正念寺(浄土宗)	B	山薬師と早溝は，正念寺本堂前の「置き墓」だったが，後ろに石塔を移転．平成9年．
			山薬師の山添一統の古い石塔はそのまま集落の外れに．
			沖薬師は，薬師堂境内に石塔墓地を有していたが，正念寺へ徐々に移転．
七里	円覚寺(浄土真宗)	B	検討中．小口にある善法寺(浄土宗)の3軒だけが善法寺境内のほかサンマイにも石塔あり．他の家はなし．
鶉川	光浄寺(浄土真宗)	B	石塔はなかった．集落外れに石塔墓地造成．平成19年4月
橋本	三尊寺(浄土真宗)	B	石塔はなかった．集落外れに石塔墓地造成．平成10年3月
須恵	永正寺(浄土真宗) 仏光寺(浄土真宗)	B	石塔はサンマイに建てていた人もいるがない家も多かった．集落外れに石塔墓地造成．平成17年7月
弓削	正福寺(浄土真宗) 善久寺(浄土真宗)	C	石塔はなかった．サンマイの南側に霊園造成．平成19年3月
信濃	—	C	〃
川上	光明寺(浄土真宗)	C	〃
林	常信寺(浄土真宗) 正行寺(浄土真宗) 光照寺(浄土真宗)	C	〃
倉橋部	愛楽寺(浄土真宗) 西耀寺(浄土真宗)	C	〃
庄	願長寺(浄土真宗)	C	石塔はなかった．集落内に同朋墓(納骨堂)建立．平成19年5月
島	善方寺(浄土宗)	D	サンマイは元のまま．石塔は観音堂の所
賀與丁	東照寺(浄土宗)	E	サンマイは元のまま．石塔は地蔵堂の脇

平成22年（2010）調査

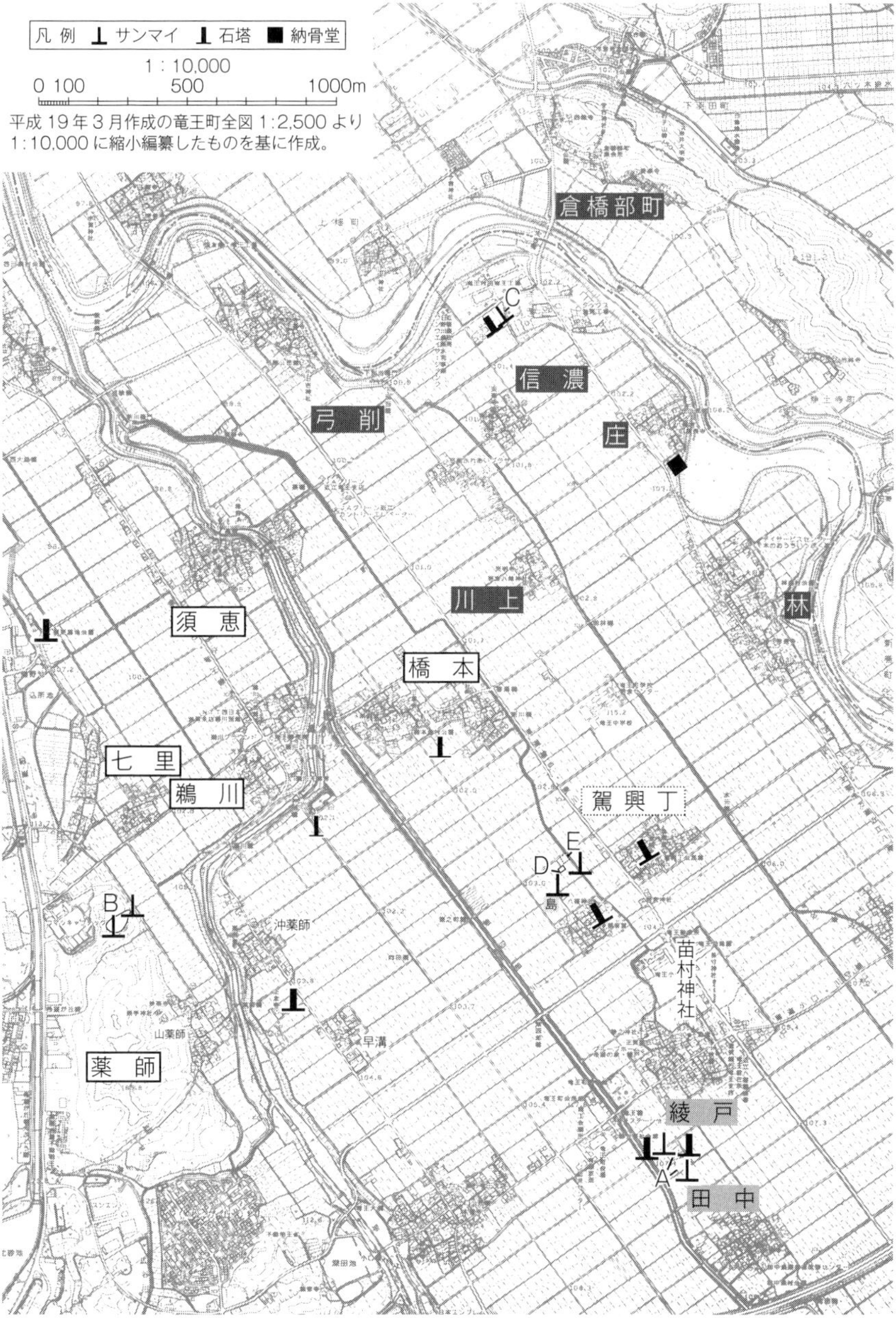

図50　各集落のサンマイと石塔墓地

表17　布引斎苑管内における死亡者数と埋葬件数の推移

年	死亡者数	埋葬数	埋葬率(%)
1981(1)	354	179	50.56
1982	473	225	47.57
1983	480	224	46.67
1984	402	144	35.82
1985	472	127	26.91
1986	440	146	33.18
1987(2)	734	244	33.24
1988(3)	1,025	400	39.02
1990	1,019	354	34.74
1991	1,944	320	16.46
1992	1,077	294	27.30
1993	1,100	253	23.00
1994	1,124	175	15.57
1995	1,116	177	15.86
1996	1,066	135	12.66
1997	1,085	102	9.40
1998	1,033	53	5.13
1999	1,116	32	2.87
2000	1,111	30	2.70
2001	1,090	18	1.65
2002	1,135	22	1.94
2003	1,118	9	0.81
2004	1,124	7	0.62
2005	1,145	6	0.52
2006	1,281	9	0.70
2007	1,288	7	0.54
2008	1,269	3	0.24
2009	1,293	1	0.08
2010	1,275	0	0.00

布引斎苑提供資料より
(1) 八日市市と日野町で開苑
(2) 八日市市，日野町，永源寺町，五個荘町，能登川町，蒲生町，安土町の1市6町の利用となる
(3) (2) に竜王町が加わり，1市7町の利用となる

ってきていた薬師、橋本、鵜川、須恵、七里の五カ大字の動向と、やはり墓郷的な結合を見せていた弓削、川上、信濃、林、庄、倉橋部の六カ大字の動向について、それぞれの事例の分析を試みることにする。

(1) 竜王町綾戸の石塔墓地の造成

苗村八幡神社の地元の綾戸では、「苗村神社の八丁四方は神社の聖域」といわれており、埋葬墓地を造ることができず、集落内の寺に石塔を建てることもできなかった。サンマイは隣りの田中の所有する地所を借りていたが、そこには石塔が建てられず、いわゆる無石塔墓制の形態であった。しかし、平成一七年（二〇〇五）にサンマイの北側の水田を綾戸区が購入して、初めて石塔墓地（綾戸霊園）が造成された。

このいわば歴史的な決断の背景には次のような経緯があった。平成八年（一九九六）に、竜王町内で役場の働きかけにより共同墓地の建設計画について各集落で話し合いを行なうことがあった。竜王町内で先に霊園を造成した集落があったがその時その集落の役員が亡くなったということが話題になった。また「綾戸のお地蔵さんを動かしたときも人が死んだ」などという古い話も出てきて、当時の区長（昭和一二年〈一九三七〉生まれ）も「気持ち悪いので、ちょっと……」ということで、墓地をつくる話は一度立ち消えになっていた。竜王町が計画していた大型共同墓地の建設予定地も決まっていたが、集落ごとの意見がまとまらず中止となった。

その後、平成一四年（二〇〇二）に新しい区長（昭和一六年〈一九四一〉生まれ。平成八年当時副区長）が綾戸霊園の建設を再度提案し、賛成六三票、反対八票で可決された。集落内では、年配者には墓地の造成に反対の意見が多かったが、総集会に出席するのは若い壮年世代であるから、投票では賛成が多かったのである。同年一二月二一日に綾戸墓地公園建設委員会（委員長は布施元一さん）の初会合が開かれた。設置場所、用地、費用について話し合われ、一二月二三日にはサンマイの北側の水田を田中から購入するための仮契約を結んだ。同年一二月に墓地準備委員会ができた。そしてそれまで田中からの借地であったサンマイの北側の田地を買って、綾戸の墓地の造成を行なったのである。造成に際しては、竜王町から補助金が出された。ちょうどこの頃、竜王町では石塔墓地を造るのが「ブーム」のようになっていたともいう。

図51　火葬になって新設された綾戸霊園（2010年）

翌平成一五年（二〇〇三）一月二日には、竜王町周辺市町の先に造成されていた霊園墓地（愛知郡愛荘町目加田、蒲生郡安土町豊浦、東近江市福堂、竜王町橋本他）の見学を行ない、新しく作る綾戸霊園の参考にした。平成一六年（二〇〇四）五月三日に地祭りが行なわれた。その後、墓所の配分と申し込み方法についても決められた。平成一六年一一月一四日の委員会では、綾戸と田中の双方の役員とが相互立ち会いのもとで境界線の確認が行なわれ、ほかに無縁仏の設置場所、墓の向きについてなどが協議された。向きは東向きに決定された。そうして計二七回の委員会が開催され、平成一七年（二〇〇五）七月一七日に竣工式が行なわれるにいたった。そうして平成一七年三月に「旗鉾綾戸霊園」が完成し、くじ引きで各家の区画が決められた。また同時に旗鉾綾戸霊園管理組合規約も作られ、組合によって墓地の管理運営がされることになった。墓地使用・管理規定には、この墓地では、墓碑や形像類について高さの制限のほか、墓碑を建てる場合には境界線との間に一〇㌢以上の距離を保つことや、墓所に垣根や植栽をしてはならないなどの施設に関する制限が設けられ、また、清潔と尊厳維持のために、生花、造花、その他の供物は必ず持ち帰り、墓所内に放置しないことも使用者の順守義務とされている。

氏神の苗村神社への強い死穢忌避観念が伝えられてきたこの綾戸で、初めて墓地を造るというのは難しい問題であったことは想像されるが、これをリードした一人が福田耕三郎さん（昭和二年〈一九二七〉生まれ）であった。綾戸では、平成九年（一九九七）頃から少数ではあるが火葬も行なわれてきていたが、焼骨はサンマイに埋葬されていた。村の人の記憶によれば、土葬から火葬の採用へという変化については、平成一七年（二〇〇五）三月にこの石塔墓地ができる以前に火葬を行なったのは、平成九年四月に亡くなった女性（七六歳）、平成一二年（二〇〇〇）九月に亡くなった女性（八九歳）、平成一三年七月に亡くなった女性（九三歳）の三人で、いずれもサンマイに穴を掘って白木の箱に入れられた火葬骨が埋められた。しかも、土葬のころに「早く土にかえるように」と、墓地でいったん棺の蓋をあけて「最後の別れ」といって、中に土を入れてから埋葬するという習慣があったため、それと同じように火葬骨の場合も、白木の箱の蓋をいったん開けて、中に土を入れてから埋めたという。

綾戸では、平成一六年（二〇〇四）四月二九日に亡くなった男性（八九歳）が、サンマイに土葬された最後の人物であった。その後、平成一七年三月に石塔墓地が完成し、石塔墓地の分譲区画を購入したものの、まだ石塔を建立していない家の場合、火葬骨はサンマイに埋められている。このような過渡期の状態が続いていた。

その過渡期のなかにあって、福田さんは、若い壮年世代と年配者とをつなぐ役割を果たしたのである。新しい墓地で一番先に建てられた石塔も福田家の石塔で平成一七年一〇月に建てられた。息子の福田清次さんによれば、父、耕三郎さんの先代が亡くなって二五年くらい経ったので、それをきっかけに、「（耕三郎さんが）生きている間に先祖さんの供養ということで、アニ（跡取り息子）と一緒に建てたほうがいいということで建てた」という。

綾戸では石塔を建てる時には、サンマイから小さいスコップで土をすくって石塔のほうに納めたといい、先の熊本県の事例のように、埋葬場所を掘り起こすということはしなかった。サンマイは共同利用だったため、墓穴を掘っているときに遺骨が出てくるが、その場合にはサンマイのそばを流れていた川の茂みに捨てるなどしたという。それくらい遺骨に対する執着はなかったことがわかる。熊本県の事例とはまったく異なる対応であった。しかし、火葬に対しては「お父さん、お母さんを焼くなんて」といって受入れがたい違和感を語る年配者もいる（青木武さん〈昭和一六年〈一九四一〉生まれ〉ほか）。石塔墓地が造成され、サンマイへの埋葬という方式は終焉を迎えたが、綾戸では、「五〇年たたないと土饅頭を平地にできない、さわれない」と異口同音に言われており、サンマイの掃除などは従来通りに行なわれている。また、田中に対して残っていた古くからのサンマイの借地代の支払いもまだ続けている。

以上の調査により、この綾戸において土葬から火葬へという遺体処理の変化とともに起こった点をまとめるならば、第一に、石塔墓地が村内に初めて造成されたことである。これは「苗村神社の八丁四方は神社の聖域」といわれてきたタブーが破られたことを意味している。清浄にして神聖なる神社祭祀の場の確保と慎重なる死穢忌避というこれまで伝統的であった観念の希薄化という重要な変化が起こっているといえる。

第二に、葬送儀礼の大幅な省略化が進行したことである。それまで自宅での葬儀の後、寺まで野辺送りをして、寺引導を行ない、土葬の場合には家族と親族だけがサンマイへ行くとか、火葬場を利用する場合でも、寺引導を行なったのちに寺から霊柩車にのせて布引斎苑に行くかたちであったのが、最近では家で引導渡しを行なうと家の前からすぐに霊柩車にのせるかたちとなり、寺までの野辺送りと寺引導とが省略されてきている。このように家引導だけで行なわれた例は、平成一七年（二〇〇五）九月一〇日に亡くなった男性（九三歳）の葬儀の時が初めてで、それ以降の葬儀ではほとんどが家引導ですませる形に変わってきている。そして、野辺送りの省略に伴って、喪主はハクチョウ（白丁）と呼ばれる白い上着を着用することがなくなった。

第三に、葬儀におけるつき合いの変化が起こっていることである。綾戸には、古くから葬儀の時だけ親類に準じた役割を果たす手伝いをするソウシキシンルイ（葬式親類）と呼ばれる「隣りの二、三軒ずつ」の組織があった。これは親類とはいうものの、血縁的関係者ではなく、また家ごとにその範囲はずれており、その歴史を反映して複雑であった。これまでは、死者が出るとまずそのソウシキシンルイに連絡をして段取りをしてもらうものであった。とくに、寺からサンマイまでは親類で送っていって埋葬を行なうが、ソウシキシンルイはその役目も担ってきた。しかし、二〇一〇年、区長を中心に仏事に関する生活改善規約の検討が行なわれ、その中で「葬式親類は廃止とする。特例として親戚が他所だけの場合は、葬儀の相談を隣人に受けるために携わって頂くことを認める」、つまり、葬式親類は綾戸内に親戚がいない場合は継続するものの、それ以外は廃止するという案が、一〇月の集会で審議され、承認された。

第四に、墓参の習慣がまだみられないという点である。石塔を建てる習慣がなかったこの綾戸では、新たに石塔墓地が建設された後も、二〇一三年の調査時点では、盆に石塔墓地に墓参を行なう習俗が確認されていない。綾戸では、サンマイにも盆に墓参する習慣は古くからなかった。お盆には、八月一三日の夕方に集落の近くを流れている川まで先祖を迎えに行く家もあるが仏壇に線香をあげるだけの家もある。一六日に先祖の霊を送るときは、ショーライナガシ（精霊流し）といって、やはり近くの川に線香をあげに行く家もあるが、それもしない家もある。これから後は次第に石塔墓地へ墓参する人が増えてくる可能性がある。それが二〇一五年の現状であり、この事例も長い土葬の伝承から新しい火葬へという変化の中での過渡的な現状であろうと考えられる。

以上、綾戸の事例からは、土葬から火葬へという遺体処理の方法の変化にともなって、石塔墓地の建設が行なわれたほか、寺引導や野辺送りなどの葬送儀礼の省略、葬式親類の廃止など家ごとのつき合いの変化、などが起こってきていることが確認された。その一方で、新しい要素である石塔墓地への盆の墓参がまだ行なわれていないという点や、近隣の市町に葬祭場が建設されても、やはり「綾戸には葬祭場は無理だろう」という人びとの語りがあり、石塔墓地の造成は実現したものの、伝統的な苗村神社に対する信仰的な配慮が人びとの意識の中に継承されている点も民俗伝承の動態という観点からは注目されるところである。

（2）竜王町薬師の郷墓利用の変化

これまで薬師の村外れにある山のなかの大型共有埋葬墓地、サンマイを利用してきたのは、薬師、七里、須恵、鵜川、橋本の五集落である。山の斜面の階段をあがって北側が薬師、西側の斜面が七里、鵜川、橋本、須恵の各区画で、それぞれ村ごとの埋葬場所が区画されている。薬師の区画ではさらに家ごとに区画が決められているが、橋本などの場合、家ごとの区画はなく、古くなり空いているところに次々埋葬するかたちがとられていた。サンマイの土地は、薬師にある正念寺（浄土宗）の所有で、利用している家々は寺に使用料を納めている。この五集落においても綾戸と同様に、旧来の土葬から火葬へと変化したが、集落ごとの対応は次のようであった。

薬師　薬師は、山薬師、沖薬師、早溝の三つの地区に分かれている。山薬師（二八軒）は、サンマイのある山際の集落で、遺体はサンマイに土葬し、正念寺の本堂の前にオハカと呼ばれる石塔墓地をもっていた。また山際一統と呼ばれる八軒だけは集落の外れのほうに石塔墓地を有していた。沖薬師（約三〇軒）も、薬師のサンマイに土葬し、オハカと呼ぶ石塔は沖薬師の集落内にある薬師堂境内に建てていたが、平成一〇年（一九九八）の正念寺の本堂の建て替え以後は、その正念寺境内に移転したり、新しくできた境内墓地に石塔を建立したりしている。平

図52　薬師のサンマイ

成二二年（二〇一〇）の調査時点で薬師堂に石塔を残しているのは五、六戸程度であった。沖薬師の南東に位置する早溝では、薬師の山のサンマイに土葬し、正念寺境内にオハカと呼ぶ石塔墓地があった。

薬師のほぼ全戸を檀家にもつ正念寺は、平成一〇年一〇月に落慶法要を行なった。その一年前、平成九年（一九九七）に、本堂裏に石塔墓地を造成し、山薬師、沖薬師、早溝のいずれもが基本的にそこに石塔を建てて利用するかたちになっていったといえる。寺の有する石塔墓地の立地への吸引力の強さが特徴である。また、薬師では、「盆にはサンマイに行かないが、法事にはサンマイにお参りする」のが習慣となっており、法事の機会に正念寺の墓地に石塔を移動する家もあるという。薬師堂に石塔があった頃は、お盆の前の八月八日に薬師堂に墓参りをしていた。正念寺へ石塔を移転した後は、お盆の前にやはり「墓参り」といって、山薬師、早溝、沖薬師それぞれの地区の人たちは時

間を決めて正念寺にお参りをしている。たとえば二〇一〇年の場合、八月七日午後一時から山薬師、翌八日朝、早溝と沖薬師がお参りをした。その後、住職は薬師堂に行き、墓回向を行なった。お盆には、八月一四日の朝、川に鉦をもって先祖の霊を迎えに行く家もあるが、山添さん宅では「先祖はひとりで帰ってくる」といって、川には行かない。一五日の夕方、鉦をもって川に送りに行く。盆の期間、山添さんは、「一四日朝はおしんこ団子、昼はおうどん、一五日はソウメン、このほかオナスのお和えやお稲荷さんなど三食、献立が決まっている」という。また、盆礼といって、嫁にいった人をはじめその家から出た人たちが実家に帰ってくる。寺の住職はお盆の間に「オショライサン」といって檀家を一軒ずつ廻る。

つまり、この薬師の事例では、盆に墓参が行なわれるのはもっぱら石塔墓地であり、埋葬墓地のサンマイへは墓参の習俗がないことがわかる。そして「サンマイは一人で参ってはいけない」ともいわれている。しかし、「法事にはサンマイに行く」「新しく石塔墓地を建立する際にはサンマイの土を納める」ともいう。さらに火葬の普及とカロート付きの石塔の建立によってサンマイの利用が減ってきているが、人びとの間では「埋葬して五〇年は守《も》りをせんとならん」といわれており、サンマイを使用しなくなった家々も、今後五〇年は夏季の八月第一日曜日と冬季の年末の二回行なわれるサンマイの掃除に行き、土を盛り直したりして手入れをしていくという。ここには、このような近畿地方の村落における両墓制の基盤にある強い死穢忌避観念の継承と、その曖昧化へという変化が看取される。

橋本　橋本は七二戸の集落で、ほぼ全戸が集落内にある三尊寺（浄土真宗）の門徒である。サンマイから一番遠くに位置する橋本では、日野川を渡ってサンマイに行くが、自宅で葬儀をしたのち、村の人が寺まで野辺送りをすると、そこからは、身内と親戚だけで棺を運んで埋葬をしていた。徒歩で行っていた頃は、遠いため大変だったという。墓穴は葬儀の日の朝に近隣の組合の者が掘っておく。墓穴に坐棺を入れると、「最後の別れ」といって、早く土に帰るようにと、死者の頭にかぶせた笠のところまで土を入れて蓋をした。

橋本で最初に火葬をしたのは、平成五年（一九九三）に西村久一さん（昭和一二年〈一九三七〉生まれ）の父親が亡くなった時であった。西村さんは親戚と相談して火葬にすることにして、火葬骨はサンマイに埋めた。この橋本では、平成一〇年（一九九八）三月に「橋本・三尊寺墓地公園管理組合」によって、集落近くに石塔墓地が新たに造成された。橋本では薬師の山のサンマイに土葬するだけで、これまで石塔建立の習慣はなかった。そこで、初めて墓地を造ることになったとき、火葬場の布引斎苑の近くに造られている公園墓地を参考にして、集落の内外からなるべく見えないように目立たないように、低い洋式の石塔を建てて生垣を巡らせることになった。その画一的な石塔の様式を選択した理由は、墓地の近くに住む人が「墓石の高いのは目立っていやだ」というためだった。やはり墓地を忌避する感覚が残っているように見て取れる。また「墓石の大小を作らず、格差なく平均的にした」のだともいう。この場所はもともと「インドバ（引導場）」呼ばれていたところであった。橋本では石塔墓地が設けられていなかったが、集落の中や田畑にはたくさんのお地蔵様が埋もれていたという。それらは、西村さんによると、平成六年（一九九四）頃に行なわれた圃場整備の際、三尊寺の裏に集められた。平成一七年（二〇〇五）に三尊寺は本堂を改築し、落慶法要が行なわれたが、その際、集落内に散在していた一石五輪などの大小の石塔も本堂の裏に集め、「お地蔵さん」と呼んで八月二三日の地蔵盆にまつっている。

図53　火葬になって新設された橋本の石塔墓地

竜王町内で「田んぼからたくさんお地蔵様がでてきた。あちこちに散在している」という話はよく聞かれる。土葬でサンマイを利用し石塔建立の習俗がなかったこの地域でも、もう一段階古い時代には一石五輪や箱仏などが集落内にも散在していたのである。中世以前のこの地の葬墓制は、近世以降と位置づけられる無石塔墓制や両墓制とはまた別の展開をみせていたものと推測される。こうして橋本では平成一〇年に新しい石塔墓地が造られて火葬骨はそこに納骨され、サンマイは使用しなくなったが、「墓標が消えるまではサンマイに行く」ともいわれており、夏と冬のサンマイ掃除は今まで通り行ないサンマイの土地使用料も納めている。

この橋本のように集落の近くに石塔墓地を新しく設けたのは、須恵の平成一七年造立の「須恵墓地公園」、鵜川の平成一九年造立の「鵜川墓地公園」なども同じであった。これらの墓地には同じ形式の石塔が同じ方向に並んでおり、家ごとの個性という面が抑制されており、集落内の石塔の斉一性が目立つというのがその特徴である。また、七里は、薬師の山のサンマイに比較的近い場所にある五〇軒の集落であるが、ほとんどが集落内にある円覚寺（浄土真宗）の門徒であり、この寺の境内に石塔はない。サンマイでは七里の埋葬区画の上方に石塔がまとめて建てられている。ただ、これはカロート付きの石塔ではないため、火葬骨はサンマイに埋めて木の墓標を建てている。七里のうちの三戸だけは小口にある善法寺（浄土宗）の檀家で、善法寺の境内と薬師の山のサンマイの両方に石塔を建立している。火葬化に伴う石塔墓地の建設については、平成二二年（二〇一〇）時点ではまだ検討が行なわれているところであった。

（3）三反開（弓削）の埋葬墓地利用の変化

弓削、信濃、川上、林、庄、倉橋部の六つの集落が、弓削の三反開と呼ばれる場所につくられていたサンマイを利用してきた。この三反開のサンマイは村ごとに区画が決められている。しかし、平成一九年（二〇〇七）三月に、このサンマイと道路をはさんだ南側の田地を購入して新たに石塔墓地「安らぎ霊園」が造成された。平成二一年（二〇

図 54　村につくられた庄の同朋墓

図 55　三反開のサンマイから土をとり，納骨堂に納めた．2007 年 5 月 26 日
（提供：吉田正敏氏）

〇〇）に石塔墓地造成の計画が立てられ、六集落のうち弓削、信濃、川上、林、倉橋部の五つの集落が造成を行なった。庄だけはこれを利用せず、まったく新たに集落内に「同朋墓」と呼ばれる納骨堂を建立することとした。

竜王町庄の納骨堂建設　庄は二七軒の集落で、全戸が集落内にある願長寺（浄土真宗）の門徒である。これまで庄は寺の境内にもサンマイにも石塔は建てていなかった。庄では、願長寺の住職の寺本隆さん（昭和一九年〈一九四四〉生まれ）を中心に、若い世代の人一〇人で建設準備委員会を作って、全国各地の納骨堂の見学を行なったという。そして村の広場に同朋墓を建設することとした。これについて、住職は「家が守れない時代になってきた。跡取りがいなくなっても大丈夫なように村で納骨堂を作った」という。平成一九年（二〇〇七）三月、サンマイの土を各家で骨壺に入れて持ってきて、五月二六日の落慶法要の時に同朋墓に合祀した。

庄では、自宅で葬儀をして、布引斎苑で火葬をしてくると、寺でおつとめをする。焼骨は二つの骨箱に入れられているが、おつとめの後、一つはその日のうちに同朋墓に納められ、もう一つは中陰（四十九日）まで家に置かれ、その後大谷廟に納めることになっている。その同朋墓の後部の棚に納められた骨箱は、三十七回忌までの好きなときに遺骨を骨箱から取り出して、同朋墓の前部下の穴の部分へ移して合葬される。また、同朋墓の正面右側の外壁には、納骨された人の戒名を刻んだプレートが飾られている。

庄では、平成六年（一九九二）に願長寺の本堂の改修が行なわれたが、その改修の話し合いの頃を機に、寺の世話役が若い世代に変わっていき、現在は寺六役（年齢的には昭和二八年〈一九五三〉生まれ前後）が代表になって寺の運営にあたっているが、この世代交代が実現したところで、住職の提案による納骨堂の建設についても理解と協力が得られたという。

このケースで注目されるのは、土葬から火葬への変化を機に、一つの集落がそれまで伝統的であった共同墓地のサンマイ利用から離れて、まったく新たな一つの同朋墓を建設したという点である。そして、その背景として、住職が門徒に対して強いリーダーシップを有していることと、その住職が「死の穢れなどない」と強調して人びとがそれに納得しているということである。それは、この竜王町一帯で共有されてきた根強い死穢忌避観念からの一足早い脱却としてとらえられる。同じ竜王町内のこれまでみてきた諸事例でも土葬から火葬へという変化と納骨施設の設置という動きの中でみられるのが旧来の死穢忌避感覚の希薄化である。それでもサンマイは毎年夏冬の掃除は続けていく、五〇年経たないと放棄できないという共通感覚が根強く残っているところと比較すれば、この庄の納骨堂建設にはやはり浄土真宗願長寺住職の強いリーダーシップとそれを受け入れている比較的若い世代の存在があるといえよう。

（4）水口町高山の納骨用の施設の例

これは竜王町内の事例ではないが、滋賀県の村落でサンマイを廃止して、村の納骨用の施設を建設したもう一つの事例をみてみる。甲賀市水口町高山は、三〇戸からなる集落である。昭和四六、七、八年（一九七一、二、三）に圃場整備が行なわれ、米田熊市さん（大正一二年〈一九二三〉生まれ）がその事業推進の委員長をつとめていた。その熊田さんによると、圃場整備の話は昭和四五年（一九七〇）頃に始まったという。高山は旧貴生川村に属していたが、その貴生川村の土地改良区のうち一番初めに圃場整備がなされた集落である。集落からはずれたあたり、近江鉄道の線路を渡ってすぐの杣川近くの水田の中にサンマイがあった。現在はそこに鉄塔が立っている。圃場整備でこのサンマイの場所も水田にすることになった。米田さんによれば、そこでサンマイの代替地を山のほうに求めたが、少し掘ると石がゴロゴロ出てきて、墓地の造成には向かなかったため、サンマイの移転をあきらめ、集落内にある光照寺（浄土宗）の境内に納骨用の施設を建設することにしたという。もともと光照寺の境内にオハカと呼ばれる各家の石塔が

図 56　光照寺の墓地

建てられていたが、火葬をした骨のうち、大きいのはみんな一緒に納骨用の施設に入れ、小さいのは自分のオハカに入れるようにした。土葬から火葬にすることについて、年寄りたちは「熱くてかなわん」と言って反対したという。しかし、米田さんは圃場整備委員会の委員長とともに区長（昭和四七〜四八年）も併任していたため、サンマイを廃止し、土葬から火葬に変えて納骨用の施設を利用するというかたちへの変革を進めた。

これについて、現在五人衆と呼ばれる高山の宮座の長老になっている米田さんは「先祖がしたものをやめたらあかんと思うけど、年寄は村の常会に行かないから、変わる、若い人が出席して変わる」と述べる。昭和四六年（一九七一）にサンマイを壊した。村の全員が参加したが、自分の先祖は自分で掘り起こすことにした。前年に埋葬した遺体も二体あり、当時はビニールに包んで埋葬していたので、ビニールの上から遺体をさわるとまだ肉が残っているのも

あったという。それらを含めて七つの棺に遺骸をまとめて水口の火葬場で焼き、焼骨はやがて光照寺の納骨用の施設にまとめて入れたことが強く記憶されている。水口の火葬場は、水口の町場から離れた新町二丁目四番に、大正七年（一九一八）に建設され、炉は二基あった。平成一三年（二〇〇一）に広域斎場が設置されると廃止となった。当時の米田さんの日誌には、「昭和四七年四月一一日　寺墓地区画割り相談。檀中総代と検討。四月一四日　納骨堂の第一期工事完了。百十二万」とあり、サンマイを壊した翌年の四月に納骨用の施設の工事がだいたい完了したことが記されている。それまで家で葬儀をして、寺引導をして、霊柩車で水口の火葬場に行っていたのが、二〇〇一年四月以降は甲賀斎苑を利用するようになった。

この高山の事例はそれまで圧倒的に土葬が卓越していた近畿地方の村落のなかで、昭和四六年（一九七一）という比較的早い時期に圃場整備との関係でサンマイを取り壊し廃止した事例であることが注目される。サンマイの廃止にともなって、従来の土葬から火葬へと変わり、その火葬骨はすでに各家が光照寺境内に建立していた石塔に納骨するのではなく、共同の納骨用の施設を建設してそこに納める方式が提案され、実現したのが特徴である。古くから当時までこの集落では、石塔とは納骨するための施設であるとは考えられてこなかったからである。なお、米田さんは、高山の農家の長男として生まれ、戦時中は衛生兵として九州でつとめていたこと、また終戦後は高山に青年団を作り、弁論大会に出場するなど弁が立つ人物であったこと、などから、サンマイの廃止に抵抗を示していた自分よりも年配の世代とは異なる教育や、死者や墓地に対する意識を有していた世代であったと思われる。まだ生々しい新しい遺体を掘り起こして移送したというのは、この一帯ではふつうは嫌がられる気味の悪い作業であったが、それをあえて行なったのは米田さんのおそらくは衛生兵の体験による知識と技能と実行力であったと推察されるところである。このような個性を有するリーダーの存在が、昭和四六年（一九七一）の斬新な改革を可能にしたものと思われる。

（5）小　括

以上をまとめると、以下の点が指摘できる。

第一に、公営火葬場の建設による、伝統的なサンマイへの土葬から新たな火葬へ、という遺体処理の変化にともなって、村ごとに遺骨納骨のための石塔墓地の造成が行なわれた。そこでは、近代以降、浸透してきていた死穢忌避観念の希薄化が、それを機に一気に加速している。なかでも「苗村神社の聖域」といわれていた墓地がなかった綾戸において石塔墓地が造成されたことはきわめて重要な事実である。

第二に、石塔墓地の設営にあたっては、サンマイに隣接した場所（綾戸、弓削、信濃、川上、林、倉橋部など）、寺の境内およびその付近（薬師）、村外れ（橋本、須恵、鵜川、庄など）などが選ばれている。これは、先に新谷尚紀が両墓制成立に関連して近世に石塔建立がなされたときに、石塔という要素がどこに付着していったかを分析して指摘したのと同じく、ハカ、テラ、イエ（ムラ）という石塔墓地立地への三種類の吸引力が、事例ごとに発動しているといえる（新谷　一九九一）。

第三に、土葬に慣れていた人たちが新たに不慣れな火葬を採用するとき、石塔などを建てていなかった人たちが新たに石塔を建てるとき、このような大きな変化の中では、石塔墓地の建設にあたってはそれこそ多様な考え方や対処がありえる。この一帯で選択されたのは、墓石が目立つのは嫌だといって、背の低い洋式の石碑で統一している事例（橋本）、昔は石塔はあまり光るのはよくないといわれていたという伝承もあるが今では逆に黒いピカピカ光る石碑を好んで選択している事例（須恵ほか）、跡取りがいなくなっても大丈夫なように、個々の家でなく村の納骨堂で供養するから石塔は不要だという事例（庄）などであった。

第四に、一般的に日本各地では都市部を中心に、先祖代々之墓という形式よりもむしろ個人記念の墓石が選択されている現在であるが、そのような一般的な流行とは逆に、これらの事例では、綾戸をはじめ薬師、橋本、鵜川、須恵、弓削などが新しく建立する石塔には「先祖代々之墓」と刻まれている。その一方で、同じ地域にありながら庄のように家単位ではなく村単位で死者をまつろうとする新しい動きもあり、極端な相違である。ただ、いずれにも共通しているのは、前述のように歴史的に長い間、石塔建立の習慣がなかったこの地域において、初めて石塔墓地の建設という事態に直面した村の人たちが、家ごとの選択、また個々人の選択を熟慮して行なうというのではなく、皆で協議して村としての集団的に選択と決定が行なわれているということである。筆者のこれまでの村の氏神の神社の宮座祭祀の調査のたびに観察されてきたように、何事も集落内の寄り合いで決定して集団として実行するという近畿地方村落における人びとの合意を形成する上での特徴が、この土葬から火葬への変化の中での対応にもあらわれているといってよいであろう（関沢 一九八六）。

第五に、土葬の時代に両墓制や無石塔墓制の習俗を伝承してきた強い死穢忌避観念の希薄化と喪失、その中でもサンマイへの根強いこだわり、そうした複雑な意識変化の中で、石塔建立という具体的な表象物による死者記念へという新たな形式の誕生という現象が、眼前の変遷として注目される。

第六に、この竜王町の諸事例では、火葬の導入にともなって、新たな石塔墓地の造成が村ごとの選択と決定によって行なわれ、納骨場所も全戸で共通しているという点が特徴的である。それは、たとえば平成一三年（二〇〇一）四月一日から、甲賀市甲賀町、甲南町、水口町、土山町、信楽町の五町が利用する広域斎場の甲賀斎苑が始動するとともに、土葬から火葬へと各町の集落全戸で一気に変わった中で、米田実が追跡しているそれら旧甲賀郡五町の事例では、火葬後の納骨の場所について、①火葬骨をサンマイに埋葬、②石塔の下へ納骨、③サンマイと石塔に分骨、という三つの中から喪主が選択している（米田　二〇〇二）という展開とは異なるものである。旧甲賀郡の事例のように遺骨の処理は家ごとの選択ではなく、集落ごとの選択に従っているのが竜王町の事例である。その旧甲賀郡の事例と竜王町の事例とを比較すると、竜王町の場合は、複数の集落が共同でサンマイを利用する郷墓的な形態が多かったこと、この地域では浄土真宗の門徒の場合には石塔を建立しない伝統が根強かったこと、それらによって、火葬の導入にともなって、石塔墓地の造成も村ごとの選択と決定によって行なわれた点が特徴的である。火葬の導入と無石塔墓制から石塔建立墓制への変化がこのような現象をもたらしているのであり、これも郷墓的な大規模墓地のサンマイの利用の仕方の変化の中の一つの傾向性を示すものと位置づけることができる。

2　サンマイ利用の変化と死穢忌避観念の潜在化

前述の竜王町の事例では、複数の村落による郷墓としての埋葬墓地の共同利用がなされてきたため、村ごとの石塔墓地や納骨堂の造成にあたっては、埋葬墓地サンマイを放置した事例（綾戸、弓削、信濃、川上、林、倉橋部、薬師、橋本、須恵、鵜川、庄など）が多いのが特徴である。ただし、この竜王町ではサンマイを使用しなくなっても「五〇年はサンマイの掃除をする」ともいわれており、完全な放棄は考えられない状態になっているのである。そこで、郷墓としてのサンマイ利用ではない、個々の単独の集落でのサンマイ利用の事例について追跡してみると、次のような事例が注目される。

滋賀県長浜市西浅井町菅浦の石塔墓地建設　琵琶湖に面した湖北地方に位置する菅浦は、集落の東西の入り口にある四足門、または要害の門、とも呼ばれる屋根を葦で葺いた門が知られている。埋葬墓地のサンマイは、東の門の外にある。平成二三（二〇一一）年四月、そして平成二五年（二〇一三）七月にサンマイを訪れると、すでにもうサンマイは使われておらず、古くに棺の周りに置いた琵琶湖の石がごろごろしていた。サンマイは放置されている状態であった。「公園にしようかという話もあるが、仏さんを掘り起こさんといけないので、手をつけられないでいる」という。

この菅浦では、昭和六一年（一九八六）四月に島内悦路さんの父親が亡くなった時、初めて火葬が行なわれた。西浅井町山門《やまかど》に火葬場ができている。その火葬骨はサンマイに埋葬されたが、その後、昭和六一年六月に島内家では石塔を建立した。地区の安相寺（浄土真宗西本願寺派）は島内さんを含め、菅浦の二一戸が門徒になっている。昭和五五年（一九八〇）に寺の墓地の造成が行なわれ、二一区画に分けられた。この年に新しい石塔が三基建てられ、サンマイの山際にあった旧い石塔が七基それぞれの家の区画に移動された。石塔を建立する人は、墓域の奥から手前に順番に石塔を建ててきた。ほかにこの地区には、阿弥陀寺（時宗）檀家四二戸、祈樹院（曹洞宗）檀家二〇戸があり、祈樹院檀家では分骨して永平寺に行く人もある。真蔵院（真言宗）檀家二〇戸がそれぞれある。

図57　菅浦のサンマイ（2011年）

最近でも葬儀では家から霊柩車まで約一〇〜一五㍍、親類や身内が提灯、花、団子などをもって遺体を納めた輿を舁いていく。東の門のところにある六体地蔵に、かつてはサンマイまでの道に立てていた辻ローソクを束にして供えていく。これまで墓はサンマイ、寺は「願い寺」といわれて別々であったが、火葬になってからはサンマイに行くことはなくなった。二〇一三年の調査時点では、使わなくなったまま放置されているサンマイに対して、地区の人たちの間には非常に強い死穢忌避の感覚や観念が強いことが注目された。

この菅浦のように、火葬になってからもとの埋葬墓地サンマイを放置する事例に対して、東近江市木村のようにサンマイに石塔を建てて石塔墓地として再利用した事例もある。木村は約六〇戸の集落で、村外れにあったサンマイを火葬になってからあらためて火葬骨を納める石塔墓地にした。サンマイは家ごとに区画割りがなされていたので、そこに各家の石塔を建立することにしたのである。前述の熊本県下の事例のように埋葬されたところを掘り返したりはしなかったという。そのまま地上を再利用したのである。現状では、まだ旧来のサンマイの景観を残し伝えるような、地蔵と棺台、大木の跡、木の墓標などもいくつか残っている。この墓地にある新しい石塔をみると、平成一五年（二〇〇三）に建てられたものが多い。木村では石塔墓地造成のための新しい土地を得るのではなく、もとのサンマイを石塔墓地として再活用しており、この場合、サンマイを放置した先の菅浦のような事例と比較すると、いわゆる生《なま》仏《ぼとけ》を連想させない石塔の林立する場所として、従来よりも死穢忌避の観念が希薄あるいは喪失されてきているように観察される。

また、伊香郡高月町西物部（現長浜市）では、もとは集落のはずれに埋葬墓地のサンマイとそれに隣接するかたちで石塔墓地を設けている、いわゆる両墓制の隣接型の景観が特徴的であった。ここでは、平成一一年（一九九九）に区の総意として墓地改修事業を決定し、平成一三年（二〇〇一）に着工、平成一四年（二〇〇二）にサンマイと石塔墓地との両方を整地し、西物部浄苑というまったく新しい霊園墓地を造成した。西物部では、かつてのサンマイはどこに埋葬してもよかった。その墓地を各家で全部掘り起こして収骨して、浄苑左奥の供養塔に納めた。

このように、旧来の埋葬墓地、サンマイと新たに必要となった火葬骨の納骨施設としての石塔墓地建設への取り組みは、それぞれの村落ごとに多様であることがわかる。(5)

3 火葬の普及と両墓制の終焉

近畿地方の農村部ではサンマイなどと呼ばれる共同の埋葬墓地利用が続けられてきていた。そして、その埋葬墓地に対して石塔墓地をどこに設営するかという選択肢の中で、墓域内に石塔を建てる単墓制、埋葬墓地に隣接して石塔墓地を設ける両墓制のいわゆる両墓隣接型、埋葬墓地とは別の場所に石塔墓地を設ける典型的な両墓制、埋葬墓地に埋葬するだけで石塔墓地を設けない、石塔を建てない、いわゆる無石塔墓制、という四つの類型が見出されてきていた。いまみてきた滋賀県竜王町の事例は、その多くが無石塔墓制の事例であり、長浜市菅浦の事例は両墓制の事例であった。民俗学が長くその研究対象としてきた両墓制はそうした土葬を前提とした墓制における分類の中にあったのだが、いまその土葬習俗が消滅し、新たな火葬が普及してきているのである。そこで起きている変化を読み取るには、第一に、旧来のサンマイなどと呼ばれる埋葬墓地のその後の活用か放棄かという問題、第二に、火葬が必然とする遺骨の処理の仕方の問題についてみておく必要がある。

その第一の問題については、埋葬墓地の利用が再活用か放置かという選択幅のなかで大きな差異がみられる。一つは、サンマイに隣接して、初めて納骨用の石塔墓地を新設するケースである。竜王町弓削などの事例がこれで、ほかにも東近江市葛巻《かずらまき》町（旧蒲生郡蒲生町）のサンマイに隣接して造成された「葛巻墓地公園」（平成二一年）のほか、数多くみられる。もう一つは、埋葬墓地サンマイだけを利用していて石塔墓地を設けていなかったいわゆる無石塔墓制のかたちの集落で、集落近くに初めて納骨用の石塔墓地を新設するケースである。これまでみてきた竜王町綾戸の石塔墓地の建設、同橋本、同鵜川、同須恵などの事例がこれである。さらにもう一つは、集落内の寺に石塔墓地を建設するケースもある。それが長浜市西浅井町菅浦、甲賀市水口町岩坂などの事例である。一方、このようにサンマイを放置するのではなく、サンマイをあらためて石塔墓地として再活用するケースもある。それは、東近江市木村の墓地などの事例であり、それらはサンマイを維持、活用しているケースととらえられる。また、納骨式石塔が建設されるまでの間、土葬の時と同じようにサンマイに火葬骨を埋納して、土葬の時と同じ墓上装置を作っている事例も多いが、それらはいずれも過渡的な方式であり、やがてはサンマイを放置して新たに石塔墓地を造成するか、またはサンマイを石塔墓地として再利用するかのどちらかになるものと思われる。以上のように、現状では、サンマイを放置して新たに石塔墓地を造成する場合と、サンマイを再利用する場合との二つがあることがわかる。

第二の遺骨と納骨の問題であるが、これらの村落にはこれまで石塔を設けなかった例が少なくなかった。それらの多くは墓参をしなかった。無石塔で、無墓参の事例が多くあった。土中に遺体を埋納すればそれで済んでいたのが従来の土葬であった。それが、まったく新たに大規模で新式の機能的な火葬場建設による急激な火葬化の波の中で、必然的に抽出されてくる遺骨、その処理を余儀なくされたのである。火葬骨の処理が不可欠になったのである。土葬から火葬になったことにより無石塔墓制の状態から納骨用石塔墓地の造成が、必要に迫られて急速に進んだのである。新たに石塔墓地を設ける場合、その立地は近世初頭に石塔が普及し始めたときと同じく、三つの吸引力と反撥力とを有しているということが観察されている。その三つの力とは、ハカ・テラ・イエ（ムラ）のそれぞれの吸引力と反撥力とである（新谷　一九九一）。いまみた滋賀県下の諸事例の場合、この三つの吸引力と反撥力とが、現在進行形の中にある石塔墓地の立地を決定しているといえるのである。

両墓制の研究史の中では、大間知篤三や最上孝敬による埋葬墓地と石塔墓地とが分かれているという景観への問題意識（大間知　一九三六、最上　一九八〇〈一九五四〉）から始まり、両墓制の成立を、石塔が普及する中世末から近世初頭の新しいものであるが、死穢忌避の観念は古代以来の古い観念とする原田敏明の見解（原田　一九五九）や、石塔建立以前には寺が詣り墓の代わりになっていたという竹田聴洲の見解（竹田　一九七一）も示された段階へと研究がすすめられた。原田、竹田ともに石塔が中世末から近世初頭以降の新しい要素である点に留意したわけであるが、原田は両墓制は新しい習俗だというのに対し、竹田は石塔建立以前は寺がその代わりになっていたのだといった点が異なっていた。それらを整理した新谷尚紀『両墓制と他界観』では、村落ごとの「埋葬墓地の設営の仕方」＋「石塔の付着の仕方」を二つの変数とし、石塔を中世末から近世初頭以降に普及した要素ととらえて、それが旧来の埋葬墓地にどのように受容されたのかされなかったのか、埋葬墓地に対する石塔の付着の仕方の上で、ハカ・テラ・イエ（ムラ）のもつ吸引力と反撥力との組合せによる変化形が、形態としての両墓制と単墓制として分かれているのであると論じた（新谷　一九九一）。そして、それまでの研究者の見解のように死穢忌避感覚の強かった時代とそれが緩んだ時代の墓制として両墓制と単墓制とを新旧の墓制の差としてみることはできないとした。つまり、旧来の埋葬墓地が基本であり、石塔普及以前か以後か、旧来の埋葬墓地の時代にも墓参の習俗があったのか否か、が問題であるとした。そうして両墓制という墓制を相対化して、単墓制や無石塔墓制をも含めた土葬墓制の中の変化形であるという視点の提示がなされたのであった。さらに、新谷「村落社会と社寺と墓地―両墓制概念の克服：奈良県都祁村吐山の事例分析より―」では、竹田が調査を行なった奈良県都祁村吐山を再び調査地とし、一つの村落に複数箇所ある埋葬墓地と石塔墓地の精密調査と石塔建立の歴史的追跡を行なった。そこからは、石塔の立地も埋葬墓地の中、隣接地、隔絶した場所（寺の境内や家の近く）など多様であり、また埋葬墓地の設営の仕方も複数のカイトの共有によるもの、一つのカイトによるもの、家単位のものまで多様であったことを確認している。そして、明治から昭和までの各集落の墓地の墓籍墓の精密調査を実施して、石塔の被建立者は全被埋葬人のうちごく少数であり一〇％程度であったことを明らかにした。それらの石塔はもちろん近年のような納骨用のカロートをもつ石塔ではなく、土葬に対応するものであった。そうして、吐山という一村落の墓制の精密調査によって中世末から始まり近世を経て近現代まで続く石塔建立の歴史を明らかにしたことによって、両墓制と単墓制という景観が併行して成立した過程が確認されたのであった（新谷　二〇〇四）。そして、それは両墓制と単墓制という概念の相対化という重要な論点の提示でもあった。この地域では埋葬墓地を集落から遠く離れた地点に設けるという死穢忌避観念は共通しながらも、石塔の建立は家ごとの事情と判断によることも判明した。この、両墓制と単墓制という概念の相対化、埋葬墓地の設営と石塔の建立の動向とを総合的にとらえるというのが、民俗学が独自に発掘した両墓制という習俗についての研究の一つの到達点であったといえる。

またさらに、死穢忌避観念については、拙著『宮座と墓制の歴史民俗』においても、宮座と両墓制が近畿地方の村落に多く伝承されている歴史的背景についての考察から、両墓制は、その近畿地方に濃密であるという分布の上での問題、それは民俗学で長く注目されてきた問題であったが、そこにも歴史的な背景があることが指摘された（関沢　二〇〇五）。それは、人類一般の死穢忌避観念Aとは別に日本の歴史の中で形成された平安貴族による摂関政治の構造的な産物である特別な死穢忌避観念Bに基づく触穢思想（新谷　二〇一三）の影響による神社祭祀における神聖性重視・清浄性重視に対応する葬送墓制における死穢観念・死穢忌避観念であるとして、その観点から宮座祭祀と両墓制の問題との関連を読み解いたものであった。近畿地方の宮座祭祀の場での死穢忌避観念には非常に根強いものがあり、その同じ村落での両墓制の調査と分析から導き出された、神社祭祀と両墓制習俗との民俗学による関係論であった。この観点によって、近畿地方の村落では集落からできるだけ遠い地点に埋葬墓地を設ける、石塔墓地でさえも集落から遠い地点に設けている、または石塔は建てない、ということを徹底している村落も少なくないことの意味が判明してきたのである。

近代以降、旧来の極端な死穢忌避観念の希薄化、喪失へと向かっている動向が注目される。それを一気に加速させているのが、一九九〇年以降の日本列島を包みこむような土葬から火葬への変化である。中世末から近世初頭以降に普及した石塔は、両墓制や単墓制や無石塔墓制という墓地形態を生み出したのであったが、この火葬化の波は、それらを解体させ、石塔その他の設営を必須とするいわば火葬納骨墓制を生み出してきているのである。そして、急激な火葬化の波とそれに続くいわゆる「ホール葬」という葬儀形態が生み出してきているのが、近畿地方村落を中心にかつて強烈であった死穢忌避観念の衰退化、喪失化という現象である。

注

（1）沖縄の洗骨習俗についての堀場清子『イナグヤナナバチ―沖縄女性史を探る―』（ドメス出版　一九九〇）の問題提起にも通じる民俗伝承の変化をめぐる問題である。

（2）香月靖晴氏による福岡県嘉穂郡筑穂町の調査による（国立歴史民俗博物館編　二〇〇〇）。

（3）『荒尾市勢要覧』一九五二年版によれば、市営火葬場利用状況は、昭和二一年五二九件、二二年三六三件、二三年三八六件、二四年四九二件、二五年三八八件、二六年三八三件であった。

（4）「火葬炉を重油式に改築　衛生課では火葬時間の短縮を計るため（従来の三分の一）火葬炉を重油式に改築工事を行っていましたがこのほど竣工、十一月十五日より使用することが出来ますので御知らせいたします」（『広報あらお』No.二〇四、一九六一年）とある。

（5）両墓制の終焉をめぐる問題では、朽木量が奈良県宇陀市菟田野上芳野地区の事例を報告している。火葬の普及によって、村内二カ所にあった石塔墓地を廃して、それまでの埋葬墓地（旧墓地）に近接して「さざんか霊苑」を開設した。その二〇〇五年制定の規約において「旧墓地を現状のままとし今後埋葬場所に石塔の設置を禁ずる」と明記されていることに関して、朽木は埋葬墓地の現状維持への強い意識に注目している（朽木二〇一二）。この事例も本書の論旨からいえばこの西浅井町菅浦の埋葬墓地を放置するタイプと考えられる。

参考文献

荒尾市史　二〇〇〇　『荒尾市史　環境・民俗編』
井上治代　二〇〇三　「人口流出・親子別居地域の墓祭祀の変容―鹿児島県大浦町調査から―」（『墓と家族の変容』岩波書店）
井之口章次　一九七九　「葬法の種類」（『葬送墓制研究集成一　葬法』名著出版）
大間知篤三　一九三六　「両墓制の資料」（柳田國男編『山村生活調査第二回報告書』守随一）
川嶋麗華　二〇二一　『ノヤキの伝承と変遷―近現代における火葬の民俗学的研究―』岩田書院
朽木　量　二〇二二　「両墓制の終焉と伝統の護持」（山田慎也・土居浩編『無縁社会の葬儀と墓―死者との過去・現在・未来―』吉川弘文館）
国立歴史民俗博物館　一九九九、二〇〇〇　『死・葬送・墓制資料調査』（東日本編一・二、西日本編三・四）
国立歴史民俗博物館編　二〇一一　『高度経済成長期とその前後における葬送墓制の習俗の変化に関する調査研究』討論集（二〇一〇年度研究会記録）
嶋田忠一　一九七八　「秋田の葬送・墓制」（三浦貞栄治・小林文夫・三崎一夫・嶋田忠一・武田正・山本　明『東北の葬送・墓制』明玄書房）
新谷尚紀　一九九一　『両墓制と他界観』吉川弘文館
新谷尚紀　二〇〇四　「村落社会と社寺と墓地―両墓制概念の克服：奈良県都祁村吐山の事例分析より―」（『国立歴史民俗博物館研究報告』一一二、のちに『民俗学の継承と発展』吉川弘文館二〇〇五年）
新谷尚紀　二〇一二　「3・11以降の霊魂観」（『ちくま』八）
新谷尚紀　二〇一三　「ケガレの構造」（『岩波講座　日本の思想　第六巻　秩序と規範』岩波書店）
鈴木岩弓　二〇一二　「東日本大震災時の土葬選択にみる死者観念」（『今を生きる―東日本大震災から明日へ！復興と再生への提言―』一人間として　東北大学出版会）
鈴木岩弓　二〇一三　「東北地方の「骨葬」習俗」（鈴木岩弓・田中則和編『講座東北の歴史』六　生と死　清文堂出版）
関沢まゆみ　二〇〇〇（一九八六）「村落運営と長老衆―甲賀北内貴の十人衆―」（『宮座と老人の民俗』吉川弘文館）
関沢まゆみ　二〇〇五　『宮座と墓制の歴史民俗』吉川弘文館

畑總一郎　二〇〇二「葬儀と墓制の変化―愛知県日間賀島における両墓制の崩壊・火葬の受容―」(『日本民俗学』二三一)
浜島町史編さん委員会　一九八九『浜島町史』
原田敏明　一九五九「両墓制について」(『社会と伝承』三―三)
竹田聴洲　一九七一『民俗仏教と祖先信仰』東京大学出版会
福ヶ迫加那　二〇一四「奄美大島宇検村における「墓の共同化」―田検「精霊殿」創設の事例から―」South Pacific Studies35(一)
三浦貞栄治　一九七八「青森県の葬制・墓制」(三浦貞栄治・小林文夫・三崎一夫・嶋田忠一・武田正・山本明『東北の葬送・墓制』明玄書房)
最上孝敬　一九五六『詣り墓：両墓制の探求』古今書院(増補版『詣り墓』名著出版　一九八〇年)
最上孝敬　一九八四『霊魂の行方』名著出版
柳田國男　一九九〇(一九二九)「葬制の沿革について」(『柳田國男全集』一二　ちくま文庫)
柳田國男　一九九〇(一九四六)『先祖の話』(『柳田國男全集』一三　ちくま文庫)
米田実　二〇〇二「大型公営斎場の登場と地域の変容―滋賀県甲賀郡の事例から―」(国立歴史民俗博物館編『墓と葬儀の現在―民俗の変容―』吉川弘文館　二〇〇二年)

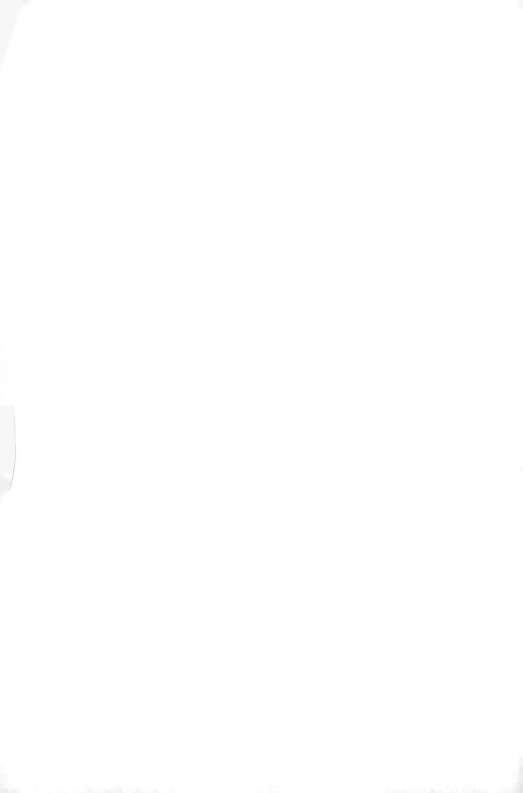

あとがき

本書に収めた論考は、初出原稿では主に共同研究の成果報告にそうかたちにしてあったが、それらをもとにしながらも本書では副題が示すように「民俗学の視点と方法」を明確にするという目的のために大幅な加筆修正を行なっている。そのもととなった論文の初出は以下の通りである。

第一部第一章「「戦後民俗学の認識論」批判と比較研究法の有効性—盆行事の地域差とその意味の解読への試み—」(『国立歴史民俗博物館研究報告』一七八　二〇一三年)

第一部第二章「七夕と盆行事—水の視点から—」(『国立歴史民俗博物館研究報告』二四九　二〇二四年)

第二部第二章「民俗学の災害論・試論—危険と豊饒：伝承事実が語る逆利用の論理—」(『国立歴史民俗博物館研究報告』二〇三　二〇一六年)

第三部「葬儀と墓の構造的変化の五〇年」(『民俗学が読み解く葬儀と墓の変化』〈国立歴史民俗博物館研究叢書二〉(朝倉書店　二〇一七年)。それぞれの初出は次の通りである。

第三部第一章「葬送儀礼の変容—その意味するもの—」(国立歴史民俗博物館編『葬儀と墓の現在—民俗の変容—』吉川弘文館　二〇〇二年)

第三部第二章「火葬化とその意味—「遺骸葬」と「遺骨葬」：納骨施設の必須化—」(『国立歴史民俗博物館研究報告』一九一　二〇一五年)

「土葬から火葬へ―新たな納骨施設設営の上での三つのタイプ：熊本県下の事例より―」（『国立歴史民俗博物館研究報告』一八三　二〇一四年）

「土葬から火葬へ―サンマイ利用の変化：滋賀県下の事例より―」（『民俗学論叢』二六　二〇一一年）

筆者はかつて一九九七年度・一九九八年度に国立歴史民俗博物館が行なった博物館資料調査プロジェクト「死・葬送・墓制の変容についての資料調査」において、一九九七年度に栃木県下の調査を担当した。それは、戦後の高度経済成長期（一九五五―七三）を民俗伝承にとって一つの大きな変化の時期とみて、昭和の一九六〇年代の葬儀と平成になってからの一九九〇年代初めの、同じ地域の同じ組で同じ家族の葬儀で三〇年の間の変化をみようとして試みられた調査であった。一定の調査項目にしたがって調査するのだが、栃木県の農村部ではまだそのころは大きな変化はなく、一九九〇年代にも一九六〇年代と同様に自宅葬で土葬が行なわれていた。しかし、その後、二〇〇〇年代になると大きく変わり、急速に公営火葬場の利用がはじまり、それに続いてホール葬が主流になっていった。これはまさに眼前での変化であった。いまは亡き母親が「お葬式の研究、まだしているの？　早く来ないとどんどん変わっちゃうよ」と何度も電話をしてきてくれたことを思い出す。

一九八三年、私が大学二年生のときに東京女子大学の民俗調査実習で初めて訪れた滋賀県甲賀郡水口町でも当時は土葬であったが、その後の調査によれば二〇〇〇年以降、公営火葬場の利用が始まって葬送のかたちが大きく変化していった。その変化を追跡し、さらに東北地方や九州地方の葬送墓制と盆行事の習俗に視点をひろげていく中で、二〇一五年度に国立歴史民俗博物館民俗研究映像「盆行事の地域差とその意味」の製作を、同僚の新谷尚紀氏の協力をえて行なったことは、比較研究法の活用の有効性を試みる大きな機会となった。

民俗学の研究対象は多様であり、その課題に向けてはさまざまなアプローチがある。しかし、勤務先の国立歴史民俗博物館での活動を通じて、民俗学の学問としての独自性に自覚的でなければならないと考えている。それには、民俗学は民俗の伝承と変遷、そしてその動態を分析する学問であるという基本に立つこと、そしてその方法論を磨くことが肝要である。民俗の伝承には変化しにくい部分と変化してしまう部分とがあり、その変遷と伝承の動態を明らかにするところに民俗学の独自性があるといってよい。

本書には、主に国立歴史民俗博物館の共同研究「高度経済成長期とその前後における葬送墓制の習俗の変化に関する調査研究―『死・葬送・墓制資料集成』の分析と追跡を中心に―」(二〇一一―二〇一三)、「災害の記録と記憶をめぐる資料論的研究」(二〇一二―二〇一四)などの成果を収録しているが、それぞれの調査地では、藤澤次雄さん、石井靖雄さん、小田嶋恭二さん、梶原孝信さん、中尾精一さん、藤原喜代造さん、西村昭信さん、そして西村久一さん、福田耕三郎さん、福田清次さんをはじめ竜王町の皆さま、実に多くの方々にお世話になり、深く感謝している。そして、新谷尚紀氏にはこれまで歴博での共同研究の推進ではもちろん、民俗学のあるべき姿についての議論のなかで多くを学ばせていただいてきた。あらためて感謝申し上げたい。

今回も出版の労をとってくださったのは吉川弘文館の皆様である。まず、編集を担当してくださった志摩こずえ氏にお礼を申し上げたい。そしてなにより、石津輝真氏には、職務の繁忙の中で、なかなか時間がとりにくくなってきたこの三年間、伴走していただいたこと、心からお礼を申し上げたい。ありがとうございました。

二〇二五年二月

関沢まゆみ

索　　引

あ　行

愛知県春日井市宗法　210
青森県東津軽郡平内町山口　55
赤嶺政信　5, 22, 23, 25
秋田県大仙市中仙町大神成　51
秋田県山本郡三種町域　234
小豆粥　16, 17
化　野　165
『吾妻鏡』　44
アトミラズ　215, 235, 238, 277, 278
天野信景　103
網野善彦　163, 168
綾戸霊園　285
遺骸葬　228, 275, 278
遺骨葬　228, 230, 231, 234, 236, 254, 261, 264, 267, 270, 275, 277, 279
一年両分（性）　2, 98, 116
『一切経音義』　43
伊藤唯真　42, 47, 86
「委寧乃中路」　103
井之口章次　196
井原西鶴　102
色直し　13
岩手県北上市稲瀬町地蔵堂　233
岩手県北上市横川目　232
岩本通弥　30〜33, 88
岩本裕　44
引導渡（わた）し　229, 276, 278, 280
上野晴朗　104
梅野光興　113
盂蘭盆会　43, 44
上井久義　134
『栄花物語』　46, 80
『延喜式』　44
遠方の一致　25, 65, 82, 109
大型納骨堂　239, 246, 253, 257, 258, 278
大間知篤三　138, 139, 304
大本敬久　69
「大柳生民俗誌」　48
大山喬平　163, 167
大斎原　169
小川徹　21, 25
オショライサン（オシャライサン）　65, 66
白　粉　11
小野重朗　111
鉄　漿　10, 12
折口信夫　2, 83, 97, 98, 100, 104, 105, 111, 112, 115, 116

か　行

『甲斐の落葉』　104
「餓鬼草紙」　80
餓鬼棚　71
餓鬼仏　49, 68, 69, 76, 81, 86
『蝸牛考』　25, 82, 83
劃地主義　30
『蜻蛉日記』　44
鹿児島県薩摩郡上甑村平良　61, 258
貸小袖　102
河川流域の墓地　153
火葬　19, 243, 254, 255, 298
火葬納骨墓制　307
家族葬　197, 218
「型」の設定　31
加藤正春　136
金丸良子　70
南　瓜　16, 17
蒲池勢至　210
賀茂川　174〜177, 179, 180
カラオクリ（遺骸送り）　217
川浸り朔日　2
河原者　169
『義演准后日記』　45
祇園祭　171
岸澤美希　5, 7
岸元史明　169
「北野天神縁起絵巻」　80
喜多村（小松）理子　42, 65, 70, 86
吉事祓え　113

乞巧奠　101, 103
京都市北区雲ケ畑　176
京都市左京区鞍馬　179
京都市左京区静市静原　174
京都府船井郡日吉町天若地区　160
『京都民俗志』　171
『京童』　172
『羈旅漫録』　173
金田一春彦　83
喰（食）い初め　13〜15
公　界　171, 184
『公事根源』　44
熊本県荒尾市　57, 240
熊本県牛深市天附　60
熊本県菊池郡大津町　57, 58, 244
「来目路乃橋」　103
「繰り返し」　97, 98, 111, 112, 116
黒川道祐　82, 173
『荊楚歳時記』　43
血縁関係者　19
血縁的関係者　200, 206, 220, 222, 288
現代生活の横断面　9, 11, 16, 18
語彙主義　83
公営火葬場　202, 222, 227, 258, 279, 298
甲賀広域斎場（甲賀斎苑）　271, 275, 277, 299
『江家次第』　44
『好色五人女』　102
構成要素　6〜8
構成枠組　4〜7
高度経済成長期　20, 36, 45, 61, 198, 227, 240, 254
郷　墓　140〜147, 152, 188, 281
高齢化　204, 260
氷の朔日　2
国　葬　205
極楽寺墓地　141, 142, 144, 145
後藤淑　72, 85
小林梅次　73
個別分析法　3, 32, 84
『今昔物語集』　20
『今昔物語』　44

さ　行

『西宮記』　43, 44
『蔡家家憲』　21
斎食誦経　79
賽の河原　168
坂田友宏　154
朔望上弦下弦　97, 98, 115, 116
佐藤米司　138
散　骨　197, 199
三種類の霊魂　75, 76, 81, 85, 86
『三宝絵』　43
サンマイ　48, 230, 273, 274, 280, 281, 286〜304
「三枚のお札」　5
三陸大津波　184
『死・葬送墓制資料集成』（『資料集成』）　200〜202, 206, 207, 221, 223, 229, 231
「死・葬送・墓制の変容についての資料調査」　200
清明祭　5, 21, 22, 25
死　穢　80, 201, 209, 214, 221
死穢忌避（観念）　34〜36, 47, 49, 131, 146, 152, 168, 181, 280, 288, 291, 293, 295, 298, 299, 302, 304〜307
『塩尻』　103
滋賀県蒲生郡竜王町綾戸　47, 280
滋賀県甲賀市水口町　271
滋賀県長浜市西浅井町管浦　300
死者記念　299
静岡県裾野市　212
死装束作り　202
偲ぶ会　218
柴田武　83
邪霊攘却　112
邪霊祓え　112
『拾遺往生伝』　20
周圏論　33, 35〜38
集合墓　199
重出立証法　24, 37, 83
『十輪院内府記』　45
十六日祭　5, 21, 22, 25
樹木葬　197, 199, 224
樹木霊　23〜25
『浄妙寺願文』　80
『小右記』　44
精霊馬　112
精霊棚　67, 69, 72, 76
精霊流し　112
触穢思想　34〜36, 80, 81, 162, 165, 166, 168, 306

『続日本紀』　44
『続日本後紀』　79, 163
『諸国風俗問状答』　13, 18
死　霊　209, 214, 221〜223
死霊畏怖の観念　222, 223
白装束　204, 272
新型コロナウイルス感染症　279
神泉苑　170
新谷尚紀　4, 18, 30, 43, 46, 139, 196, 201, 305
新　仏　39, 41, 47, 49, 66〜71, 76, 81, 85, 86
菅江真澄　103
鈴木岩弓　229, 231
鈴木棠三　138
鈴木通大　73
鈴木康久　169
砂盛（り）　73, 75
生活の変遷史　37
生活変化の遅速差　18
瀬川清子　11
石　塔　272, 274
石塔墓地　280, 285, 287, 291〜294, 298〜300, 302〜306
絶縁（の）儀礼　211, 217, 221
摂関貴族　34〜36, 80, 81, 165, 166, 168
摂関政治　306
戦後民俗学　30〜33, 36, 88
先　祖　40〜43, 48〜51, 65, 66, 68, 69, 76, 81, 86, 112〜115
『先祖の話』　39, 47, 85, 114
先祖祭　59
葬儀社　201, 202, 204, 207, 208
葬儀の縮小化　220
「葬儀の商品化」　202, 217
葬具作り　202
相互扶助　19, 200, 202, 204, 211, 216, 219, 227
葬祭業者　223, 224
葬祭場　207〜209
葬祭ホール　277, 279
ソウシキシンルイ（葬式親類）　19, 288
「葬制の沿革について」　130, 196, 230

た　行

高取正男　133
高橋康夫　172
高谷重夫　42, 86
滝沢馬琴　173
武井基晃　18, 21
竹田聴洲　134, 305
棚　経　66, 67, 71
七夕馬　105〜109, 112
七夕着物　100〜105, 108, 109
棚機つ女　100, 101, 103
「たなばたと盆祭りと」　100
七夕人形　103, 107〜109
タニン　19
タマオクリ（霊魂送り）　214〜218, 237, 278
段階差　7〜11, 15, 24, 25
単墓制　151, 305, 306
地域研究法　4, 30, 32, 34, 36, 84, 230
地域差　15, 18, 24, 25, 37〜39, 77, 147
地域民俗学　3
地縁的関係者　200, 220, 222
『親俊日記』　13
『中昔京師地図』　172
『塵袋』　44
津金澪乃　5
通　夜　232, 234〜236, 238
通夜→火葬→葬儀・告別式タイプ　228
通夜→葬儀・告別式→火葬タイプ　228, 230
『徒然草』　46
『貞丈雑記』　13
出立ちの儀礼　208, 209
寺送り　215, 217, 268
伝承と変遷　8, 30, 84
伝承母体　30
伝承力　1, 17, 187
伝統的な死生観　216, 217
東条操　83
『東都歳事記』　16
当　屋　34, 47
土　葬　19, 200, 202, 227, 258, 259, 261, 281, 303
土葬から火葬へ　60, 230〜232, 238, 244〜247, 254〜256, 261, 265, 267〜269, 271, 273〜275, 278, 280, 281, 295, 297, 299, 307
栃木県芳賀郡市貝町　208, 267, 268
鳥部野　165

な　行

長沢利明　73
中野佳枝　73

苗村神社　47, 48, 280, 281, 284, 286, 287, 289
「奈良県風俗志」資料　10, 11, 16, 18, 143, 155
奈良県吉野郡国樔村大字南大野　155
奈良市水間町　48
肉食禁忌　180
『日本紀略』　171
『日本後紀』　35, 78, 167
『日本歳時記』　45
『日本三代実録』　79, 163
『日本書紀』　43
『日本民俗地図』　2, 3, 60, 61, 101, 106, 109, 116
入　棺　201, 202
ネブタノハナシ　99
ネブリ流し　99, 110, 113, 115
「眠流し考」　109
「年中行事」　2, 97
「年中諸礼式之事」　21
納　骨　229, 249〜251, 254, 296, 297, 302〜304
納骨堂　265
野崎清孝　140
野棄て　20
野田三郎　154, 158, 159
野辺送り　204, 212, 213〜216, 221, 222, 229, 234, 235, 237, 238, 260, 261, 263〜265, 267, 268, 270, 277〜279, 288, 289
野本寛一　169
野焼き　202, 227

は　行

ハカ・テラ・イエ（ムラ）　151, 298, 304, 305
墓祝い　51, 53
墓郷　141, 142, 145
墓郷集団　140, 144
墓じまい　197, 199
墓　棚　50, 75, 237
歯　染　10
『八幡愚童訓』　20
初　盆　218
初宮参り　14, 15
祓え送り　113
原田敏明　34, 153, 304
吐田郷　144〜146
『番と衆』　32
比較研究　3, 20, 24
比較研究法　3, 4, 18, 21, 24, 25, 32, 34, 36, 39, 83, 84, 86, 88
東本願寺前古墓群　166
比嘉政夫　5, 21, 22
悲田院　165
『日次記事』　13, 82, 173
兵庫県但馬沿岸地方　65
表層文化　31
広島県山県郡旧加計町　181
福ケ迫加那　239
福澤昭司　207
服装心得　205
福田アジオ　3, 30, 31, 33, 37
『武江年表』　8
風　流　104, 236
平安祭祀制　180
平敷令治　5, 21, 22
「扁額軌範」　172
変遷の段階差　109
墓域の狭隘化　239
「放棄」と「忘却」　188
方言周圏論　24, 34, 82, 83
ホール葬　213, 214, 216〜219, 222, 223, 238, 254, 255, 263, 265, 307
外精霊　40, 41, 85
ホカヒ　44
墓参（習俗）　46, 48〜50, 70, 75〜78, 80, 81, 152, 153, 288〜291, 304, 305
細川涼一　141
墓側結廬　35
「保存」と「記憶」　188
盆行事　39, 50, 70, 77, 78, 81, 85〜88, 112, 116, 237
盆　供　44, 45
盆　棚　39, 42, 43, 45, 50, 52, 53, 72〜77, 86
本　仏　39〜41, 47, 76, 81, 85

ま　行

埋葬墓地　303
前火葬　212, 214, 267
枕　飯　222
馬瀬良雄　83
松田香代子　212
豆オロイ　62
魔　物　221〜223
眉剃り　10〜12

魔除け　220, 221
ミーサ（新仏）　22
三重県志摩市阿児町　264
三重県鳥羽市神島　261
神輿洗い　171
水　郷　144, 145
水　棚　67〜69
三つの類型　76, 77
ミハカ　48〜50
宮　郷　144, 145
宮　座　47, 306
宮座祭祀　34, 47, 306
宮田登　1, 3
宮参り　13, 14
『民間伝承』　56
「民間伝承の手形」　83
「民間暦小考」　2, 97
民俗伝承　81, 82
民俗の変遷の段階　37
民俗の変遷論　32
無　縁　40, 168, 169, 184, 186
無縁的関係者　201, 220, 222
無縁仏　39〜43, 47, 48, 65〜68, 76, 85, 113
『聟入考』　25
無　主　186
無石塔墓制　47, 151, 280, 284, 299, 300, 303〜305, 307
村上忠喜　160
『明月記』　44
『明治大正史世相篇』　11
最上孝敬　42, 46, 86, 196, 214, 304
喪　主　18, 19, 206, 207, 288, 300
木棺墓　166
喪　服　204〜206
森栗茂一　169
『師守記』　44, 46, 80

や　行

屋敷神　2, 7, 8
屋敷墓　187, 188
屋敷付属の墓地　133
柳田國男　1〜5, 8, 9, 22〜25, 32〜36, 38, 39, 41, 42, 44, 50, 51, 82〜84, 97〜100, 109, 110, 116, 130, 196, 230
山口弥一郎　184
『山科家礼記』　13
山中共古　104
湯　灌　201, 202
要素主義　83
要素変換　7
吉井敏幸　141
吉成直樹　114
米田実　299

ら　行

『六国史』　35
立体的な歴史変遷　20
流　葬　154, 155
「流葬をともなう両墓制」　154, 155, 162
両墓制　32〜36, 46, 131〜135, 137〜140, 150, 230, 298, 299, 302〜307
『両墓制と他界観』　4, 201
両墓制の分布　32, 34
類型化論　31, 32
『類聚国史』　79
『類聚三代格』　163, 167
霊魂（精霊）　112
霊物（邪霊）　112
歴史情報　18, 20, 25, 37〜39, 81, 87
連結式（の石塔）　247, 249〜251, 258, 278
蓮台野　165
ログメンオリ　215, 234〜236, 238

わ　行

「若狭のはやり神」　1
『若者と娘をめぐる民俗』　11
和歌森太郎　30, 31
『和名類聚抄』　44, 82, 83
藁　馬　106, 112, 117

著者略歴
一九六四年　栃木県に生まれる
一九八八年　筑波大学大学院地域研究研究科修士課程修了
現在　国立歴史民俗博物館教授・総合研究大学院大学教授、博士（文学）

〔主要著書〕
『宮座と老人の民俗』吉川弘文館、二〇〇〇年
『隠居と定年―老いの民俗学的考察―』臨川書店、二〇〇三年
『宮座と墓制の歴史民俗』吉川弘文館、二〇〇五年
『現代「女の一生」―人生儀礼から読み解く―』NHK出版、二〇〇八年

盆行事と葬墓習俗の伝承と変遷
民俗学の視点と方法

二〇二五年（令和七）五月十日　第一刷発行

著者　関《せき》沢《ざわ》まゆみ
発行者　吉川道郎
発行所　株式会社　吉川弘文館
郵便番号一一三―〇〇三三
東京都文京区本郷七丁目二番八号
電話〇三―三八一三―九一五一〈代〉
振替口座〇〇一〇〇―五―二四四番
https://www.yoshikawa-k.co.jp/

印刷＝株式会社　理想社
製本＝株式会社　ブックアート
装幀＝山崎　登

ISBN978-4-642-08208-2